Het meisje dat bleef leven

Luca Crippa en Maurizio Onnis bij Boekerij:

*De fotograaf van Auschwitz*
*Het meisje dat bleef leven*

www.boekerij.nl

Luca Crippa
Maurizio Onnis

# Het meisje dat bleef leven

Een jonge vrouw zoekt naar sporen van haar ouders die verdwenen tijdens de Tweede Wereldoorlog

Eerste druk 2017
Vijfde druk 2018

ISBN 978-90-225-8311-1
ISBN 978-94-023-0861-7 (e-book)
NUR 320

Oorspronkelijke titel: *L'archivista*
Vertaling: Welmoet Hillen
Omslagontwerp: Pinta Grafische Producties
Omslagbeeld: met dank aan www.hedyepstein.com
Zetwerk: Steven Boland

Het gedicht 'Du bist wie eine Blume' van Heinrich Heine op pagina 28 is vertaald door Judith Herzberg.

© 2014 Edizioni Piemme Spa, Milano, www.edizpiemme.it
© 2017 Nederlandse vertaling Meulenhoff Boekerij bv, Amsterdam

Niets uit deze uitgave mag openbaar worden gemaakt door middel van druk, fotokopie, internet of op welke andere wijze ook, zonder voorafgaande schriftelijke toestemming van de uitgever.

# Proloog

## Neurenberg, 22 december 1946

Die ochtend in het hotel dacht Hedy met een glimlach terug aan de grapjes van haar vrienden. Over een paar dagen was het Kerstmis. Deze kerst zou ze samen met hen vieren zoals het hoort: met een boom, lichtjes, gekleurde ballen, een bos maretak en kaarsen. Totaal anders dan de mensen buiten het hotel. Hoewel de oorlog al anderhalf jaar was afgelopen, zou het voor de burgers van Neurenberg opnieuw een kerst met honger worden. Met honger en hoop, want de dozen van de UNRRA zaten vol heerlijkheden die in de winkels niet te krijgen waren. Chocolade en sigaretten, belegen kaas en vlees in blik. Alles wat je nodig had om een feestje te bouwen.

Hedy verheugde zich erop, maar toen ze de ernstige blik zag van James McHaney, de hoofdaanklager, stond ze weer met beide benen op de grond. Ze herinnerde zich het enorme privilege dat haar werd verleend. Hoewel ze een gewone archiefonderzoeker was, zat ze nu voor het eerst aan de tafel die bestemd was voor McHaneys advocaten en assistenten. Vanaf die tafel wierp ze een blik op het overwegend Duitse publiek – journalisten, ambtenaren, advocaten – dat de zitting mocht bijwonen.

Terwijl het college binnentrad en de gebruikelijke formaliteiten werden afgehandeld, keek ze rond en werd opnieuw getroffen door de plechtige stemming die heerste in zaal 600 van het gerechtshof van Neurenberg met zijn enorm hoge plafonds, de brede banken, het donkere hout zonder enig ornament. Alles op die plek leek bij te dragen aan één enkel doel: rechtspreken. Dat was dan ook de reden dat ze daar waren.

Hedy's blik gleed over de beklaagden die voor haar zaten. Zij waren eerder binnengekomen dan het college en zaten in de twee rijen banken die voor hen waren bestemd. Ze bestudeerde ze ieder afzonderlijk, de een las aandachtig documenten en papieren door, de ander was druk in gesprek met zijn advocaat, weer een ander zat in gedachten verzonken. Ze droegen eenvoudige jasjes en broeken of militaire uniformen zonder rang en zagen er niet uit als mannen voor wie je bang zou hoeven zijn. Ze zagen eruit als gewone mensen die per abuis in de beklaagdenbank waren terechtgekomen. Vermoeid, onzeker en zonder hun vroegere hardvochtigheid keken ze naar het college en het publiek. Maar Hedy wist dat ze zich zodra ze werden opgeroepen als leeuwen zouden verdedigen. Op dat moment haatte ze hen allemaal zo erg dat ze er zelf van schrok.

'Laat de getuige binnenkomen!'

Er ging een deur open en een jonge vrouw van ongeveer vijfentwintig jaar kwam de rechtszaal binnen. Ze keek nerveus en geïntimideerd om zich heen en liep op aanwijzing van een militaire agent naar de getuigenbank. Ze was mooi, met een frisse teint, grote ogen en blond haar dat gracieus langs haar gezicht viel. Maar bij elke stap vertrok haar mond van pijn. Terwijl ze de bank naderde, zag iedereen dat ze mank liep. Bij de traptreden moest ze geholpen worden. Toen begon het langzame ritueel van vragen en antwoorden, onder de geduldige leiding van McHaneys assistent Tom Hardy. De tolken begonnen onmiddellijk te vertalen.

Hedy sprak zowel Duits als Engels en verstond alles. De hoofdtelefoon had ze niet nodig.

'Hoe heet u?'

'Jadwiga Dzido.'

'Bent u geboren op 26 januari 1918?'

'Ja.'
'Bent u Poolse?'
'Ja.'
'Komt u hier uit vrije wil een getuigenis afleggen?'
'Ja.'
Naarmate de ondervraging vorderde, durfde het meisje steeds meer te zeggen. Haar getuigenverklaring was goed voorbereid en men had haar ongetwijfeld aangeraden om zich te concentreren op de vragen en verder nergens op te letten. Dat was precies wat Jadwiga nu deed en haar onzekerheid was snel verdwenen.

Ze vertelde dat ze toen de oorlog uitbrak aan de universiteit van Warschau studeerde voor apotheker. In de herfst van 1940 had ze zich aangesloten bij het Poolse verzet door zich aan te bieden als koerierster en enkele maanden later, in maart 1941, werd ze door de Gestapo gearresteerd en gevangengenomen. Ze was een paar keer geslagen, maar had de namen van haar kameraden niet prijsgegeven. In september was ze op een trein gezet en naar Ravensbrück gestuurd. Daar was ze bijna bezweken onder het zware werk en het tekort aan voedsel, maar ze had het overleefd. Tot een verschrikkelijke dag in november 1942.

'Kunt u ons vertellen wat er die dag gebeurde?'

Jadwiga opende haar mond om te antwoorden, maar er kwam geen geluid uit. In één ogenblik was ze al haar zelfverzekerdheid kwijt. Het besef dat ze op het punt stond iets afschuwelijks te vertellen trof de rechtszaal als een gesel: iedereen, van de rechters tot de beklaagden, van de advocaten tot het publiek, boog zich naar haar toe. Ze wilden horen wat ze te zeggen had, hoe ze met een paar zinnen het lot van de beschuldigde mensen zou veranderen. Misschien zou ze die last van zich af kunnen schudden door haar verhaal te doen aan de wereld. Hedy kon wel raden wat ze zou gaan vertellen; inmiddels was ze bekend met veel aspecten van het afschuwelijke drama waar zo veel onschuldige slachtoffers bij betrokken waren geraakt en ze dook in elkaar, alsof ze zichzelf wilde beschermen: ze had dat leed en de angst waarmee deze mensen hadden geleefd niet zelf ervaren, maar ze voelde zich er toch door overweldigd.

Hardy herhaalde de vraag vriendelijk, zonder de getuige op te jagen.

'Kunt u ons vertellen wat er die dag gebeurde?'

Het meisje keek op en gaf antwoord.

'In die tijd heerste er terreur in het kamp. De nazi's waren de oorlog aan het winnen en de vrouwen van de ss vertelden ons elke dag weer dat wij niet meer dan nummers waren, slaven, dat niemand aan ons dacht, dat we nooit meer naar huis zouden gaan, dat we alleen nog maar konden huilen en bidden. Op 22 november kwam een *kapo* naar de barak met een stuk papier waar mijn naam op stond en zei dat ik haar moest volgen. Ik vroeg waar we heen gingen en ze antwoordde dat ze het niet wist. Toen ze me naar het ziekenblok bracht, werd ik heel erg bang...'

Jadwiga viel stil en Hardy moest haar aanmoedigen.

'Niemand kan u hier kwaad doen. Gaat u verder...'

De jonge Poolse vrouw wierp een snelle blik op de bank met beklaagden. Toen ging ze verder.

'Ik wachtte en toen kwam mevrouw Oberheuser, de arts. Ze zei dat ik me moest uitkleden, onderzocht me en maakte röntgenfoto's. Ik moest van haar op een onderzoekstafel gaan liggen en toen liep ze weg. Er kwam een verpleegster die mijn benen schoor en me iets te drinken gaf. Ik was doodsbang en wilde weten wat ze met me zouden gaan doen, maar ze deed net of ik niet bestond. Ik werd met een rolstoel naar een operatiezaal gebracht, waar ik een injectie kreeg. Het laatste wat ik me herinner is de naald van de injectiespuit. Ik viel meteen in slaap...'

'En later?'

Jadwiga boog opnieuw haar hoofd. Ze huilde. Haar antwoord was een nauwelijks hoorbaar gemompel.

'Ik weet het niet. Toen ik wakker werd, was het januari. Ik voel-

de een verschrikkelijke, stekende pijn... Ik keek naar mijn lichaam en besefte dat ik aan mijn benen was geopereerd.'
'Januari? Waren er sinds de operatie twee maanden verstreken?'
'Ja. Bijna twee maanden. De vrouwen van mijn barak hebben het me verteld.'
'U kunt zich niet herinneren wat er is gebeurd tussen november 1942 en januari 1943?'
'Nee. Maar wat er in januari gebeurde weet ik nog wel. De artsen kwamen verschillende malen het verband verwisselen. Het waren dokter Oberheuser, dokter Rosenthal en dokter Schiedlausky.'
'Had u pijn?'
'Ik had verschrikkelijke pijn, zo erg dat ik niet kon staan... en die pijn ging niet weg...'
Ze snikte en de advocaat wachtte tot ze was gekalmeerd. Toen vroeg hij:
'Weet u wat ze tijdens de operatie hebben gedaan?'
'Nee... Of ja, nu weet ik het wel. Toen niet.'
'Had u zich vrijwillig aangemeld voor de operatie?'
'Nee. Ik werd ertoe gedwongen.'
'Werd u vrijheid of een ander soort vergoeding in het vooruitzicht gesteld?'
'Nee. Zoals ik al zei, we moesten gewoon gehoorzamen.'
Hardy knikte en liet een pauze vallen. Toen vroeg hij met zorgvuldig gekozen woorden: 'Kunt u uit de getuigenbank stappen en ons vertellen of u iemand herkent tussen de beklaagden? Iemand die in die maand november in het concentratiekamp Ravensbrück was en die iets met uw operatie te maken had?'
Ondersteund door een militair deed de jonge vrouw een paar passen naar de dubbele rij banken van de beschuldigden. Ze bestudeerde alle gezichten aandachtig, een voor een, alsof ze er zeker van wilde zijn dat ze geen fout zou maken. Toen wees ze iemand aan. Een siddering trok door het publiek. Jadwiga wendde zich tot Hardy, zonder de beschuldigende wijsvinger te laten zakken.

'Dat is haar!'
'Naar wie wijst u?'
'Naar dokter Oberheuser.'
Dit keer trilde haar stem niet.
Hedy keek naar Oberheuser. Zij was de enige vrouw die in dit proces was aangeklaagd en zat op de tweede rij, vlak bij de tolken. Na de beschuldiging bleef ze roerloos zitten, zonder enige emotie te tonen. Alsof wat er in de rechtszaal gebeurde niets met haar te maken had. Alsof het over iemand anders ging.
'Rechter Beals, ik verzoek de door mevrouw Dzido verrichte identificatie op te laten nemen in de processtukken.'
De voorzitter van het college stemde toe en de identificatie werd vastgelegd.
Het meisje keerde terug naar de getuigenbank en wachtte tot de advocaat haar toestemming gaf om te vertrekken. Ze zag er opgelucht uit, tevreden dat ze haar plicht had gedaan. Het was begrijpelijk dat ze weg wilde uit de rechtszaal, dat ze die nachtmerrie de rug toe wilde keren. Maar Hardy had haar nog nodig.
'Nu ga ik u de moeilijkste vraag stellen…'
Jadwiga keek verbaasd, alsof dit onderdeel niet was afgesproken.
'Ik wil graag dat u aan het college en het publiek het resultaat laat zien van de operatie die u op 22 november 1942 in Ravensbrück hebt ondergaan. Zou u alstublieft uw schoenen en kousen willen uittrekken? En kunt u dan een stap in de richting van het college doen en zich omdraaien? Op die manier kunnen de rechters en wij allemaal uw benen zien.'
Het meisje verbleekte. Met één hand hield ze zich vast aan de getuigenbank en trok langzaam haar schoenen en de dikke zwarte kousen uit die haar benen bedekten. Iedereen had de kousen gezien en gemeend dat ze te dik waren, zelfs voor de strenge decemberkou van Neurenberg.
Jadwiga kwam op blote voeten uit de bank en strompelde naar het college.

Ze draaide zich om.

Over haar rechterkuit liep een lang litteken, van de knie tot aan de enkel. De wond was niet goed geheeld: het litteken vormde een soort donker, ruig berglandschap op haar kuit. Alleen de lelijke zwarte kousen konden de contouren verhullen.

Hedy huiverde van afkeer en keek hoe het meisje moeizaam naar de getuigenbank terugkeerde terwijl zich door de zaal een gemompel verspreidde. De Poolse was uitgeput.

'Hoeveel vrouwen werden in Ravensbrück geopereerd?'

'Voor zover ik weet, ongeveer vijfenzeventig. Velen van hen ondergingen twee of drie operaties.'

'Weet u hoeveel er zijn gestorven?'

'Ik weet het niet zeker. Een flink aantal. En sommige van de overlevenden werden geëxecuteerd.'

'Weet u waarom?'

'Nee. Maar het lijkt me duidelijk: toen het mis begon te gaan met de oorlog beseften de nazi's dat ze geen getuigen moesten achterlaten.'

'En u?'

Het meisje haalde haar schouders op.

'Ik heb het overleefd. Dat was toeval. Maar vergeten zal ik het nooit…'

Hardy maakte een instemmend gebaar. Hij wist genoeg.

'Dank u wel. U mag nu gaan.'

Jadwiga Dzido kwam van haar plaats en verliet de zaal onder begeleiding van een politieagent. Hedy zag dat ze voor het naar buiten gaan een laatste blik op Oberheuser wierp. De arts keek haar na en toonde opnieuw geen enkele emotie. Alsof ze wilde zeggen: ik volgde alleen maar bevelen op. Ik heb geen schuld aan wat er is gebeurd. Wat willen jullie van me? Waarom beschuldigen jullie mij?

Toen viel de deur achter de Poolse dicht en kondigde de president van het college een pauze aan. Voor die ochtend zat het erop.

Terwijl iedereen opstond, gaf McHaney Hardy een compliment. Toen kwam hij naar Hedy toe.

'Nu is het jouw beurt.'

'Hoezo?'

'Dat weet je best. Deze getuigenverklaring is doorslaggevend: een gemartelde vrouw die als door een wonder aan een afschuwelijk leed is ontsnapt, heeft Oberheuser zojuist geïdentificeerd en details genoemd die Oberheuser in die martelingen een rol toebedelen. Maar dat is niet voldoende. Om mevrouw de dokter te veroordelen zijn er meer bewijsstukken en vooral meer getuigenverklaringen nodig, want anders kan haar verweer, dat is gebaseerd op het argument dat haar rol van weinig belang was, wel eens standhouden. We moeten dus verder zoeken, en als we die vrouw uiteindelijk kunnen veroordelen zullen we dat aan jou te danken hebben.'

De jonge vrouw keek de advocaat aan. Plotseling vulden haar ogen zich met tranen.

'Ik begrijp het. Ik ga door. Hoewel ik niet denk dat ik nog heel veel verder kan...'

McHaney legde een hand op haar schouder.

'Je kunt het. Net als wij allemaal.'

Hij draaide zich om en dook weer in zijn papieren, zonder nog een woord te zeggen.

Hedy droogde haar tranen en ging weer zitten. Over een paar dagen was het Kerstmis, maar die gedachte stemde haar niet langer vrolijk.

Het proces tegen de nazi-artsen ging verder. Haar taak was nog niet voltooid.

DEEL EEN

10 november 1938
De dag van de grote angst

# 1

Het was een klamme, regenachtige avond begin november. In Kippenheim naderde de herfst met rasse schreden, de zwoelte van de zachte oktoberavonden was verdwenen. Het was koud en ver van de open haard en de petroleumkachel verwijderd kon Hedy maar één ding doen om warm te worden: onder de dekens kruipen en wachten tot de slaap haar zachtjes kwam halen.

'Ben je moe, kindje?'

'Ja, papa. Ik heb vandaag zo hard gestudeerd...'

Haar vader, die op de rand van het bed zat, glimlachte en legde een vinger op zijn lippen.

'Luister, lieverd. Ik wil je iets vertellen.'

'Wat dan?'

Hedy voelde zich al wegglijden naar dromenland, maar dwong zichzelf om naar haar vader te luisteren.

'Als je vanavond vreemde geluiden hoort, geschreeuw, dichtslaande deuren of iets anders waar je bang van wordt, sta dan onmiddellijk op en verstop je zo vlug mogelijk in de gangkast. Heb je dat begrepen?'

Ze keek haar vader aan en zag hoe ernstig zijn gezicht stond.

Ze schrok en sloot haar ogen, alsof ze dat beeld wilde verdrijven. Toen deed ze ze weer open en vroeg: 'Papa, we zijn in ons eigen huis, we zijn veilig. Waarom praat je zo?'

Er gleed een sombere schaduw over zijn gezicht.

'Ik wil je niet bang maken, maar het is beter als je geen vragen stelt. Doe wat ik zeg en verder niets. Als je vreemde geluiden hoort, verstop je je in de gangkast. Afgesproken?'

Ze knikte, pakte haar vaders hand en drukte er een kus op.

Hij kuste haar hand en streelde haar voorhoofd.

'Ga nu maar slapen...'

Hugo Wachenheimer verliet de kamer en deed de deur achter zich dicht.

Hedy spitste haar oren om geluiden en flarden van gesprekken op te vangen uit de kamers ernaast of uit de zitkamer beneden. Maar het huis was te groot en de stemmen waren te ver weg. Ze keek uit het raam en zag de schaduwen die de straatlantaarns op de muren wierpen, maar ook buiten was alles stil. Toen krulde ze zich op, alsof ze zich nog kleiner wilde maken om zo veiliger te zijn voor de gevaren, en viel in een diepe slaap.

# 2

Misschien kwam het door de woorden van haar vader, die uit de mond van zo'n opgewekte man zo bedreigend en ongewoon hadden geklonken. Misschien was ze zelf ongerust en bang voor gevaar. Maar het was in ieder geval een feit dat Hedy die nacht in haar droom een gebeurtenis van drie jaar eerder opnieuw beleefde. Ze was toen net elf jaar en nog volledig afhankelijk van haar ouders en van volwassenen.

Het was een ochtend in de zomer en haar vader vroeg: 'Ga eens naar meneer Link op het postkantoor, Hedy. Ik verwacht een belangrijke brief uit de Verenigde Staten. Vraag hem om de brief en neem die mee naar huis.'

Het meisje, dat op een bankje met haar pop zat te spelen, sputterde tegen.

'Ik wil niet naar het postkantoor.'

Haar vader keek op van zijn krant. Ook haar moeder keek naar haar dochter.

'Waarom niet?'

'Omdat meneer Link al heel lang niet meer aardig tegen me doet...'

Haar vader glimlachte.

'Er zijn veel mensen die niet meer aardig tegen ons doen. Maar we wonen hier nu eenmaal en hebben dezelfde rechten als iedereen. Ga maar naar het postkantoor. Meneer Link zal misschien

onbeleefd zijn, maar hij zal je toch de brief moeten geven. Dat is zijn werk. Hij kan het niet weigeren.'
Ze stampvoette en verhief haar stem.
'Ik wil er niet heen, papa...'
'Ga nu maar!'
Hugo Wachenheimer wees naar de deur. Hij glimlachte vriendelijk, maar zijn bevel duldde geen tegenspraak. Hopend op bijval keek Hedy naar haar moeder, maar kreeg nul op het rekest.
'Ga maar, lieverd. Je vader heeft gelijk. Er kan je niets gebeuren...'
Hedy begreep dat er geen ontkomen aan was. Ze pruttelde nog wat, om haar ouders te laten weten dat ze zich niet zonder strijd overgaf, trok haar schoenen aan en ging naar buiten, door de straat die via het marktpleintje en het plein van het gemeentehuis bij het postkantoor uitkwam, zo'n vijfhonderd meter verderop.
Kippenheim was klein. Hedy had op school geleerd dat haar dorp nog geen tweeduizend inwoners telde en ze vond het leuk om met vrienden of in haar eentje op stap te gaan en elk hoekje van het dorp en het gebied eromheen te verkennen. Maar sinds kort voelde ze op straat steeds dat kwaadaardige ogen haar nakeken en hoorde ze mensen smiespelen achter haar rug.
Ze deed alsof ze het niet merkte. Ze wilde er niet over nadenken en vroeg zich niet af wat de oorzaak van deze onaangename nieuwe situatie was. Maar de steeds strakker wordende knoop in haar maag vertelde haar dat ze niet veel langer kon doen alsof. En dan was er meneer Link. Vroeger was hij zo aardig geweest, maar nu was hij dat niet meer.
'Goedemorgen, meneer Link!'
De kleine, gezette man zette het dikke brilletje van zijn neus en bekeek haar van achter het loket.
'O, ben jij het! Wat wil je vandaag, Joodse lastpak?'
Hedy slikte, niet op haar gemak.
'De post, meneer Link. Mijn vader verwacht een belangrijke brief uit de Verenigde Staten. Is die aangekomen?'

De postbeambte grinnikte.

'Uit de Verenigde Staten, hè? Nou, dat zegt genoeg... Daar zit het vol met Joden zoals jullie. Allemaal vriendjes hè?'

Hij schudde zijn hoofd en ging verder: 'Die post mag je zelf pakken. Hij ligt in het postvak, zoals altijd...'

Ze keek naar de kast met postvakken. Het vak van haar vader zat heel hoog en om erbij te kunnen had ze altijd een trapje gebruikt. Maar meneer Link was sinds een paar maanden niet meer bereid om haar te helpen. Ze keek hem onderzoekend aan, en hoewel ze wist dat het zinloos was, probeerde ze het toch.

'Mag ik het trapje?'

De man leunde met één elleboog op de toonbank en keek haar vals aan.

'Nee. Laat maar eens zien hoeveel je bent gegroeid...'

Hedy boog haar hoofd en deed haar ogen dicht.

Ze voelde de woede in zich opborrelen, maar ook een onstuitbaar verlangen om in huilen uit te barsten.

'Wil je de post van je vader nou of niet?'

Ze keek opnieuw omhoog naar het postvakje en sprong.

Ze sprong een, twee, drie keer, terwijl meneer Link haar lachend aanspoorde. Pas bij de vierde poging slaagde ze erin de brief bij een hoekje vast te pakken en hem naar zich toe te trekken.

'Goed zo! De volgende keer leg ik de post nog dieper in het vakje. Je groeit hard en een beetje moeite doen is goed voor je...'

Nu Hedy haar onderneming had volbracht, haalde ze haar hand door haar haren en trok haar jurk recht. Toen liep ze naar het loket en vroeg: 'Waarom bent u boos op me, meneer Link?'

'Omdat je een vieze kleine Jodin bent. Van jouw soort zijn er veel te veel in dit dorp.'

'Maar ik heb niets misdaan!'

Hij maakte een handgebaar.

'Nee hoor, je hebt niets misdaan... behalve als Jodin geboren worden. En maak nu dat je wegkomt!'

'Maar meneer Link…'
'Wegwezen!'
'Ik…'

De postbeambte opende de deur naar de ruimte achter het kantoor en gaf een onverwacht commando. Voor Hedy verscheen een enorme herdershond. Hij was bijna net zo groot als zij en blafte hard. Hij gromde en blafte opnieuw.

Het meisje slaakte een gil en ging ervandoor.

Achter zich hoorde ze het gelach van meneer Link en voor ze het wist lag ze in de armen van mevrouw Auerbacher, die daar vlakbij woonde. Ze vertelde haar alles en liet zich troosten. Mevrouw Auerbacher was zo lief om haar naar huis te brengen.

Het laatste wat ze zich herinnerde van die afschuwelijke dag was iets dat haar vader had gezegd.

'Lieverd, soms moeten we iets moeilijks doen en is het beter dat we zo snel mogelijk leren hoe het moet. Daarom wil ik dat je naar het postkantoor blijft gaan. Meneer Link moet weten dat je niet bang bent.'

Hedy was wél bang. Ze was als de dood. Maar ze bleef naar het postkantoor gaan, waar ze meneer Link trotseerde en haar vaders post ophaalde. Zo was het de afgelopen drie jaren gegaan.

# 3

's Ochtends werd Hedy wakker met het gevoel dat ze niet goed was uitgerust. Ze was zenuwachtig, niet vanwege de droom over het postkantoor en de herdershond, die ze al vaker had gehad en waaraan ze inmiddels gewend was geraakt, maar vanwege haar vaders waarschuwing van de vorige avond. Maar ze werd wakker in haar eigen bed en dat was genoeg om haar te kalmeren. Ze lag onder haar eigen lakens, dus had ze geen vreemd geluid gehoord, was niet haastig opgestaan en had zich niet in de gangkast verstopt. Kortom, er was niets gebeurd.

Haar vaders ongerustheid was vast overdreven.

Als extra controle spitste ze haar oren en hoorde dat haar moeder beneden de borden voor het ontbijt op tafel zette. Een beter teken dat alles goed ging was er niet. Hedy bleef nog een minuutje liggen luieren. Toen stond ze op, zonder te wachten tot ze werd geroepen. Ze vond het niet prettig om 's ochtends als laatste aan te schuiven.

'Goedemorgen allemaal!'

Ze begroette haar ouders vrolijk, maar die antwoordden met een bijna onhoorbaar gemompel. Verwonderd bleef ze staan. Gewoonlijk werd er in de eetkamer op dit tijdstip druk gekletst en werden er plannen gemaakt voor de komende dag.

'Is er iets niet in orde?'

Noch haar vader, noch haar moeder gaf antwoord en Hedy

durfde niet nog meer vragen te stellen. Ze ging op haar plaats zitten, terwijl de volwassenen afwezig praatten over een boodschap doen op de markt, waardoor ze duidelijk voelde dat door haar komst een belangrijk gesprek was onderbroken. Snel at ze haar boterhammen met boter op, dronk haar melk en maakte zich klaar om naar buiten te gaan. Ze kuste haar ouders op het voorhoofd, maar toen ze al bij de deur stond, zei haar vader op dezelfde ernstige toon als de avond ervoor: 'Luister goed. Zodra je lessen zijn afgelopen, kom je naar huis. Heb je dat begrepen?'

Ze knikte geïntimideerd en vroeg niet naar de reden van zo veel bezorgdheid.

Buiten kwam de zon langzaam op aan de horizon. Het was pas zeven uur, maar het was al duidelijk dat het vandaag niet zo koud zou worden als de dagen ervoor. Hedy was blij met die zwakke stralen, pakte haar fiets en ging op weg naar Ettenheim.

Tijdens de zes kilometer die haar van het dorp scheidden zag ze niets vreemds. Tot ze op haar bestemming aankwam. Daar, vlak bij de school, bevonden zich het huis en de praktijk van een Joodse tandarts. Ze wist wie daar woonde omdat haar vader verschillende malen had gezegd dat dit een kundig man was en dat ze zich door hem konden laten behandelen, mocht dat ooit nodig zijn.

Hedy stopte buiten adem en bekeek een minuut lang het troosteloze tafereel. Alle ramen waren aan diggelen. De luiken waren losgerukt en de ruiten gebroken, hoewel iemand al was begonnen met het repareren van de schade door de gaten af te dekken met een paar houten planken.

Ademloos sprong ze weer op de pedalen en fietste verder.

Ze stalde haar fiets voor het gymnasium en ging het grote, sobere gebouw uit de tijd van Wilhelm II, de laatste keizer, binnen.

'Moet je kijken! Ze is gekomen!'

'Wat een lef... en wat een brutaliteit!'

Een klasgenoot botste tegen haar op, waardoor ze bijna op de grond viel.

'Vuile Jodin, maak dat je wegkomt!'
Hedy hoorde alles, maar reageerde niet.
Dit was de behandeling waar haar klasgenoten haar sinds een paar jaar elke ochtend op trakteerden. Vroeger waren het haar vrienden geweest, ze speelde met hen en nam met hen deel aan de activiteiten en uitstapjes van de klas. Maar op een dag was alles veranderd. Ze hadden haar geïsoleerd, buitengesloten, bespot en waren er niet meer mee opgehouden. In de pauze stond ze in haar eentje, in haar eigen gedachten verzonken geleund tegen een zuil van de hal van de school, terwijl iedereen om haar heen rende, schreeuwde en speelde alsof zij niet bestond, alsof ze onzichtbaar was.

Daarom had zij op haar beurt besloten om hen als onzichtbaar te beschouwen. En ook die ochtend liep ze door de menselijke zee van gymnasiumleerlingen alsof het geesten waren, alsof ze de enige leerling was die daar binnenkort door de leraren onderwezen zou worden.

Hoewel haar pantser haar beschermde, voelde ze dat er iets nieuws schuilging onder het gewone gescheld. De toon was anders. Arroganter en hardnekkiger dan eerst. Ze vroeg zich af wat er was gebeurd terwijl zij had geslapen, wat haar vader zo veel zorgen baarde, wat die kinderen bezielde om zich nog wreder tegen haar te gedragen dan voorheen.

Bedroefd en met hangende schouders ging ze in haar bank zitten.

En wachtte in stilte af.

# 4

Die ochtend werd het eerste uur lesgegeven door meneer Schwab.

De leraar Duits was een aardige man en de toon waarop hij sprak was altijd vriendelijk. De kinderen waren gefascineerd door zijn verhalen over het leven van schrijvers en de interpretatie van hun werken. Hij hoefde nooit zijn stem te verheffen om de aandacht van zijn leerlingen te trekken.

Iedereen luisterde ademloos naar hem, vooral zijn dochter Sybille, die haar vader aanbad en bijzonder trots op hem was.

Op die dag straalde het meisje echt. Hedy begreep waarom toen de leraar het klaslokaal binnenkwam. Hij droeg glimmende laarzen van zwart leer en een fonkelnieuw ss-uniform. Zijn dochter was zo trots als een pauw.

In dat pak dat net zo zwart was als zijn laarzen leek meneer Schwab een volledig ander persoon: mooier, sterker, machtiger. Hij leek zelfs langer.

Hedy rilde toen ze zag dat hij een pistool aan zijn zijde droeg. Ze ging niet bij haar klasgenoten staan die hem overlaadden met complimenten en vroegen of ze het wapen mochten zien. Nadat hij iedereen had begroet en de complimenten had beantwoord, keek Schwab nieuwsgierig naar de dochter van Hugo Wachenheimer.

Hij dacht een paar seconden na. Toen opende hij de holster, haalde het pistool tevoorschijn, nam het in zijn hand en liep naar Hedy's tafeltje.

Plotseling werd het muisstil in de klas.

De leraar hief langzaam het pistool en richtte het op de slaap van het meisje.

'Hoe gaat het, vuil Jodinnetje?'

Hedy was geschokt door zijn onverwachte optreden, maar verroerde zich niet en zei niets. Ze voelde het koude metaal van het wapen tegen haar huid. Haar maag kneep zich van angst zo hard samen dat het pijn deed.

Haar klasgenoten lachten toen ze zagen hoe bang ze keek.

Na een eindeloze minuut liet Schwab het pistool zakken. Vol in het zicht van de begerige blikken van de jongens legde hij het op Hedy's tafel met de loop op haar gericht, terwijl hij langzaam op en neer liep zonder ver bij haar uit de buurt te gaan.

'Nu, kleine Wachenheimer, krijg ik geen antwoord?'

Hedy deed haar mond open om iets te zeggen, maar er kwam geen geluid uit. Ze kon haar blik maar niet van het wapen afwenden.

'Je bent bang, hè? De angst maakt je nog lelijker. Van jou kun je in ieder geval niet zeggen dat je "zo mooi, goed en open" bent... Weet je wie die versregel heeft geschreven?'

Hedy schudde haar hoofd.

'Dat dacht ik al. Jullie Joden zijn nou niet echt kunstkenners... Weet iemand wie zijn vrouw omschreef als "zo mooi, goed en open"?'

Er ging een hand omhoog. Het was Sybille.

'Laat maar horen.'

'Heinrich Heine.'

'Heel goed!'

Schwab wendde zich weer tot Hedy.

'Wat jou betreft, vuile Jodin, het doet er niet zo veel toe of je weet wie Heine was en wat hij heeft geschreven. Want dit is jouw laatste dag hier op school. Begrepen?'

Eindelijk keek Hedy op. Met een radeloze, smekende blik.

'Waarom, meneer? Wat heb ik gedaan?'

Maar de leraar lette niet meer op haar: er werd geklopt. Schwab opende de deur en de heer Klein, de directeur, kwam de klas binnen. Iedereen stond op. Ook Hedy, uit automatisme. De man gebaarde naar de kinderen dat ze konden gaan zitten, ging voor de klas staan en sprak ze toe op een toon die zowel plechtig als praktisch was. Alles aan hem straalde opperste tevredenheid uit.

'Beste leerlingen, vandaag is een grote dag voor Duitsland en voor ons allemaal. Vanaf vandaag zullen we de Joodse kankergezwellen in ons vaderland echt gaan uitroeien. Jullie weten dat onze school hierin een pionier is. Wij zijn zelfs de eerste school die Joodse leerlingen weigerde en de eerste die ze van school stuurde. Maar er is nog veel werk te verrichten en vandaag is het nodig dat de jeugd, jullie dus, een handje helpt. Het is erg nuttig en ik hoop dat jullie je met enthousiasme zullen aansluiten. Ga naar buiten, de straat op, want daar krijgen jullie te horen wat je moet doen.'

Bij deze woorden klonk een luid 'Ja' uit de kelen van de kinderen, zo hard dat de schoolmuren ervan trilden. Ze stonden op, schreeuwden als bezetenen en zwermden de klas uit. Iedereen behalve Hedy.

Zij bleef zitten in het lege lokaal, huilde en vroeg zich af wat er gebeurde: of Schwab zijn verstand had verloren, een grapje maakte of serieus was, waarom ze haar opjaagden, waarom ze haar dit aandeden. Ze dacht er lang over na en omdat ze geen antwoord kon vinden op deze afschuwelijke vragen gaf ze zichzelf van alles de schuld. Misschien was ze in slaap gevallen zonder het te merken. Misschien had ze niet goed genoeg geluisterd naar wat de leraren zeiden. Misschien was haar niveau nog niet hoog genoeg voor de leerstof. Toen bekroop haar de pijnlijkste vraag: wat ga ik mijn ouders nu vertellen?

Pas toen al die vragen waren opgelost in tranen, begreep ze dat ze echt niets had misdaan. Ze was getroffen door een ramp, zoals een bliksemstraal, een lawine of een overstroming. En ze kon er niets tegen doen.

Stil, verdoofd en moederziel alleen bleef ze daar zitten wachten tot de storm voorbij was.

# 5

Hedy besloot om niet uit haar schoolbank op te staan.

Ze deden alsof ze onzichtbaar was en hadden haar daarom achtergelaten zonder haar instructies te geven. Ze had geleerd om instructies niet tegen te spreken en ze stilletjes op te volgen, zowel op school als thuis. Maar niemand had tegen haar gezegd: ga weg, blijf hier, verstop je, ga naar huis, laat je niet meer zien. Ze hadden haar simpelweg aan haar lot overgelaten.

Die schoolbank werd haar eerste reddingsboei.

Omdat ze het per se wilde weten pakte ze haar literatuurboek uit haar schooltas en bladerde er gejaagd doorheen, tot ze het gedicht vond waar meneer Schwab eerder over had gesproken.

Hij had gelijk, het was geschreven door Heine voor zijn vrouw Therese.

*Je bent als een bloem*
*Zo mooi, goed en open*
*Ik hoef je maar even te zien en weemoed*
*komt al mijn hart ingeslopen.*

*Ik zou mijn hand op je hoofd moeten leggen*
*En dan in gebed tegen God willen zeggen*
*Dat hij je altijd behoeden moet*
*Zo open ben je, zo mooi en zo goed.*

Ze las het sonnet steeds opnieuw, ontroerd door zo veel liefde, en haar ogen vulden zich met tranen. Hoe was het mogelijk dat meneer Schwab, die zo zachtmoedig was en zoveel passie voelde voor zo'n zachtaardige dichter, zulke afschuwelijk nare dingen kon zeggen? Hoe had hij het pistool op haar slaap kunnen zetten?

Ze zat in gedachten verzonken en hoorde niet meteen dat er werd geklopt. Ook toen ze het wel merkte, antwoordde ze niet. Niets kon haar meer schelen. Ze draaide haar hoofd niet naar de deur en keek pas op toen ze haar naam hoorde roepen.

'Hedy!'

Het was Hans Durlacher. Hij was een jaar jonger dan zij en woonde niet in Kippenheim. Zij waren de enige twee Joodse leerlingen die nog over waren op het gymnasium van Ettenheim.

Ze zou hem moeten omhelzen, kussen, zich tegen hem aan drukken, maar dat wilde ze niet. Ze kon er niet aan toegeven, want dan zou ze instorten. Bovendien had ze behoefte om alleen te zijn. Zijn aanwezigheid stoorde haar en ze overwoog kil of ze hem weg zou jagen.

Hans was bleek en beefde.

'Wat moeten we doen?'

'Ga terug naar je lokaal en ga studeren, net als ik.'

Hij schudde zijn hoofd.

'Nee, ik ben bang. Mag ik hier bij jou blijven?'

'Goed, als je me maar met rust laat.'

De jongen nam plaats in een schoolbank. Maar hij had geen schriften of boeken bij zich. Hij kon niets doen, maar misschien had hij ook wel niets gedaan als hij het wel had gekund. Hij zat te draaien op zijn stoel en was duidelijk doodsbang. Ook hij had vast een angstaanjagende ochtend achter de rug.

'Mag ik uit het raam kijken?'

Hedy keek op uit haar boek en antwoordde kortaf.

'Goed, maar laat mij met rust. Ik heb toch gezegd dat ik wil studeren...'

Er ging een uur voorbij, anderhalf uur, waarin er niets gebeurde. Hans zat vastgeplakt aan het raam en gluurde nerveus naar de straat, terwijl Hedy koppig haar ogen op haar boek gericht hield, ook al kreeg ze de pagina niet scherp. De gedachten dwarrelden door haar hoofd, vooral de herinnering aan het moment dat dit allemaal was begonnen.

Op een lentedag, ruim drie jaar geleden, was haar vader met haar naar Ettenheim gegaan om haar op school in te schrijven, dezelfde vermaarde school waar hij zelf als kind op had gezeten. Misschien wist hij toen al wat er zou gaan gebeuren. Directeur Klein had inderdaad gezegd: 'We kunnen uw dochter niet toelaten. Ze is Joods.'

Hugo Wachenheimer had zwijgend naar de kraag van zijn jas gewezen. Een klein speldje toonde aan dat hij tijdens de Grote Oorlog het vaderland had gediend en dat hij gewond van het front was teruggekeerd. Duitsland stond bij hem in het krijt en Klein had bedeesd een andere toon aangeslagen: 'O, dat wist ik niet. Natuurlijk wordt uw dochter toegelaten!'

Bij het terugdenken aan die gebeurtenis vervloekte Hedy de blijdschap die ze bij de woorden van de directeur had gevoeld. Ze voelde woede opwellen, ook tegen haar vader. Waarom was hij zo halsstarrig geweest? En waarom had hij van zijn dochter beproevingen verlangd die geen enkele ouder van een kind zou mogen verlangen?

Aanvankelijk waren er veel Joodse kinderen op het gymnasium geweest. Alleen uit Kippenheim waren het er al zes: elke ochtend gingen ze samen op de fiets naar school. Maar uiteindelijk was Hedy alleen overgebleven. De anderen hadden de voortdurende scheldpartijen, openlijke beledigingen en vernederingen niet meer aangekund. Alleen zij had het gered. En ze had het gered omdat haar vader het zo had gewild. Als ze hem 's avonds bij het eten of bij de haard vertelde wat er in de klas gebeurde, moedigde hij haar aan met de woorden: 'Hou vol. Na je diploma ga je naar Frankrijk of Engeland en ga je alles doen wat je klasgenoten zich niet zullen kunnen veroorloven. Denk erover na, je zult zien dat ik gelijk heb...'

Hedy balde haar vuisten in protest.

'Jullie willen dat ik denk en dat ik me gedraag alsof ik negentien ben. Maar ik ben veertien en deze afschuwelijke dingen overkomen me nu! Ik haat school. Ik wil er niet meer heen!'

'Je gaat toch. Het is voor je eigen bestwil.'

Dat was waar. Het was voor haar eigen bestwil.

En dit was het resultaat: een pistool dat door een ss'er op haar slaap werd gericht.

Juist toen haar woede het hoogtepunt bereikte, trok de stem van Hans haar uit haar apathie. Hij was weer in alle staten en riep haar naar het raam.

'Kijk!'

Hedy keek naar de straat en haar hart kromp ineen.

Beneden op straat, tussen dikke rijen mensen, liep een lange, ongeordende rij mannen naar het gemeentehuis. Ze waren allemaal gekleed in vrijetijds- of werkkleding en waren duidelijk overvallen in hun bezigheden. De mensen lachten en kakelden en de ss-soldaten sloegen de gevangenen met zwepen en stokken, terwijl ze hen uitscholden en duwden zodat ze sneller zouden lopen.

'Herken je iemand?'

'Onze klasgenoten. Ze staan op de stoep en schreeuwen...'

'Ik bedoel de gevangenen. Herken je iemand?'

'Nee. Ze komen allemaal uit Ettenheim. En jij?'

'Ik ook niet. Maar ik weet zeker dat het Joden zijn.'

'Natuurlijk zijn het Joden...'

Hans snikte. Vol medelijden legde Hedy een hand op zijn schouder.

'Laten we gaan.'

'Waarheen?'

'Terug naar huis. Misschien gebeurt in ons dorp wel hetzelfde. En ik moet weten waar mijn ouders zijn...'

Hans snikte nog harder en liet eindelijk de tranen lopen die hij de hele ochtend had ingehouden.

Toen hij was gekalmeerd, pakte Hedy hem bij de hand.

Ze verlieten het klaslokaal en liepen behoedzaam de trap af. Het gebouw was verlaten, alle leerlingen, docenten en conciërges waren buiten voor het 'feest'.

Pas toen ze er zeker van waren dat de optocht was afgelopen en dat er niemand meer op straat was, verlieten ze de school. Daar gingen ze uit elkaar, na een eenvoudige omhelzing.

'Sterkte, Hans!'

Hij knikte en rende weg.

Het was de laatste keer dat Hedy hem zag.

# 6

Hedy fietste zo snel als ze kon naar huis.

Zonder te letten op de modder en de kuilen trapte ze als een bezetene om haar ouders in haar armen te kunnen sluiten.

Na wat ze gezien had, was ze ervan overtuigd dat de storm ook in Kippenheim was losgebarsten. Ze naderde haar huis verblind door tranen, bang dat haar familie door rampspoed was getroffen.

Toen ze aankwam smeet ze haar fiets op de grond, biddend dat alles in orde was: Lieve god, laat er niets gebeurd zijn met papa en mama! Laat hun niets ergs zijn overkomen!

Ze keek naar het huis en de angst sloeg haar om het hart.

De groene luiken waren vergrendeld en de deur was gesloten. Ze wist dat haar moeder ze allebei altijd open liet staan. Die ochtend, toen ze om zeven uur naar school was gegaan, was de deur absoluut open geweest. Nog nooit eerder had haar huis eruitgezien als een onneembare vesting.

Ze vloog naar de deur en belde aan, steeds opnieuw.

Er werd niet opengedaan.

Toen zag ze dat een man op straat naar haar toe kwam lopen. Ze herkende hem, het was een van de ergste nazi's van Kippenheim. Als ze hem tegenkwam ging ze altijd aan de andere kant van de straat lopen, omdat ze zo bang voor hem was. Maar nu kon ze zich die lafheid niet permitteren. Ze moest het weten. Daarom vroeg ze, toen hij dichterbij was gekomen: 'Meneer Ernst, weet u misschien waar mijn moeder is?'

De man staarde haar gluiperig aan.

'Nee. Maar als ik die sloerie levend tegenkom, vermoord ik haar!'

Hij liep door en liet Hedy doodsbang achter.

Ze keek nog eens naar de deur en de ramen van het huis. Met bonzend hart belde ze opnieuw aan, hopend op een wonder.

Niets. Er was niemand in het huis.

Ze besloot te gaan kijken bij het huis van oom Oskar, de broer van haar vader, en zijn vrouw tante Kathe. Die woonden een paar honderd meter verderop, vlak bij het gemeentehuis.

Al rennend kwam ze langs de ijzerhandel van meneer Wertheimer en zag als in een droom dat de ramen vernield waren en dat mensen in en uit liepen en de koopwaar wegdroegen. Ze hoorde mannen en vrouwen hatelijke grappen maken en hoopte dat niemand haar zou opmerken. Ze maakte zich heel klein, probeerde met zo licht mogelijke stappen te rennen en bad voor het eerst in haar leven dat ze daadwerkelijk onzichtbaar zou worden. Wat haar op school zo veel verdriet deed, was wat ze nu het allerliefste wilde: van de aardbodem verdwijnen.

Toen ze ten slotte bij het huis van haar tante aankwam, zag ze haar en haar moeder voor het raam staan.

Ze hadden haar ook al gezien. Nog voordat ze de drempel had bereikt, zwaaide de deur open en nam haar moeder haar in haar armen.

'Hedy!'

'Mama! Mama!'

'Lieverd van me... Hoe gaat het met je?'

Terwijl tante Kathe de deur afsloot met een stevige ijzeren grendel, vertelde Hedy tussen tranen en snikken door wat er op school was gebeurd. Toen ze zichzelf hoorde praten, kon ze bijna niet geloven dat het echt gebeurd was.

Ze woonden in Duitsland, een land dat haar vader altijd had beschreven als prachtig en hoog ontwikkeld. Ze was een goede leerling van het gymnasium van Ettenheim, de wereld was vol mooie en bijzondere creaties, de mens verrichtte wonderen en dit soort afschuwelijke dingen konden en moesten niet gebeuren. Niet bij haar, absoluut niet bij haar. Maar het was wel gebeurd. Ze kon zich natuurlijk in haar arm knijpen, maar dit was geen droom. Ze was klaarwakker.

Ze droogde haar tranen en maakte zich los uit haar moeders omhelzing, getroffen door een plotselinge gedachte.

'Papa... Waar is papa?'

Mama en tante Kathe wisselden een blik van verstandhouding en haar tante spreidde haar armen. Daar bedoelde ze mee: ze heeft het recht om het te weten. Ze moet het weten. Vertel het haar maar.

'Wat is er met papa gebeurd? Ik wil het weten!'

Hedy had geschreeuwd. Ze kreeg bijna een hysterische aanval en de twee vrouwen schrokken ervan.

Ze moest van hen in de keuken gaan zitten, ze kreeg een kop hete thee en haar moeder ging tegenover haar zitten. Hoewel haar gezicht vertrokken was van angst, probeerde ze rustig te praten. Ze wilde niet dat haar dochter meer zou lijden dan nodig was.

'Vanochtend, tien minuten nadat jij naar school was vertrokken, hoorden we een enorme herrie op straat: geschreeuw, gescheld en deuren die werden dichtgeslagen. Het waren de nazi's die op jacht gingen. Ze drongen met geweld de huizen van de Joden binnen, sloegen met hun stokken alles kapot wat ze vonden en namen de mannen met zich mee. Niet alleen de volwassen mannen, ook de jongens en de bejaarden. Alleen de kleine kinderen lieten ze achter...'

Hedy keek haar aan. Haar stem trilde.

'En papa?'

Haar moeder aaide haar over haar gezicht, in een poging haar te kalmeren.

'Ze kwamen ook bij ons. Je vader probeerde ze tegen te houden, maar ze gooiden hem op de grond en dreigden hem in elkaar te slaan. Ik... ik...'

Haar moeder kon zich niet langer groot houden en barstte in tranen uit.

Nu sloeg Hedy haar armen om haar heen en hield haar stevig vast. Ook tante Kathe kwam dichterbij en lange tijd hielden de drie vrouwen elkaar vast, de een vastgeklampt aan de ander, om elkaar moed te geven en te ondersteunen als een oude boom die weerstand biedt aan de wind en de storm. Toen vertelde Ella Wachenheimer verder.

'Ze hebben hem meegenomen, hij mocht niet eens zijn jas pakken. Hij is in deze kou op weg gegaan in pyjama en op pantoffels. Maar voordat hij de straat op werd gesleurd, riep hij nog iets naar me.'

'Wat dan?'

'Hij zei: "Zoek Hedy en blijf samen!"'

Het meisje was ontroerd bij de gedachte aan haar vader, die voordat hij werd gearresteerd, zijn laatste gedachte aan haar had gewijd. De tranen welden opnieuw op in haar keel.

'En toen?'

'De nazi's hebben de ruiten, de vazen, de schilderijen en de meubels vernield. Ze hebben divans en matrassen opengereten. Ze hebben er een puinhoop van gemaakt. Toen ze weggingen, heb ik alles afgesloten en ben ik hierheen gerend om je oom te vertellen dat hij zich moest verstoppen. Maar ik kwam te laat. Oskar is ook meegenomen...'

Hedy keek naar haar tante, die stilletjes op een stoel zat te huilen. Toen besefte ze pas dat dit huis ook was geplunderd. De vloer was bezaaid met scherven van borden en glazen. Plotseling voelde ze zich afgemat, zwak en machteloos, alsof ze al heel lang ziek was.

Wat gaan we nu doen, mama?'

Haar moeder probeerde te glimlachen. Misschien was er nog hoop.

'Ze zeggen dat de mannen die vanochtend zijn gearresteerd naar het gemeentehuis zullen worden gebracht. Daarom stonden we voor het raam. Als ze naar het gemeentehuis worden gebracht, komen ze hier langs.'

Zo gingen ze samen weer voor het raam staan, op de tweede verdieping.

Het was vroeg in de middag, de lucht was koud en de twee vrouwen droegen gewone kleding over hun nachthemd. Hedy had nog steeds haar schoolschort aan. Ze stonden daar een halfuur lang en probeerden onzichtbaar te zijn voor de mensen die buiten langsliepen. En ze rilden, niet van de kou maar door de haat en de meedogenloosheid die doorklonk in de stappen van de ss.

Hevig ontdaan wachtten ze geduldig op hun mannen.

Toen gebeurde er eindelijk iets. De klok van het gemeentehuis had net drie uur geslagen.

# 7

Hedy sloeg haar hand voor haar mond om het niet uit te schreeuwen.

Mannen van haar vaders leeftijd, jongens en oude mannen liepen door elkaar door de hoofdstraat van Kippenheim. Dit was duidelijk geen leger dat voor marcheren was getraind en iedereen liep in zijn eigen tempo. Vooral de oude mannen hadden het zwaar. Van iedereen was de broekriem afgepakt en veel mannen moesten hun broek met hun handen omhoog houden. De toeschouwers die samendromden op de trottoirs vonden het een grappig gezicht. Ze lachten, joelden en wezen de 'grappigste' Joden na terwijl de ss'ers hun knuppels en zwepen lieten neerdalen op hoofd en rug van wie zich ook maar dichtbij genoeg bevond.

Hedy beefde. Dit was dezelfde ijzingwekkende scène die ze een paar uur eerder in Ettenheim had aanschouwd. Maar nu herkende ze haar vader, oom Oskar en vele anderen.

De oude meneer Auerbacher was er ook. Hij had haar samen met zijn vrouw getroost op de dag dat ze doodsbang uit het postkantoor was gevlucht. Hij was degene op wie de soldaten in hun zwarte uniformen hun woede koelden door hem te duwen, te slaan, beentje te lichten en de mensen die hem probeerden te helpen bij het opstaan nog harder te slaan. Toen ze dat zag, duwde Ella Wachenheimer haar dochter naar achteren, ze wilde niet dat deze afschuwelijke daden op haar netvlies bleven staan. Maar

Hedy liep driftig terug naar het raam. Ze wilde met haar eigen ogen zien waar de nazi's toe in staat waren.

Toen haar vader langs het huis van tante Kathe kwam, zwaaiden Hedy en haar moeder met hun armen en riepen: 'Hugo! Hier zijn we! We zijn samen en we zijn ongedeerd!'

Ze herhaalden die woorden een paar keer, maar hij keek niet op. Hij hoorde het niet. Hij werd volledig in beslag genomen door zijn pogingen de klappen van de ss te ontwijken en niet te struikelen over de man die voor hem liep. Hij maakte niet eens aanstalten om zich om te draaien. Ze keken hem na tot de groep aan het eind van de straat de hoek om ging. Daarna verloren ze hem en alle anderen uit het oog. Ze waren ongetwijfeld op weg naar het gemeentehuis.

Toen de stoet voorbij was en de menigte wegtrok, sloten de vrouwen het raam en zakten ze op de grond in elkaar.

Precies op dat moment werd er dwingend op de voordeur geklopt.

'Muisstil allemaal!' fluisterde tante Kathe. Ze gebaarde dat ze haar moesten volgen.

Het gebons bleef aanhouden en werd steeds harder. Ze renden een berging binnen en verstopten zich in een lege kast. De kast was groot genoeg voor hen drieën. Ze hielden elkaar stevig vast, zonder te praten en zonder te bewegen, bijna zonder adem te halen, doodsbang dat de nazi's de deur in zouden beuken en het huis zouden komen binnenstromen om opnieuw vernielingen aan te richten, net als die ochtend.

Zo ging er een lange tijd voorbij. Hedy had niet kunnen zeggen hoe lang. Twee uur, misschien drie. Lang genoeg om tantes huis in het duister van de avond en daarna van de nacht te hullen.

Na al die tijd zei ze zachtjes maar resoluut tegen haar moeder: 'Ik wil weg uit Duitsland. Hoor je me, mama? Ik wil hier weg!'

Ze zei het niet nog eens, maar haar moeder begreep dat er aan dit besluit van haar dochter niet te tornen viel.

Die avond week Hedy niet van de zijde van haar moeder en tante. Ze durfde niet alleen te zijn en wilde zelfs dat ze meegingen naar de wc. Ze sliepen samen, in hetzelfde bed, met de oren gespitst om gekraak van hout, al was het nog zo weinig, en het kleinste zuchtje wind op te vangen. Geluiden van de nacht die voor hen meteen veranderden in een dodelijke bedreiging. Pas tegen zonsopgang lukte het ze om een beetje te ontspannen.

Zo eindigde voor Hedy de dag van de grote angst.

# 8

Hedy en haar moeder bleven lang in het huis van tante Kathe bivakkeren. Alleen Hedy ging elke dag na zonsondergang even naar buiten om iets te eten te kopen.
Niemand wist waar de mannelijke Joden van Kippenheim waren gebleven. Een vage angst hield de harten van de moeders, vrouwen en dochters van de hele gemeenschap in zijn greep.
Na twee weken arriveerden er voorgedrukte ansichtkaarten uit Dachau. De jongens en mannen bevonden zich in een concentratiekamp. In ieder geval wist men nu dat ze nog leefden, maar de angst om hun lot nam toe, want over Dachau deden afschuwelijke verhalen de ronde.
Via een openbare aankondiging, die op de maandag van de vierde week op straat werd opgehangen, werd bekendgemaakt dat de mannen vóór vrijdag terug zouden keren. Er werd nog bij vermeld dat langer wachten geen zin had: van wie niet voor die dag terug was, werd aangenomen dat hij was omgekomen.
Zo ging het inderdaad. De nazi's hielden woord. Na die vrijdag om twaalf uur 's nachts kwam er niemand meer terug. Velen eerden de sabbat in stilte en in rouw.
Eerder die week waren de mannen echter een voor een weer in het dorp opgedoken, vanaf maandagmiddag al. Ze arriveerden alleen of in groepjes van twee of drie. De kreten van hun familieleden kondigden bij heel Kippenheim hun terugkeer aan. Je

hoorde een deur opengaan, hard geschreeuw dat werd gesmoord in omhelzingen en de deur die achter het mysterie van die vreugde met een klap dichtging. Zo krabbelde de Joodse gemeenschap langzaam weer overeind.

Hedy en haar moeder gingen elke dag een paar uur terug naar hun eigen huis. Maandag, dinsdag, woensdag, donderdag. Ze bleven dan drie of vier uur lang in het afgesloten, onbewoonde huis zitten wachten, hopend dat Hugo Wachenheimer zou terugkomen. Vervolgens keerden ze teleurgesteld terug naar tante Kathe. Ook zij zat nog steeds te wachten.

Op vrijdagochtend wilde Hedy's moeder niet uit bed komen.

'Toe nou mama, laten we gaan...'

'Nee.'

'Waarom wil je niet opstaan?'

'Je vader komt niet meer terug. Hij is vermoord, ik weet het zeker...'

Hedy's hart kromp ineen van verdriet.

Ze was niet meer teruggegaan naar school, want de nazi's hadden Joodse leerlingen streng verboden nog langer voet in een Duits klaslokaal te zetten. Ze had al die tijd met haar moeder en tante doorgebracht. Lezen, studeren of iets anders kon ze niet, zo bezorgd was ze om het lot van haar vader. Maar ze had haar best gedaan om de rol van het dappere meisje te spelen zodat ze de onvoorziene gebeurtenissen het hoofd kon bieden en zich uit elke situatie kon redden, precies zoals haar vader het wilde.

Nu ze haar moeder zo verslagen zag, stortte ze bijna in. Ze was wanhopig. Wat hier gebeurde was veel groter dan zij. Hoe moest ze dit verdragen?

'Tante, ga jij met me mee naar ons huis...'

'Ik kan je moeder zo niet alleen laten.'

'In mijn eentje ga ik niet. Ik ben zo bang!'

'Ga maar Hedy, er zal je niets gebeuren.'

'Nee!'

Op dat moment werd er op de deur geklopt.

Niet het woedende, arrogante gebeuk van de nazi's, maar het vriendelijke geklop van een beschaafd mens. Ze verwachtten echter geen bezoek, behalve dat wat ze het allerliefst wilden.

Voor het eerst in vier weken voelde Hedy een sprankje hoop. Ze liep weg van de twee vrouwen en keek uit het raam.

Beneden stond een man in een veel te klein jasje met een hoed op zijn hoofd voor de deur te wachten.

Toen ze voor het raam verscheen, keek hij omhoog.

'Papa!'

De man glimlachte. Het was echt haar vader.

Haar moeder en tante Kathe gilden van verbazing terwijl Hedy de trap afrende, de deur openzwaaide en zich in haar vaders armen wierp. Ze lachte en huilde tegelijk, terwijl ze hem stevig beetpakte en haar gezicht tegen zijn borst drukte.

'Ik ben het... ik ben het echt, liever...'

Haar moeder en tante kwamen er ook bij en de kreten van geluk verdubbelden. De deur ging dicht en in de privésfeer van het huis kon het gezin uiting geven aan hun vreugde. Pas na elkaar eindeloos omhelsd te hebben, lieten ze elkaar los. Hugo Wachenheimer keek tante Kathe aan.

'Met Oskar gaat het goed. Ze zullen hem vanmiddag vrijlaten. Wees niet bang, hij komt terug...'

Ze knikte, terwijl de tranen over haar wangen stroomden. Ook voor haar tante was de nachtmerrie voorbij.

De vader keek naar zijn vrouw en dochter. Hij glimlachte, zij het triest.

Hedy zag nu pas dat hij zijn hoed nog ophad en griste hem speels van zijn hoofd.

'Binnen zetten we onze hoed af...'

Haar stem stokte in haar keel.

Haar vader bloosde hevig en greep naar zijn hoofd. Hij was geschoren en schaamde zich als een boef voor zijn kaalgeschoren

hoofd. Er viel een ijzige stilte. Langzaam pakte Ella de handen van haar man om hem moed te geven.
'Je bent eindelijk thuis, Hugo. Dat is het enige dat telt.'
Hedy deed verward een paar stappen achteruit.
Zonder het te willen had ze haar vader in verlegenheid gebracht. Ze had de mensen die uit Dachau waren teruggekomen nog niet gezien, dat had haar moeder verhinderd. Ze wist niet dat ze allemaal waren geschoren, kaalgeschoren als schapen. En ze had geen benul van het leed dat ze in het concentratiekamp hadden moeten doorstaan. Maar nu ze haar vader beter bekeek, begreep ze dat hij iets verschrikkelijks moest hebben meegemaakt.
Hugo was vermagerd, bijna uitgeteerd. Hij had niet genoeg te eten gekregen.
Hij was niet alleen geschoren. Zijn handen waren blauw en gezwollen, alsof hij dagenlang in de vrieskou had doorgebracht. Elke beweging deed hem pijn: hij kreunde zachtjes maar hoorbaar als hij zijn armen bewoog, als hij zich omdraaide, zelfs als hij glimlachte.
Hij zag de blik van zijn dochter en besloot om niet tegen haar te liegen.
'Ze hebben me geslagen, Hedy. Ze hebben me zo vreselijk hard geslagen...'
Zijn stem brak, hij was bijna in tranen.
Hij ging rechtop staan, in zijn te kleine kleren, en zei tegen zijn vrouw en dochter: 'Ik heb behoefte aan een warm bad, maar ik wil niet dat jullie mijn lichaam zien. Ik ga me uitkleden en die kleren gooien we weg, die zijn niet van mij. Beloof me dat jullie me niets zullen vragen over Dachau tot ik weer beter ben. Daarna, als ik er klaar voor ben, zal ik het jullie zelf vertellen.'
De twee vrouwen knikten.
Toen liep Hugo Wachenheimer naar de badkamer om zijn wonden te verzorgen en zich eindelijk weer mens te gaan voelen.

# 9

*Zing zang kling klang*
*Een jonge deerne trok de wereld in*
*Zing zang kling klang*
*Een jonge deerne trok de wereld in*

Dit deuntje vormde elke zondag de begeleiding voor de wandeling van Hedy en haar vader. Ze kon zich niet herinneren wie van hen tweeën die versregels had uitgekozen en wanneer ze waren begonnen met zingen. Zodra ze het huis verlieten om een frisse neus te halen, hief zij de regels aan en zong hij meteen mee. Dat vrolijkte hun zondag wat op, zelfs in de tijd van het nazisme.
'En, Hedy? Heb je nog gestudeerd?'
Het meisje schudde haar hoofd.
'Nee.'
'Echt niet?'
'Echt niet. Ik heb niet gestudeerd.'
Haar toon was koppig. Haar vader liet een bedachtzame stilte vallen.
Elke zondag, aan het eind van hun wandeling, gaf hij haar een onderwerp op, een vraagstuk dat ze met behulp van boeken en de encyclopedie uit de huisbibliotheek moest bestuderen of waarover ze moest nadenken. Dat deed hij om Hedy te stimuleren nieuwe dingen te leren, nieuwsgierig te blijven en te leren dat de wereld

groot en divers was. Later werd het een soort spelletje van hen tweeën, een wedstrijdje wie het meest over het onderwerp wist, een vriendschappelijke krachtmeting. Toen de Joodse kinderen op alle Duitse scholen geweigerd werden en Hedy zonder iets omhanden lange ochtenden thuis moest doorbrengen, had het alleen maar meer nut gekregen.

De vorige zondag had hij zijn dochter aan het eind van hun wandeling gevraagd om zich te verdiepen in de onsterfelijkheid van meikevers. Ze had hem nieuwsgierig aangekeken want het leek haar maar een gek onderwerp, maar ze stelde geen vragen. Ze wist dat haar vader haar nieuwsgierigheid pas zou bevredigen als ze het samen op het juiste moment zouden bespreken.

Hugo Wachenheimer wist dat Hedy chagrijnig was en zei terloops: 'Vertel eens... wat betekent onsterfelijkheid?'

'Dat je nooit doodgaat.'

'Dus als de meikever onsterfelijk is...'

'... betekent dat dat de meikever nooit doodgaat!'

Zo raakte ze bij het spel betrokken. Ondanks alles wat ze hadden meegemaakt, bleef ze een meisje van net veertien jaar oud.

'En waarom gaan ze niet dood?'

'Omdat ze eitjes leggen en jonkies krijgen.'

'Hoe overleven de jonkies? Wie zorgt er voor ze?'

'Ze verstoppen zich twee jaar lang onder de grond. Soms nog wel langer. Ze voeden zich met wortels en komen boven de grond als ze al volwassen zijn, in mei. Daarom heten ze ook meikevers.'

'En dan?'

'Dankzij de jonkies blijft de soort generatie na generatie in stand. Daarom zijn ze onsterfelijk.'

Haar vader glimlachte en keek omhoog. De zon scheen warm op de velden rond Kippenheim.

Ze liepen zonder haast langs het kanaal dat de akkers van het dorp van water voorzag. Ondanks de zondagsrust waren hier en daar boeren aan het werk.

Dat landschap vulde hem met een ongelooflijke rust en kracht. Toch had Hugo een zwaar gemoed. Die rust en kracht zou hij over een paar dagen hard nodig hebben, als Ella en hij van hun dochter zouden worden gescheiden. Ze zouden haar aan het lot toevertrouwen en niet weten wanneer ze haar weer zouden zien. Maar het was de enige mogelijkheid.

Hugo Wachenheimer verdreef die gedachten en concentreerde zich opnieuw op de meikevers.

'Wat heb je van dit verhaal geleerd, Hedy?'

Ze keek hem aan, terwijl ze zijn hand stevig vasthield. Zij glimlachte nu ook. Het warme ochtendlicht scheen op haar gezicht en liet de zomersproetjes die ze van haar moeder had geërfd goed uitkomen. Hugo bedacht dat ze een prachtige jonge vrouw zou worden en voelde zich trots.

'Dat ik me onder de grond moet verstoppen.'

'Hoe lang?'

'Ik weet het niet. Wat denk jij, papa?'

'Twee jaar lang, net als de meikevers. Dat zou wel eens de juiste tijdsduur kunnen zijn.'

Ze pakte zijn hand steviger vast. Ze wilde niet zwak lijken, maar haar stem trilde.

'Twee jaar? Dat is wel heel erg lang...'

'Je moet voorzichtig zijn en op alles zijn voorbereid.'

'Maar jullie gaan ook weg. Toch?'

Haar vader bleef stilstaan en keek uit over de akkers. Toen keek hij zijn dochter recht in de ogen.

'We zullen al het mogelijke doen om hier weg te komen, maar ik weet niet wanneer dat zal lukken. Daarom moet je erop voorbereid zijn dat je het in je eentje moet redden. Beloof je me dat je dat zult doen?'

Ze omhelsde hem.

'Ja, dat beloof ik.'

'Op deze manier worden wij ook onsterfelijk, dankzij jou...'

'Net als de meikevers.'
'Precies. Net als de meikevers.'
Toen vervolgden ze hun weg naar huis.

Terwijl Hedy zachtjes voor zich uit zong, raakte haar vader weer verzonken in zijn gedachten. Hij had zich tegenover zijn dochter optimistisch opgesteld, maar in zijn hart wist hij dat er geen reden was voor optimisme. Na jaren van aarzeling had hij uiteindelijk ingezien dat ze beter konden vertrekken. De vier weken die hij in Dachau had doorgebracht lieten geen twijfel over het lot dat de Duitse Joden wachtte.

Ze hadden hem uitgescholden omdat hij Joods was, geslagen omdat hij de soldaten van de ss recht in de ogen had gekeken, vernederd door hem te dwingen op blote voeten in de sneeuw te staan of in zijn broek te plassen.

Men had lange tijd gezegd dat de soep niet zo heet gegeten zou worden, dat Duitsland de Joden nodig had omdat ze rijk waren en belangrijke beroepen uitoefenden, dat Europa nooit zou toestaan dat Hitler straffeloos zo veel mensen zou vervolgen.

Maar dat was allemaal wel gebeurd en in Dachau waren ook hem de schellen van de ogen gevallen: er was geen hoop meer voor ze. De nazi's beschouwden de Joden als beesten, als nummers, als een gezwel dat uit het gezonde lichaam van het vaderland moest worden gesneden. Ze zouden het wegsnijden en voor de Joden was er geen ontkomen aan.

Daarom hadden Hugo Wachenheimer en zijn gezin besloten om Duitsland te verlaten. Maar nu weggaan, in de lente van 1939, was veel moeilijker dan in de voorgaande jaren. De stroom Joodse migranten was zo constant geworden dat veel landen hun grenzen hadden gesloten. Je kon niet meer naar Engeland of de Verenigde Staten vluchten als je niet de juiste connecties had en smeergeld betaalde aan de ambtenaren van de consulaten en de staat. Je moest op andere bestemmingen mikken, Cuba en Latijns-Amerika bijvoorbeeld. Maar daar was een lange, ingewikkelde procedure voor nodig. Hij had familieleden en vrienden over de halve wereld benaderd, ze allemaal geschreven en gebeld, maar zonder resultaat.

Nu was hij ontmoedigd en verbitterd en had het afschuwelijke gevoel dat hij in een kooi gevangenzat. Misschien zouden ze het niet redden. Misschien zou het lot ze dwingen in Duitsland te blijven, waar hun zeker een vreselijk einde te wachten stond.

Enkel de gedachte aan Hedy's vertrek gaf hem moed.

Zij zou tenminste ontkomen, daaraan twijfelde hij inmiddels niet meer. De volgende dag zouden ze haar met de trein naar Frankfurt brengen en daar zouden ze afscheid van haar nemen. Daarna zou Hedy met een andere trein naar Engeland gaan. Een oude tante van Ella, die daar al sinds haar jeugd woonde en die ze nooit hadden ontmoet, zou zich over haar ontfermen.

Dat was hun reddingsboei.

Dat was hun manier om te overleven: zich verstoppen tot alles voorbij was en de wereld weer kon ademhalen. Net als de meikevers in de lente.

*Zing zang kling klang*
*Een jonge deerne trok de wereld in*
*Zing zang kling klang*
*Een jonge deerne trok de wereld in*

Zachtjes zong Hedy het versje en haar vader viel in.

Ze liepen opnieuw over de wegen van Kippenheim. Maar toen zijn dochter hem in de richting van hun huis trok, verzette hij zich.

Hedy keek hem verbaasd aan.

'Het is bijna lunchtijd, mama wacht op ons.'

Hugo Wachenheimer glimlachte.

'Mama weet dat we wat later komen. Kom, ik wil je iets geven voordat we naar huis gaan.'

En ze liepen naar de oude dorpssynagoge.

# 10

Jarenlang was Hedy met haar ouders meegegaan naar de sabbatdienst. Haar gezin behoorde zeker niet tot de meest gelovige families van de Joodse gemeenschap van Kippenheim, maar haar vader, die vond dat iedereen vrij moest zijn om elke god te dienen die hij maar wilde, wilde ook niet de banden met zijn eigen volk verbreken. Daarom gingen hij, zijn vrouw en zijn dochter elke zaterdag naar de synagoge om samen met de andere Israëlieten van het dorp het Opperwezen te danken omdat hij iedereen leven en welvaart had geschonken. Hugo nam dan plaats in de familiebank terwijl Hedy en Ella de trap op gingen en in het matroneum gingen zitten. Hedy herinnerde zich haarfijn de talloze keren dat ze haar moeder had gesmeekt om haar bij haar vader achter te laten en hoe hard haar moeder dan aan haar arm rukte zodat ze stilletjes mee zou lopen.

Maar dat was nu allemaal slechts een herinnering.

Op de dag van de grote angst hadden de nazi's hun mooie, oude synagoge in brand gestoken. Gelukkig hadden ze het gebouw niet volledig laten afbranden: de huizen van de christenen stonden te dichtbij en het risico dat de vlammen zich zouden verspreiden was te groot. Een deel van het houten dak was alsnog ingestort en het gebied betreden was gevaarlijk. De praktiserende Joden moesten zich vanaf die dag in hun eigen huis verbergen als ze wilden bidden. Elk gezin apart. En als ze het samen wilden doen, moesten ze riskeren dat de buren hen begluurden. Groepsvorming was nu verboden en spionnen stonden altijd klaar om je te verklikken.

'Papa! Wat doe je? We kunnen niet...'

Hugo Wachenheimer keek om zich heen.

Op dit tijdstip zat iedereen aan tafel, dus zou waarschijnlijk niemand ze zien.

'Kom! Snel!'

Vlug glipten ze het gebouw binnen en bleven even staan om hun ogen aan het halfdonker te laten wennen. Wat ze daarna zagen, deed hun adem stokken.

Hedy was niet meer in de synagoge geweest sinds de zaterdag voor de jacht op de Joden, toen alles nog intact was. Nu stroomde het licht meedogenloos door het ingestorte dak naar binnen, waardoor de synagoge wel een middeleeuwse ruïne leek. Het puin getuigde van een woeste, zinloze vernieling. Maar de hoge muren, de banken en het podium voor de lezingen ademden nog steeds een grote plechtigheid uit. Ze was tegelijkertijd bang en geëmotioneerd. Toen ze om zich heen keek om haar vader te zoeken, zag ze hem niet.

'Papa!'

Hij reageerde meteen op haar ongeruste stem.

'Ik ben hier! Kom...'

Hedy kon hem in het donker niet meteen vinden.

Toen zag ze hem, helemaal achterin bij de muur van de linker zijbeuk, waar hij druk bezig was met een steen die in de muur was geplaatst. De steen bewoog en met een paar snelle bewegingen trok hij hem eruit. Hij pakte iets en plaatste de steen meteen weer terug.

In de totale stilte van die verlaten omgeving ging hij, nadat hij er eerst het stof van had afgeveegd, op een bank zitten en wenkte zijn dochter. Hedy ging naast hem zitten. Ze zag dat hij iets in zijn hand had. Door haar nieuwsgierigheid vergat ze bijna hun problemen. Haar vader had haar meegenomen om een schat te gaan zoeken. Maar ze hoefde maar naar zijn ernstige gezichtsuitdrukking te kijken om terug te keren naar de harde werkelijkheid. Dit was absoluut geen spelletje.

Hij begon te vertellen, zonder enige inleiding.

'Die dag dat we gevangen werden genomen, werden we allemaal hierheen gebracht. Alle mannen, jongens en oude mannen van Kippenheim hier binnen in de synagoge. Het was afschuwelijk. Ze brachten ons alleen maar hierheen om ons en onze religie te vernederen. Ze hebben de rabbijn en de voorzanger geslagen en geschopt. Ze hebben de tafelen met Mozes' wetten in duizend stukjes kapotgesmeten. Toen...'

Zijn stem brak. De herinnering was te pijnlijk.

Hedy voelde tranen opkomen. Hier had hij hun nog niets over verteld. Ze wist niet precies wie God was of wat hij van haar wilde, ze wist niet eens of ze wel echt geloofde dat hij bestond, maar de gedachte aan dat geweld tegen de symbolen van haar religie verwondde haar diep. Wat haar nog meer raakte, was haar vader zo onder dit verdriet gebukt te zien gaan. Hij moest nu erkennen wat al maandenlang duidelijk was, maar wat hij steeds had geweigerd onder ogen te zien. Hij was een droevige, pessimistische in zichzelf gekeerde man. Niets leek hem meer echt hoop te kunnen geven.

'Wat gebeurde er toen?'

Hugo Wachenheimer kalmeerde en vertelde verder.

'Ze pakten de Thorarollen en dwongen twee mannen om zich erin te wikkelen. Toen moesten ze op de grond gaan liggen en in de Heilige Geschriften heen en weer rollen. Begrijp je? Dat is wat die vervloekte godslasteraars hebben gedaan! Een verschrikkelijke heiligschennis! En toen ze hadden besloten dat ze genoeg plezier hadden gehad hebben ze de rollen gepakt, in stukken gescheurd en in het rond gestrooid. Ik vrees dat alles is verbrand. Maar voordat ze ons meenamen, heb ik een stukje gepakt en het achter deze steen verstopt, in de muur...'

Hij opende zijn hand en toonde zijn dochter een minuscuul vierkant stukje perkament.
Hij pakte het voorzichtig vast en vouwde het open.
Hedy knipperde verbaasd met haar ogen. Het was echt een stukje van de Thora. Ze herkende de heilige tekens die op het perkament waren geschreven. Het was maar een paar centimeter groot. En het was dun, aangetast door de tijd.
Haar vader leek haar gedachten te kunnen lezen.
'Het is klein en kwetsbaar, maar heel erg waardevol. Begrijp je dat?'
Hedy knikte plechtig.
'Zeker.'
'Dit is het enige wat over is van de Thora van de Joodse gemeenschap van Kippenheim. Onze heilige rollen waren al eeuwenoud en kwamen uit Spanje. Herinner je je de verhalen over de Joden die vanuit Spanje naar Duitsland zijn geëmigreerd?'
'Ja.'
'Mooi zo. Dan weet je hoe belangrijk het is om dit snippertje perkament te bewaren en te beschermen. Ooit, als de duivel zijn werk op aarde heeft verricht en ons eindelijk met rust zal laten, moet het op zijn plek terugkeren. Jij gaat morgen weg en ik vertrouw het jou toe. Pas er goed op. Ik weet zeker dat je het kunt.'
Hugo Wachenheimer pakte de rechterhand van zijn dochter, opende hem en legde het kleine stukje perkament op haar handpalm. Toen sloot hij haar hand tot een vuist.
'Nu is het van jou.'
Hij stond op.
'We gaan naar huis. Ik heb tegen je moeder gezegd dat we later zouden komen, maar in deze tijden zal ze zich vast snel zorgen maken. En dat willen we niet.'
Hedy was zo verdoofd door wat ze had gehoord en door de taak die haar was opgedragen dat ze nauwelijks hoorde wat haar vader zei. Toen sprong ze overeind. Ze stak haar vuist in haar jaszak

en liep snel achter hem aan de synagoge uit. Ze liepen terug naar huis, gingen aan tafel en praatten met elkaar zoals op elke andere zondag, behalve dan dat dit hun laatste middagmaal samen in Kippenheim zou zijn.

# 11

Ze was blij om weg te gaan, maar ze was ook verschrikkelijk bedroefd. Ze was blij omdat ze sinds die middag waarop ze urenlang met haar moeder en tante Kathe in de opslagkamer opgesloten had gezeten, niets liever wilde dan Duitsland verlaten. Ze wilde ergens wonen waar ze evenveel waard was als andere mensen. Ze wilde net als de anderen zijn: niet worden nagewezen, bespot, gehaat of bedreigd met een aframmeling of de dood. Verder was ze blij omdat ze van avontuur hield. Ze zou gaan reizen, nieuwe plaatsen en mensen leren kennen en een nieuwe taal leren spreken. Ze zou eindelijk weer naar school gaan, ze miste de boeken en de lessen elke dag meer. Ze wilde leren.

Maar ze was ook bedroefd. Alle beledigingen die ze samen met het geduw van haar klasgenoten had moeten ondergaan op het gymnasium, de arrogantie van meneer Link op het postkantoor en de scheldpartijen van de buren, de dag van de grote angst en de ontberingen van de maanden erna hadden haar doen groeien. Ze voelde dat ze in staat was om de reis in haar eentje te ondernemen. Maar ze besefte ook regelmatig dat ze pas veertien was. Hoe kon ze werkelijk hopen dat ze het in een vreemd land in haar eentje zou redden? Ze was bij haar vader en moeder opgegroeid en nu werd ze gedwongen hen te verlaten. Ze voelde zich er nu al schuldig over. Ze wist dat haar ouders door haar te laten gaan afstand deden van hun liefste bezit. Het was een enorm offer, dat ze brachten om haar de kans te geven de hel in Duitsland te ontvluchten. Zij zouden achterblijven en lijden onder de tirannie van Hitler, terwijl Hedy zich zou kunnen vermaken. Het gaf haar een schuldgevoel.

Maar het stond niet ter discussie.

Haar vader had het zo besloten, dus zo zou het gaan.

Ze hadden allemaal gehoopt dat ze samen weg konden gaan. Maar helaas was dat niet mogelijk. Het was belangrijk dat Hedy in ieder geval in veiligheid werd gebracht. Daarna zouden haar vader en moeder bij de eerste de beste gelegenheid hun koffers pakken.

Die nacht, terwijl het huis in slaap was gehuld, borg Hedy het stukje Thora dat haar vader haar had gegeven veilig op.

Ze stond op in het donker met de relikwie stevig in haar handpalm geklemd en liep de trap op naar de bergruimte waar haar koffers stonden.

Een paar dagen eerder was een politiefunctionaris langsgekomen om te controleren of ze in haar bagage niets van waarde meenam, zoals geld of sieraden. De ss wilde de rijkdommen van de Joden in handen krijgen. Hij had haar koffers opengemaakt, alles beetgepakt en zich ervan verzekerd dat alles in orde was. Uiteindelijk had hij goedkeurend mompelend de koffers kruislings dichtgebonden met een stuk touw waarvan de uiteinden aan elkaar geknoopt en daarna verzegeld waren. Elke poging om de douane om de tuin te leiden zou de grensbewaker meteen opvallen.

Maar Hedy had gezien dat het touw niet zo strak zat als het leek.

In het licht van een kleine zaklantaarn opende ze een van de koffers een stukje. Het was maar een kiertje, maar het was voldoende om het stukje Thora naar binnen te laten glijden.

Ze controleerde zorgvuldig of je er niets van kon zien.

Tevreden ging ze terug naar bed, maar slapen lukte haar niet.

Ze was te opgewonden over het ophanden zijnde avontuur, te bezorgd over het afscheid van haar familie. Met het verstrijken van de uren, nam de druk op haar gemoed toe. Het was zo enorm onrechtvaardig. Hoe kon de wereld zo wreed zijn om een meisje van veertien op deze manier van haar familie weg te rukken?

's Ochtends heerste er een droevige stemming, ondanks de pogingen van haar vader en moeder om grapjes te maken. Het idee dat de jongste van het gezin op het punt stond om weg te gaan, smoorde alle vrolijkheid in de kiem.

'Het is tijd om te gaan,' zei Hugo Wachenheimer op een gegeven moment.

Meneer Weber, die ook Joods was en een van de weinigen die nog niet waren gedwongen om zijn auto te verkopen, wachtte beneden in de straat op hen met draaiende motor.

Ze sloten het huis af, laadden de bagage in en stapten alle drie in de auto. Toen gaf meneer Weber gas.

Ze waren pas een paar honderd meter verder toen Hedy een gil gaf.

'Stop!'

Voordat haar ouders haar konden tegenhouden, stapte ze uit en rende naar een grote houten deur in een achterafstraatje van het dorp.

Voordat ze naar binnen ging, zag ze dat het grote uithangbord boven haar hoofd niet meer leesbaar was. Het was het logo van de textielfirma die haar overgrootvader, de grootvader van haar vader, ruim tachtig jaar geleden had geopend. Jarenlang had hij de stad en de burgerij van Kippenheim eer aangedaan en klanten bediend tot aan München, en nu was het uithangbord overgeschilderd. Hedy voelde een vlaag van woede maar bleef niet staan.

Ze rende naar de tweede verdieping, waar het grote stoffenmagazijn was. Op die hoge stellingkasten bewaarden haar vader en haar oom, de erfgenamen van de zaak, lappen stof in elke kleur en elk denkbaar materiaal. Hier had ze de mooiste momenten van haar jeugd beleefd door van achter de toonbank denkbeeldige gesprekken met de meest uiteenlopende klanten te voeren en grote zaken te doen voor het familiebedrijf.

'Welke stof wenst u, mevrouw? Die daar helemaal bovenop?'
'O zeker, die stof is perfect voor een sportief kostuum…'
'Waar wilt u het laten bezorgen? In Berlijn? Geen enkel probleem!'
'Helaas het spijt me. Wij verkopen geen handschoenen, alleen stoffen…'
Nu waren de stellingkasten leeg.

De winkel was verbeurdverklaard en de stoffen waren verkocht aan de hoogste bieder. Hedy's vader en oom hadden niets meer.

De herinnering aan haar gelukkige verleden en de troosteloze aanblik van dat alles deden haar bijna flauwvallen. Ze leunde tegen een muur, zakte door haar knieën en bleef daar lange tijd zitten huilen. Toen hoorde ze stappen op de trap. Ze draaide zich niet om. Haar vader kwam het magazijn binnen en legde een hand op haar schouder.

'Kom, Hedy. Anders missen we de trein.'

Een uur later zaten ze in de trein naar Frankfurt.

Ze logeerden bij oom Max, de broer van haar moeder, en zijn vrouw Paula.

De volgende morgen kwamen ze al vroeg aan op het treinstation van de grote stad en iets voor half negen stapte Hedy na een laatste omhelzing op de trein naar Londen.

Honderden andere Joodse kinderen en jongeren vertrokken tegelijk met haar naar Engeland. Allemaal op de vlucht voor het nazisme en op zoek naar onderdak.

Hedy leunde zo ver mogelijk uit het raampje en keek naar haar familie tot ze nog maar nauwelijks te onderscheiden stipjes op het perron waren.

Opnieuw voelde ze zich enorm schuldig.

Toen ze eindelijk ging zitten was ze uitgeput. Ze trok zich in zichzelf terug. Het gepraat, geschreeuw en gelach om haar heen hoorde ze niet meer.

Ze dacht aan haar familie, aan al het kwaad dat de nazi's haar hadden berokkend. En ze zwoer in haar hart dat ze, zodra ze volwassen en groot en sterk genoeg was, de SS zou trotseren en het ze betaald zou zetten.

Op een dag zou ze zich wreken. Dan zou ze kwaad met kwaad vergelden.

DEEL TWEE

16 september 1945

De dag van de woede

# 1

Hedy opende haar ogen, wreef erin en rekte zich uit.
 Slaperig keek ze naar het bed naast haar. Eva sliep nog en dat was niet zo gek. Ze stonden nooit voor half acht op en nu was het pas net zes uur geweest. Hedy had geen wekker en om er zeker van te zijn dat ze zo vroeg op zou staan, had ze het gordijn opengelaten. Ze was gewekt door het heldere zonlicht van een septemberochtend.
 Ze kwam uit bed, liep op de tast naar de badkamer en waste haar gezicht. Toen liep ze weer terug en zocht in de kast naar haar kleren.
 In de spiegel zag ze een lange, slanke vrouw van tweeëntwintig jaar met zwart haar dat bevallig op haar schouders viel en een lichte gelaatskleur waardoor haar donkere ogen goed uitkwamen.
 Hedy trok haar nachthemd uit en deed haar broek aan. De vouw was perfect gestreken, dankzij het onvermoeibare werk van de vrouwen uit Pullach die door de Amerikanen waren aangesteld om huishoudelijk werk te doen.
 Ook de kakikleurige blouse was netjes. Zorgvuldig deed ze de knoopjes bij de kraag dicht.
 Ze stak een hand onder de kast en haalde de stevige zwarte schoenen tevoorschijn die iedereen droeg, zowel mannen als vrouwen. Ze trok ze aan, maar vond ze meteen al niet lekker zitten. Ze droeg ze ook bijna nooit, want ze zwom erin. Daarom trok ze de veters extra strak aan.

Haar jasje hing over de leuning van een stoel. Ook dat trok ze aan, waarbij ze het op de voorgeschreven manier dichtknoopte. Ze gleed met een vinger langs de sergeant-emblemen die een vriend er de vorige dag voor haar op had genaaid. Met haar vingers volgde ze het reliëf en voelde zich gerustgesteld.

Hedy had geen rang, maar niemand zou haar om identificatie vragen.

Ze knoopte het kleine stropdasje om haar hals en zette de baret op haar hoofd.

Ze was klaar.

'Is dat je pantser?'

Hedy draaide zich om.

Eva was wakker en lag haar lachend te bekijken. Ook Hedy lachte en knikte.

'Ja. Dit uniform is mijn pantser.'

Haar vriendin ging rechtop in de kussens zitten en stak een denkbeeldig zwaard in de richting van haar kamergenoot. Schertsend zei ze: 'Hedy Wachenheimer! Ridder zonder vrees of blaam! Ik stuur je op missie naar de gevaarlijke naziwereld. God alleen weet wat je daar zoekt, maar ik hoop dat je als overwinnaar terugkeert. We hebben je hier nodig...'

Voordat ze antwoord kon krijgen, zakte ze alweer terug in de lakens en sloot haar ogen. Voor Eva was het nooit tijd om op te staan en zich klaar te maken om te gaan werken. Het was altijd tijd om te slapen.

Hedy glimlachte en wierp een laatste blik in de spiegel. Het bruine uniform van het Amerikaanse leger stond haar geweldig en niemand kon haar iets maken.

Ze liep naar beneden. De mensa was al vol soldaten en burgers. Gretig snoof ze de geur van geroosterd brood en warme melk op. Ze dronk snel een kop thee en ging naar buiten, naar het parkeerterrein. Zoals altijd parkeerden de jeeps daar 's ochtends vroeg al en was het een constant komen en gaan van auto's en mensen.

'Kunnen jullie me een lift geven naar München?'

Ze sprak twee onderofficieren aan die op het punt stonden te vertrekken.

'Stap maar in, lieverd.'

Hedy glimlachte bij de herinnering dat haar vader haar altijd zo had genoemd.

Ze sprong op de auto en hield zich stevig vast.

De jeep scheurde weg en binnen een minuut waren ze Pullach uit.

## 2

In juli, een paar maanden eerder, was ze na een lange en vermoeiende reis naar Duitsland teruggekeerd.
Eerst met de trein vanuit Londen, toen met de boot over het Kanaal en eenmaal in Nederland weer met de trein. Een trein propvol lawaaiige, opgewonden mensen die wel op een uitstapje leken te gaan. Alsof iedereen nu de oorlog was afgelopen alleen nog maar maar zijn stem wilde verheffen, ademhalen en schreeuwen dat er geleefd moest worden.
De dorpen en steden op het vasteland lagen in puin. Het schone, nette Nederland dat ze in 1939 had bewonderd terwijl de afstand tussen haar en haar ouders steeds groter werd, was verdwenen. Het was er simpelweg niet meer. De oorlog had een woestenij achtergelaten.
Maar op de perrons zwaaiden de mensen naar de treinpassagiers. Ook zij waren gelukkig. En in de dorpen was het een drukte van jewelste. Iedereen was bezig met het opnieuw opbouwen van de gebombardeerde huizen.
Toen verminderde de trein vaart en passeerden ze de grens met Duitsland, wat in het Engels en Frans op grote borden werd aangegeven.
Hedy's reisgenoten gingen instinctief zachter praten, alsof ze een kerkhof betraden, totdat het volledig stil was. Er waren veel Joden bij, politieke vluchtelingen. Gretig bekeken ze de verwoesting

van Duitsland en ze zagen dat de straten leeg waren, dat er geen karren vol bakstenen werden voortgeduwd en dat er niet enthousiast werd gebouwd. Als er nog Duitsers waren, hadden ze zich opgesloten in hun huizen, gekweld door berouw om hun daden.

Dat zeiden de treinreizigers tenminste.

Maar zo was het niet.

Toen ze op het eerste station arriveerden en het konvooi nog niet eens stilstond, klonk er een onbestemd geroezemoes van de perrons. Toen zag Hedy ze.

Een troep kinderen die zaten te wachten tot er manna uit de hemel kwam vallen, trein na trein, was opgestaan en verzamelde zich onder hun raampjes.

'Wat willen ze?'

'Simpel. Ze hebben honger.'

Ze strekten hun handen uit en vroegen om voedsel. Wat voor voedsel dan ook. Brood, koek, chocolade, snoepjes, het maakte niet uit. Ze schreeuwden de namen van die lekkernijen in het Engels, in het Frans, zelfs in het Russisch. Maar niet in het Duits.

Dit is wat Hitler ze heeft gegeven. Ellende en honger! dacht Hedy.

Toen zag ze dat de passagiers hun tassen en koffers openden, alles eruit haalden en op het perron gooiden. De kinderen stortten zich op de zoetigheid, propten het gretig in hun mond en slikten het door zonder te kauwen.

Hedy schreeuwde vol afschuw tegen degenen die naast haar zaten: 'Wat doen jullie? Dat zijn nazi's!'

Ze kon niet geloven wat haar reisgenoten deden. Velen van hen hadden hun familie in Duitsland achtergelaten en keerden nu pas terug naar huis. Hun levens waren door het nazisme verwoest. Ze konden zich niet zo laten bedotten. Ze greep de arm van haar buurman beet en hield hem tegen.

'Stop! Geef ze niets meer!'

'Waarom niet?'

'Ze hebben het recht niet. Ze verdienen het niet.'

De jongeman heette Werner. Hedy en hij waren sinds een paar jaar bevriend. Werner keek het meisje eerst verbaasd en toen woedend aan. Toen wees hij op de kinderen.

'Kijk eens naar ze, Hedy! Ze zijn niet ouder dan een jaar of vier, vijf. Misschien zit er eentje bij van zeven of acht. Zijn dit nazi's volgens jou?'

En hij ging door met snoepjes uit het raam gooien.

Hedy was in de war en bleef lang zitten zonder iets te zeggen.

Het was waar, het waren kinderen. Maar ze haatte hen en kon er niets aan doen.

Nu, op die ochtend in september, zag ze hen opnieuw staan voor het station van München.

Het waren er niet zo veel als twee maanden eerder en ze waren ook niet zo opdringerig. Ze schreeuwden niet. Maar ze hadden wel honger, dat leed geen twijfel, en ze hadden nog steeds behoefte aan voedsel.

Drie van hen kwamen aanlopen toen ze Hedy van de jeep zagen springen. Ze waren best groot, hun leider was misschien wel twaalf jaar oud.

Ze staken alle drie hun hand uit, maar hij was degene die wat zei.

'Heb je chocolade, *miss*?'

'Nee.'

'Heb je snoep?'

'Nee.'

Hedy glimlachte, maar haar blik was onverbiddelijk.

'Heb je sigaretten?'

De jonge vrouw stak haar hand in haar jaszak en haalde er een nieuw pakje sigaretten uit. De ogen van de jongens lichtten meteen op. De leider slikte verlangend, zijn gedachten reeds bij de schatten waartegen hij dat pakje zou kunnen ruilen. Hoopvol keek hij naar Hedy.

'Zijn die voor ons?'

Ze gaf geen antwoord. Ze maakte het pakje open, haalde er drie sigaretten uit en hield ze omhoog.

'Ik geef ze jullie alleen maar als jullie ze hier voor mijn neus oproken.'

De teleurstelling droop van de gezichten van de jongens.

'Waarom?'

'Omdat ik het zo wil. Goed?'

De leider strekte zijn hand uit en pakte de sigaretten. Hij verdeelde ze onder zijn kameraden. Hedy gaf ze zelf vuur.

Ze namen een paar trekjes en maakten aanstalten om de peuk uit te drukken, maar zij pakte de grootste bij zijn pols.

'Geen denken aan! Jullie roken ze hier helemaal op!'

Ze gehoorzaamden.

Toen ze het laatste sliertje tabak hadden geïnhaleerd, liepen ze weg zonder haar te groeten of te bedanken en liepen naar een officier. Die glimlachte grootmoedig en wierp ze een heel pakje toe.

Hedy schudde afkeurend haar hoofd. Toen stapte ze op haar trein, die over een paar minuten zou vertrekken.

Na die eerste dag in Duitsland, na de discussie met Werner, had ze een afspraak met zichzelf gemaakt.

Snoep, zoetigheid, koek en brood, prima, maar alleen als ze het in haar aanwezigheid opaten.

Sigaretten, prima, maar alleen als ze die in haar aanwezigheid oprookten.

Misschien waren ze geen nazi's, maar hun vaders en moeders waren dat wel. Ze wilde niet dat de kinderen voedsel en tabak mee naar huis namen. Ze wilde niet dat de nazi's op haar kosten aten en rookten.

Eindelijk zette de trein zich in beweging.

# 3

Door het trage schommelen van de trein werd Hedy in slaap gewiegd.

Dat kwam niet alleen door het vroege opstaan, maar ook doordat ze die nacht weinig had geslapen.

Het was bijna herfst en daarom hadden de werknemers en de Amerikaanse soldaten van haar standplaats een Groot Afscheidsfeest voor de Zomer georganiseerd.

Er hoefden nooit redenen verzonnen te worden om te dansen en pret te maken in de grote salon op de begane grond, maar iedereen vond toch wel dat je op een bal met zo'n titel verplicht was om de bloemetjes buiten te zetten.

Hedy had tot na middernacht gedanst zonder ook maar één keer te gaan zitten, had geflirt met collega's en de ene borrel na de andere gedronken, tot ze uitgeput op een stoel was neergevallen. Toen pas liet ze zich door Eva overhalen om naar bed te gaan.

Terwijl ze samen naar hun kamer liepen, had haar vriendin haar hoofd geschud. Voordat ze in slaap viel, had ze haar horen zeggen: 'Zo veel vrolijkheid, Hedy, dat kan maar één ding betekenen. Je bent vreselijk bedroefd!'

Ze had gelijk.

Hedy was bedroefd en het lukte haar niet om die sombere wolk te verdrijven. Maar ze wilde de reden van haar verdriet niet delen. Dat was iets van haarzelf, een verdriet dat haar vaak onverwacht overmeesterde, dat haar deed wankelen terwijl ze zat te eten of aan het werk was, zelfs wanneer ze lachte, en dat haar als ze sliep bestookte met nachtmerries.

Ze wist waar het vandaan kwam.

Inmiddels was het meer dan zes jaar geleden dat ze haar vader en moeder voor het laatst had gezien.

'We zullen al het mogelijke doen om hier weg te komen, maar ik weet niet wanneer dat zal lukken. Daarom moet je erop voorbereid zijn dat je het in je eentje moet redden. Beloof je me dat je dat zult doen?'

Dat had haar vader gezegd op die laatste zondag in mei die ze samen hadden doorgebracht, toen ze over meikevers hadden gesproken. Langzaamaan was haar duidelijk geworden dat haar vader die dag misschien al had vermoed dat ze elkaar niet meer zouden zien.

De scheiding, die aanvankelijk maar een paar weken of op zijn langst een paar maanden zou duren, was verlengd tot jaren en deed haar nog steeds pijn.

Ze had haar ouders al zo lang niet gezien dat het haar soms zelfs moeite kostte om zich hun gezichten scherp voor de geest te halen, en als dat wel lukte maakte het haar doodsbang. Het was een van haar ergste nachtmerries, een van die dromen waardoor ze niet rustig kon slapen. In de droom was ze een meisje van zes of zeven jaar en speelde ze op de binnenplaats van het huis waar ze was geboren. Toen viel ze van de schommel en schaafde haar knie.

'Mama! Papa!'

Het deed pijn en ze had hulp nodig.

Haar ouders kwamen aanrennen om haar te knuffelen. Ze troostten en streelden haar. Maar toen ze opkeek om hun glimlach in te drinken, ontdekte ze twee lege gezichten. De omtrek van hun gezichten was wel zichtbaar, maar er waren geen ogen, neus of mond. Hedy het kind gilde doodsbang, de volwassen Hedy schrok wakker en zat rechtop in bed.

Ook nu schrok ze overeind.

De trein stond plotseling stil, midden tussen de akkers.

Hedy stak haar hoofd uit het raampje en probeerde erachter te komen wat er aan de hand was.

Iets verderop was een spoorwegovergang. Een colonne pantserwagens stak het spoor over en de trein moest wachten.

Pas na ruim een halfuur zette de locomotief zich puffend weer in beweging.

Hedy keek hoe haar coupégenoten jasjes en truien uittrokken. Er waren wat Amerikaanse soldaten, een Franse soldaat van de luchtmacht en wat Duitse burgers, mannen en vrouwen die met neergeslagen ogen zaten te zwijgen, terwijl de buitenlanders lachten en grappen maakten met elkaar. Ze wist waarom ze niets zeiden. Ze had het vaker gezien in de afgelopen twee maanden. De Duitsers wilden aan geen enkel gesprek deelnemen. Ze deden alsof ze niets hoorden, en als ze het wel hoorden deden ze alsof ze het niet begrepen, zelfs als men hun taal sprak. Ze wilden onzichtbaar zijn, net als zijzelf op school al die jaren geleden. Ze hadden een hekel aan vragen over hun leven. Ze hadden een nog grotere hekel aan de vragen over Duitsland en vragen over het nazisme konden ze eenvoudigweg niet aan.

'Hitler? Hitler is verleden tijd...'

Dat zeiden ze en dan keken ze de andere kant op, bogen zich over hun krant of gingen een gesprek aan met hun reisgenoot of reisgenote. Maar net zozeer als zij een hekel hadden aan opdringerige vragen, had Hedy een hekel aan hen.

De vrouw die tegenover haar zat droeg een sjofele jurk van zwart katoen en hield een tasje vast in dezelfde kleur. Ze was jong, niet ouder dan dertig, maar haar gezicht vertoonde al tekens van vroegtijdige ouderdom. Strak staarde ze uit het raam, zonder te luisteren naar degene die naast haar zat.

Hedy tikte haar op haar knie. 'Waar moet u heen, mevrouw?'

De vrouw schoof een paar centimeter opzij, alsof ze plotseling door een onbekende was aangestoten. Hedy stelde de vraag opnieuw.

'Waar moet u heen?'

De vrouw kon niet meer doen alsof ze niets merkte. Ze keek naar het meisje in uniform tegenover haar met een blik die het midden hield tussen irritatie en nieuwsgierigheid.

'U spreekt als iemand uit deze streek. Bent u Duitse?'

Hedy knikte.

'Uit Baden. En u?'

'Ik ook, uit Mannheim. Ik ben op weg naar Freiburg.'

Hedy begreep het. In Freiburg zetelde het grootste kantoor van de regio voor het opsporen van vermiste personen.

'Uw man?'

'Ja. In de oorlog vermist geraakt... Maar misschien is hij door de Russen gevangengenomen. Of misschien loopt hij ergens rond en probeert hij naar huis te komen. In deze tijd is elke reis een odyssee.'

'Hoe lang hebt u al niets van hem gehoord?'

'Anderhalf jaar. In februari '44 ontving ik zijn laatste brief. Daarna niets meer.'

'En het leger?'

'Toen ik vragen stelde, kreeg ik als antwoord dat hij tijdens een Russische aanval in Oekraïne was verdwenen. Ze zeggen dat hij vermist wordt en weigeren hem dood te verklaren.'

Hedy herinnerde zich de nauwkeurigheid waarmee een naziambtenaar het aantal, type, gewicht en edelsteensoort had genoteerd van de sieraden die haar moeder, haar vader en haar ooms en tantes aan Duitsland na de Kristallnacht hadden afgegeven. Alles werd precies geteld. Niets mocht verloren gaan: precisie boven alles. Ze kon het niet laten om het hatelijke grapje te maken.

'Dat verbaast me niets. De naziambtenaren deden niets liever dan alles met extreme precisie in kaart brengen. Zelfs de doden, ook al zijn ze misschien nog niet eens dood.'

De vrouw bloosde. Haar blik, die tot dat moment neutraal was geweest, verduisterde. Ze knikte naar Hedy's uniform en haar woorden troffen Hedy als een zweepslag.

'Liever sterven voor Duitsland dan slaaf zijn van de Amerikanen!'

Mensen die vlakbij zaten draaiden zich om en keken haar bezorgd aan, terwijl de buitenlandse soldaten bleven kletsen zonder te begrijpen wat er aan de hand was.

Hedy boog zich naar de vrouw toe.

'Ik hoop dat uw man onder een meter Russische grond ligt weg te rotten!'

Ze stond op, verliet de coupé en ging ergens anders zitten.

Opnieuw bleef de trein stilstaan.

# 4

Toen de trein opnieuw ging rijden, stak Hedy haar hand in de binnenzak van haar jasje.

Ze voelde het papier en haalde het tevoorschijn, omdat ze een sterk verlangen had naar de stem van haar moeder. Het was de laatste brief die ze van haar had ontvangen en hij was gedateerd op 1 september 1942.

Hedy keek om zich heen en stond op. Ze had behoefte om even alleen te zijn, maar dat was in de overvolle wagon onmogelijk. Ze sloot een deur achter zich en ging in de open lucht op een treeplank zitten.

Het was niet gevaarlijk, de locomotief reed heel langzaam.

Ze hield het vel papier stevig vast, zodat het niet weg zou waaien, en begon te lezen.

Hedy, lief meisje van me!
Het valt me vandaag zwaar om je te schrijven, maar het is nu eenmaal zoals het is en ik kan het niet helpen. Ik maak me zorgen omdat ik twintig dagen geleden de laatste brief van je vader heb ontvangen en daarna niets meer heb gehoord. Maar ik weet zeker dat we elkaar weer terug zullen vinden.

De afgelopen weken zijn voor ons allemaal, en voor mij in het bijzonder, bijzonder roerig geweest. Er vertrekken vanaf hier regelmatig treinen en we weten niet waarheen; dit keer vertrek ik ook. Mijn enige hoop, zoals ik al zei, is je vader daar te vinden. Dan zal ik ons lot, hoe zwaar ook, moedig en waardig dragen.

Lief meisje van me, ik zal op alle mogelijke manieren proberen om met je in contact te blijven, maar het zal nog lang duren voordat we elkaar opnieuw berichten kunnen sturen. Ik verzoek je dit ook te schrijven aan onze familieleden die in Amerika wonen. Ik heb geen mogelijkheid meer om ze brieven te sturen. Doe ze mijn liefste groeten, ik zal nooit vergeten wat ze voor ons hebben gedaan.

Ik bedank jou ook uit de grond van mijn hart, lief en dapper meisje, voor alles wat je de laatste tijd voor ons hebt gedaan. Blijf goed en deugdzaam, laat je hoofd niet hangen en geef de moed niet op.

Vergeet je lieve ouders niet.

We blijven hopen dat we elkaar weer zien, ook al zal het nog lange tijd duren.

Mama

Ze las die regels één, twee en toen drie keer.

Inmiddels bestudeerde ze de brief al jarenlang minstens één keer per dag zorgvuldig. Dan was het altijd net of haar moeder voor haar stond, zo dichtbij dat ze de smaak van de tranen kon proeven waarmee haar moeder het vel papier had bevochtigd.

Hedy hield het papier tegen haar voorhoofd en sloot haar ogen. Waar waren haar ouders?

... zal het nog lange tijd duren.

Dat was wat haar moeder had geschreven. Eerder had ook haar vader haar in zijn laatste brief op het hart gedrukt om de moed en de hoop niet te verliezen. Ze zouden elkaar terugzien en het maakte niet uit hoe lang het moest duren voordat ze weer werden herenigd.

Maar hoe lang zou dat zijn?

Een week? Een maand, een jaar? Tien jaar?

Hedy's verlangen om haar ouders in haar armen te sluiten was zo sterk dat ze zichzelf verschillende keren had voorgelogen. Steeds als er een jaar voorbij was, zei ze tegen zichzelf: 'Er is weer een jaar voorbij en ik ben nog steeds alleen, maar een jaar is maar een jaar.'

Een jaar was zeker niet 'lange tijd'.

Toen ze in 1939 uit Duitsland was vertrokken, was ze ervan overtuigd geweest dat het een kwestie van weken of maanden was. Toen was de oorlog uitgebroken en had ze beseft dat ze zou moeten wachten tot de wapens tot zwijgen waren gekomen. De oorlog was nu ten einde, maar haar ouders hadden haar niet meer terug laten komen. Ze hadden haar niet meer geschreven.

Om kalm te blijven had ze een hoop leugens bedacht: dat de post haar niet kon bereiken omdat ze was verhuisd, dat de postkantoren niet wisten hoe ze brieven moesten doorsturen, dat haar vader en moeder haar adres niet wisten net zoals zij hun adres niet wist. Misschien leden ze aan geheugenverlies. Misschien lagen ze ziek in een afgelegen ziekenhuis en was er niemand om ze te helpen. Misschien bevonden ze zich nog in een gevangenkamp.

Lange tijd had ze hun spoor kunnen volgen, dankzij de post die door het Rode Kruis werd bezorgd of via Nederland en Zwitserland werd gesmokkeld.

Ze waren vanuit Kippenheim naar concentratiekamp Gurs in Frankrijk gedeporteerd, nadat Parijs was gevallen.

Daarna was haar vader naar concentratiekamp Les Milles gestuurd, vlak bij Marseille, en haar moeder naar kamp Rivesaltes in de omgeving van Perpignan. Het waren allemaal gevangenkampen voor Joden, die niets goeds beloofden.

Van daaruit waren ze in de zomer van 1942 naar een onbekende bestemming vertrokken, allebei met een andere trein. En allebei hadden ze, zonder het van elkaar te weten, aan hun dochter geschreven dat ze elkaar zeker terug zouden zien, maar pas na 'lange tijd'.

Dus hoe lang was nou 'lange tijd'?

Plotseling rilde Hedy.

De hitte van de zomerdag won het niet van de kou in haar botten en haar hart.

Langzaam droogde ze de tranen die langs haar wangen liepen, vouwde de brief op en stopte hem weer veilig weg in haar jaszak.

Toen keerde ze terug in de wagon.

De trein was net aangekomen op een klein, onbelangrijk station.

Ze had een dwaze hoop.

Dat ze juist op die verlaten plek haar vader en moeder zou ontmoeten.

# 5

Bij elke stap in de Bahnhofstrasse, de lange straat die van het station naar het centrum van Kippenheim voerde, voelde Hedy de spanning stijgen.

Met elke meter drong ze verder binnen in de verstikkende wereld die ze iets meer dan zes jaar eerder dankzij haar ouders was ontvlucht.

De zon scheen vol licht en warmte op het Badense dorpje, maar verzachtte haar herinneringen niet en maakte de moeizame mars naar de spoken van haar verleden niet minder bitter. De spoken die elk moment konden opduiken.

Bij het eerste huis kwam ze een boer tegen met een hooivork op zijn schouder.

De man staarde haar aan en ze werd meteen bang. Het was alsof al die tijd vergeefs was verstreken. Ze was bang om herkend te worden, om als Jodin te worden ontmaskerd, te worden gearresteerd en afgevoerd naar de gevangenis.

Ze voelde zich opnieuw machteloos, weerloos.

Instinctief week ze terug en merkte toen pas dat de ander geïntimideerd door het Amerikaanse uniform de ogen had neergeslagen.

De boer ging opzij en passeerde haar zonder iets te zeggen.

Hedy bleef trillend op haar benen staan, met het zweet op haar rug.

Ze haalde diep adem en hield haar ogen dicht.

Nadat ze opnieuw de neiging tot omkeren had overwonnen, ging ze vastberaden op weg naar het gemeentehuis en probeerde zich te concentreren op het heden.

Ook in Kippenheim was het oorlog geweest, zag ze nu.

De hoofdstraat was schoon, maar de zijstraten lagen vol stukken kalk die van de gevels van de huizen waren gevallen. De bommen en granaten van de geallieerden hadden haar dorpsgenoten niet gespaard en veel daken waren ingestort.

De muren zaten vol kleine kogelgaten. Veel ramen en deuren waren vergrendeld. De mensen die in die huizen hadden gewoond, waren gevlucht en hadden hun heil ergens anders gezocht. Wellicht wachtten ze op betere tijden voordat ze terugkeerden.

De straat was verlaten. Hedy kwam aan bij het gemeentehuis en liep de trap op.

'Ik wil de burgemeester spreken.'

De ambtenaar keek op van een register en wilde antwoorden met een grapje, maar toen hij haar uniform zag stond hij op, prevelde een verontschuldiging en liep het kantoor van de eerste burger binnen. Hedy herinnerde zich dat vroeger op een elegant gegraveerd messing bordje de naam van de burgemeester voor alle bezoekers te lezen was. Nu was er geen bordje en geen naam.

'Komt u binnen.'

De burgemeester stond voor zijn schrijftafel op haar te wachten, met uitgestoken hand.

Het was zijn linkerhand, want de rechter had hij niet meer. Die was door de oorlog meegenomen, samen met zijn hele rechterarm. Hij zag haar gegeneerde blik en haalde glimlachend zijn schouders op.

'Let er maar niet op. Ik was in Kursk. Een enorme veldslag...'

Hedy hoorde alleen zijn eerste woorden en pikte de andere niet meer op.

Die stem! De stem van die man gaf haar een schok van herkenning. Ze keek naar hem, maar herkende hem niet.

Hij had een snor, was enorm vermagerd en zijn gezicht had alle arrogantie verloren.

Maar zijn stem was uniek. Ze wist het zeker.

'U bent meneer Ernst!'

Hij glimlachte.

'Ja, Ernst Stuhl heet ik. Kennen wij elkaar?'

Het meisje werd bleek en moest zich vastgrijpen aan een stoel. De burgemeester hielp haar te gaan zitten.

Hij begreep niet wat haar bezielde en wachtte rustig af.

'Ik ben de dochter van Hugo en Ella Wachenheimer...'

De burgemeester pakte een briefopener en keerde hem om en om tussen zijn vingers. Het was duidelijk dat hij zich de gezichten van de ouders van dit jonge meisje voor de geest probeerde te halen, dat hij zich probeerde te herinneren wanneer hij haar had ontmoet. Maar hoe hij zich ook inspande, het lukte hem niet. Hij begon zich ongemakkelijk te voelen door het Amerikaanse uniform.

'Pardon,' zuchtte hij uiteindelijk, 'de oorlog heeft alles weggevaagd. Woonden uw vader en moeder in Kippenheim?'

Minachtend keek Hedy hem aan.

'"Als ik die sloerie levend tegenkom, vermoord ik haar!" Dat zei u over mijn moeder. Kunt u zich die woorden nog herinneren? U hebt ze uitgesproken. U en niemand anders!'

De man sperde zijn ogen open, getroffen door de herinnering.

'De dag van de grote pogrom!'

'Ja! Voor mij de dag van de grote angst!'

Het werd doodstil in de kamer.

Achter de deur was het zenuwachtige loopje van de ambtenaar te horen, die hen verwoed probeerde af te luisteren.

In een opwelling stond Hedy op, liep naar het raam en keek naar buiten. Ze wilde niet dat dat zwijn haar zag huilen.

Plotseling voelde ze dat haar hart door het in al die jaren opgekropte, verzwegen en onderdrukte verdriet zo beknelled werd dat ze dacht ter plekke te zullen sterven, daar in het kantoor van de burgemeester.

Na twee ellenlange minuten doodse stilte draaide ze zich om.

'Ik wil het huis van mijn ouders en dat van mijn oom en tante zien. En mijn vaders winkel.'

De man, die zijn mond niet had opengedaan, stond vlug op, een en al onderdanigheid.

'Ik breng u erheen. Dat maakt alles veel makkelijker. En we zijn er sneller.'

Hij pakte zijn jas en zijn hoed en hield de deur van het kantoor open, waarbij hij haar voor liet gaan.

# 6

Het huis van oom Oskar en tante Kathe, waar ze op de dag van de grote angst in de warme armen van haar moeder had geschuild, was afgesloten. Er was een granaat op het dak gevallen, waardoor het was ingestort. Proberen naar binnen te gaan was te gevaarlijk. Het pand was leeg en ontzield.

Haar huis, waar ze samen met haar ouders had gewoond tot mei 1939, toen ze naar Engeland vertrok, stond er nog. De muren waren hier en daar wat afgebrokkeld, maar het huis stond nog overeind.

Toen ze zag dat de deur en de ramen open waren, voelde Hedy een steek in haar hart. Dit was haar huis. Wie zou het lef hebben gehad het zich toe te eigenen?

'Wie woont hier?'

'Een gezin uit Freiburg. Ze zijn geëvacueerd en na de oorlog hier gebleven.'

Mensen die niets slechts met hen voor hadden, dacht Hedy. Mensen van wie het leven door de oorlog was verwoest en die absoluut geen idee hadden van de rampen die zich in dat huis hadden afgespeeld. Maar toch was het hun huis niet.

'Ik wil binnen rondkijken.'

De burgemeester liep snel naar de deur.

'Natuurlijk. Ze zullen het vast niet erg vinden om u even rond te laten kijken...'

Hedy volgde hem, maar voordat ze over de drempel stapte, voordat ze een voet in het huis had gezet, bleef ze stokstijf staan. Nee, het was niet waar. Ze wilde het niet zien. Ze wilde zich alles herinneren zoals het vroeger was, toen ze nog gelukkig waren.

'Wacht, laat u maar...'

De burgemeester bleef verbaasd staan en wist niet wat hij met de situatie aan moest. Toen hij zag dat de bezoekster niet verder liep, ging ook hij de oude woning van de familie Wachenheimer niet binnen.

Hij keek naar Hedy.

'Zullen we naar de winkel van uw grootvader gaan?'

'Ja, maar stuur eerst die mensen weg...'

Een klein groepje mensen volgde hen al vanaf het moment dat ze het gemeentehuis hadden verlaten. De mensen hadden zich meteen na haar aankomst verzameld en haar vanaf dat moment nieuwsgierig aangestaard. Hedy herkende sommige gezichten, maar kon zich de namen niet herinneren. Ze wist dat ze in het verleden met ze te maken had gehad maar kon de energie niet opbrengen om de herinnering scherp op haar netvlies te krijgen.

Te veel prikkels, te veel emoties.

Die mensen waren hen op een paar meter afstand gevolgd. Eerst zwegen ze, toen begonnen ze op zachte toon meningen uit te wisselen en grapjes te maken, en uiteindelijk bespraken ze het nieuwtje openlijk. Het zag ernaar uit dat de kleindochter van de oude Wachenheimer was teruggekeerd om haar spullen te komen halen. In uniform. En dat viel niet goed.

'Stuur ze weg!'

De burgemeester gaf de groep een haastig bevel en de menigte viel uiteen. Maar Hedy merkte meteen dat ze achter haar aan bleven lopen. Ze volgden haar nu op een afstandje en begluurden haar vanaf de straathoeken.

'Waarom zijn ze zo bang? Wat hebben ze van mijn ouders gestolen?'

De man deed alsof hij het sarcasme in haar stem niet hoorde.
'Niets. Ze hebben niets gestolen en hier is niets meer. De nazi's hebben alles meegenomen toen ze vluchtten.'
Hedy deed haar mond open om te antwoorden, geschokt door de hypocrisie van die man, maar er kwam geen woord over haar lippen.
'We zijn er.'
Ze stonden voor het gebouw waarin meer dan tachtig jaar lang de winkel van haar familie gevestigd was geweest. De oorlog had het intact gelaten. Toen ze omhoog keek zag Hedy het uithangbord, dat tijdens de Kristallnacht met witte verf was overgeschilderd. Het leek alsof de tijd op die dag stil was blijven staan.
'Ik wil in mijn eentje naar binnen. En laat niemand in de buurt komen.'
'Goed. Ik blijf hier op wacht staan. Ga uw gang.'
Hedy glimlachte bitter bij de bespottelijke ironie van die laatste woorden. Toen stapte ze over de drempel.
Het was als een verkwikkend, zuiverend bad dat haar in één klap terugvoerde naar het verleden. De ontberingen van die jaren, het verdriet, het verwijderd zijn van haar ouders waren eindelijk vergeten. Elk voorwerp daar binnen herinnerde haar aan een gelukkig moment uit haar jeugd.
In de achtertuin stond nog steeds de grote pergola waaraan ooit de druiventakken hingen die haar vader met zo veel liefde verzorgde. Het was haar taak om de druiven in twee grote kuipen plat te trappen tot haar voeten zo rood waren als bloed. De ietwat bittere wijn die ze ervan maakten werd bewaard in de kelder van het gebouw.
Recht onder het raam van haar vaders kantoor zag ze de grote zandbak waarin ze als kind had gespeeld en die ze later met aarde had gevuld, waardoor het haar eigen tuin was geworden. Ze had er aardbeien, lelietjes-van-dalen en vergeet-mij-nietjes geplant die ze in het bos had geplukt. Ze wist nog goed dat ze een keer twee

pepermuntstekjes had geplant, om er vervolgens achter te komen dat de munt de andere planten overwoekerde en zich door de hele zandbak had verspreid. Dat was een wijze les geweest.

Ze zag de moestuin en de rijen frambozenplanten weer voor zich. De peren- en abrikozenbomen, waar ze als een eekhoorn in klom om in alle rust van de rijpe vruchten te genieten, stonden er nog steeds, maar niemand zorgde er meer voor.

Het kleine appartement aan de achterkant van het gebouw was jarenlang bewoond door grootmoeder Lina, de moeder van haar vader, die samen met alle anderen was gedeporteerd naar kamp Gurs. Door die herinnering was ze met één klap terug in het hier en nu. In diezelfde tuin had de hele familie zich op de dag dat diezelfde grootmoeder Lina vijfenzeventig werd verzameld voor een groepsfoto. Er waren heel veel mensen, uit alle hoeken van Duitsland waren ze gekomen: kleinkinderen, neven en nichten, ooms en tantes, bloedverwante en aangetrouwde familieleden, jonge en oude mensen.

Allemaal Joods.

Niemand had toen vermoed dat de dag van de grote angst iets meer dan een jaar later zou plaatsvinden.

Hedy ging de kantoren binnen.

Achter de glazen wanden van een grote ruimte op de begane grond zag ze haar vaders oude schrijftafel. Ze duwde tegen de deur van het kleine kantoortje van Helena, de christelijke secretaresse die ze van de nazipartij hadden moeten ontslaan. Hedy had veel tijd in dat kantoortje doorgebracht en dan lette diezelfde Helena op haar. Nadat ze een blik van verstandhouding met Hedy's vader had gewisseld, nam de secretaresse het meisje op schoot en liet haar zien hoe je met twee vingers de toetsen van de schrijfmachine kon bedienen. Veel later had Hedy pas begrepen dat de vrouw niet echt had geprobeerd haar te leren typen. Haar enige doel was ervoor te zorgen dat ze haar vader niet lastigviel terwijl hij bestellingen en facturen afhandelde.

Ze liep door naar de bovenste verdieping.

Het magazijn was haar laatste herinnering aan Kippenheim voordat ze naar Londen was vertrokken, maar de staat waarin het verkeerde deed haar naar adem happen.

Niet alleen waren er geen stoffen, staalboeken, scharen of houten latten meer die de stoffen strak hielden bij het knippen, ook de hoge stellingkasten en de lange massieve toonbank waarachter de winkeljuffrouwen werkten stonden er niet meer. Dezelfde toonbank waarachter zij zelf zo vaak had gespeeld dat ze stoffenhandelaar was.

Het nazisme had met het magazijn hetzelfde gedaan als met haar hele leven: het veranderd in een woestenij.

Wanhopig rende Hedy naar beneden.

Zonder omkijken holde ze de tuin door tot ze weer op straat stond.

Ze beloofde zichzelf dat ze nooit meer voet in dat pand zou zetten.

# 7

Nu zat ze tegenover Helena aan tafel in haar kleine, schemerige keuken.

Hedy keek naar een eenvoudige pendule aan de muur: het was bijna zeven uur.

'Ik wil je niet lastigvallen. Je moet vast eten koken voor je man en kinderen.'

'Je valt me niet lastig. Mijn man en kinderen zijn niet thuis. Ik heb ze weggestuurd en gezegd dat ze niet voor vanavond terug moesten komen. En trouwens, ik heb je toch zelf uitgenodigd?'

Dat was waar. Toen de oude secretaresse van haar vader hoorde dat de dochter van Hugo Wachenheimer in het dorp was, was ze haar meteen komen zoeken. Ze had haar meegenomen naar huis voor thee en koekjes.

'Ik heb ze zelf gebakken. Dat is de enige manier om nog aan koekjes te komen. In de winkel zijn ze niet meer te krijgen.'

Hedy bekeek haar eens goed.

Als kind had ze altijd gedacht dat ze veel ouder was dan zijzelf, zoals kinderen dat van alle volwassenen denken. Nu realiseerde ze zich dat het niet waar was, Helena was maar zo'n vijftien jaar ouder dan zij.

Ze hield van haar. Ze wilde niet toegeven dat ze van een Duits iemand hield, maar toch was het zo. Ook deze vrouw had ongetwijfeld arm in arm met een prominente nazi over straat gelopen, de hakenkruisvlag uitgehangen, de andere kant op gekeken terwijl een Joodse man voor haar huis in elkaar werd geslagen. Maar toch hield ze van haar. Helena had haar zo vaak beziggehouden als haar vader en moeder niet op haar konden letten. Nu herinnerde ze zich dat ze als kind vaak in dit huis was geweest, de geur van de keuken zat nog in haar neus.

Helena leek haar gedachten te kunnen lezen. Ze stond op en pakte uit een lade een kleine foto.

'Weet je dit nog?'

Hedy bekeek de ietwat onscherpe afbeelding.

Ze zag zichzelf als klein meisje voor de winkel in de armen van de secretaresse. Ze droeg een grote witte haarstrik en een lang, donker schort.

'Waarom moest ik huilen?'

'Je was in je vaders auto gestapt en had aan alle knoppen en hendels gezeten. Toen is de auto gaan rollen en tegen het houten gebouwtje aan het eind van de binnenplaats gebotst. Je had je geen pijn gedaan, maar je was je doodgeschrokken.'

Hedy wist het weer.

Zelfs zo'n moment van schrik herinnerde haar aan prachtige tijden. Ze wilde er niet meer naar kijken en legde de foto met de afbeelding naar beneden op het tafelblad. Er was iets anders dat haar bezighield.

'Vertel eens over mijn ouders...'

'Nadat je bent weggegaan?'

'Ja. Ik wil graag weten wat er na mijn vertrek is gebeurd.'

Helena zuchtte en zocht naar een excuus om er niet over te hoeven praten. Maar dat kon niet. Dit was immers de reden dat ze Hedy bij haar thuis had uitgenodigd: om haar met de blinde vlekken te helpen. Misschien was een zinnetje, een snippertje van een herinnering, al voldoende om de leegte in Hedy opnieuw te vullen.

Toen ze elkaar bij het begroeten een hand gaven, was die leegte Helena meteen opgevallen.

Dit was niet meer het meisje dat ze van vroeger kende. En niet alleen doordat ze volwassen was geworden.

'Ze hebben echt gedaan wat ze konden. Ze werden gedwongen om al hun eigendommen te verkopen, om te stoppen met werken, om zich in huis op te sluiten, om niet meer op straat te komen. Maar ze hebben geprobeerd het te redden. Ze wilden overleven, dat was alles.'

'En verder niets?'

Helena zette de theekopjes in de gootsteen. Ze keek haar gast aan.

'Op een gegeven moment, toen je grootvader werd gearresteerd, was het echt heel moeilijk...'

'Gearresteerd? Dat heeft niemand me ooit verteld!'

Hedy wist dat haar vader en moeder haar niet alles schreven en dat ze dat deden om haar niet onnodig ongerust te maken. Ze begreep hen, maar voelde zich weer schuldig omdat ze hen alleen had gelaten om te overleven. In stilte bedankte ze hen nogmaals omdat ze haar met haar vlucht naar Londen voor de tweede keer het leven hadden geschonken. Ze had haar leven letterlijk aan haar ouders te danken.

'Hoe is het gebeurd?'

'Zoals je weet, woonde je grootvader in Hanau. Op een dag liep hij op de stoep naar de schoenenwinkel en werd hij tegengehouden door de nazi's, die zeiden: "Joden mogen niet op de stoep lopen." Dus liep je grootvader over straat verder. Maar de nazi's versperden hem de weg en schreeuwden: "Joden mogen ook niet op de straat lopen! U staat onder arrest!" Toen hebben ze hem naar een schuldgevangenis gebracht, de allerergste. Je moeder heeft het me verteld.'

Hedy's stem trilde toen ze antwoord gaf. Ze had grootvader Heinrich niet vaak gezien, maar hield zielsveel van hem.

'Hebben ze hem lang vastgehouden?'

'Ze lieten hem pas gaan nadat hij had gezworen alles te verkopen en Hanau te verlaten. Hij kwam vrij, verkocht zijn winkel en verhuisde met je ooms Manfred en Max, de broers van je moeder, naar Frankfurt. De rest weet je.'

Ja, de rest wist ze.

Het was haar ooms gelukt om Duitsland te verlaten, maar haar grootvader, hun vader, was samen met haar ouders naar kamp Gurs gedeporteerd. Daar was hij een paar maanden later gestorven.

Hedy kon haar emoties niet langer bedwingen.

'Hoe deden mijn vader en moeder dat? Hoe konden ze dit allemaal doorstaan?'

Helena pakte Hedy's handen.

'Je ouders konden het aan omdat ze kracht putten uit twee bronnen.'

Afwachtend keek Hedy haar aan.

'De eerste was dat ze zouden kunnen ontsnappen. Zelfs nadat de oorlog was uitgebroken, zelfs nadat Frankrijk had gecapituleerd, waren ze ervan overtuigd dat het ze zou lukken. Zwitserland, Peru, Brazilië, IJsland, de raarste plekken. Ze waren er zeker van dat ze op een of andere manier weg zouden komen…'

'En de tweede?'

De vrouw glimlachte.

'Hun tweede bron van kracht was jij, Hedy. Ze leefden voor jou. Zelfs toen duidelijk werd dat emigreren niet zou gaan lukken, waren ze blij omdat ze wisten dat jij veilig was en de familie zou voortzetten…'

'Net als de meikevers…'

Het was weinig meer dan gemompel. Helena hoorde het niet.

'Ik weet dit allemaal omdat we elkaar vaak zagen. Ik ben ze altijd blijven opzoeken. Ik bracht ze brood, medicijnen, alles wat ze zelf niet meer konden krijgen. Ook heb ik spullen van je moeder verkocht, ze vertrouwde ze aan mij toe omdat ze zelf niet eens meer naar de lommerd konden gaan. Ja, als ik… als ik…'

Haar stem stokte.

Nu was het Hedy die Helena's handen pakte.

'Helena, wat is er?'

De secretaresse probeerde haar tranen weg te slikken, maar dat lukte niet.

'Ik heb gedaan wat ik kon, lieverd... Ik heb ze zo goed als ik kon geholpen. Het spijt me zo...'

Ze omhelsde het meisje en snikte op haar schouder.

Hedy verroerde zich niet. Deze woorden had ze al zo vaak gehoord sinds ze weer in Duitsland was. Excuses die te laat kwamen, nutteloos berouw. Heel even voelde ze de woede weer in zich oplaaien, zelfs tegen Helena, die van alle Duitse mensen die ze had ontmoet toch echt het minst schuld had.

Toen ze zich losmaakte uit de omhelzing, vroeg de secretaresse: 'Wat ga je nu doen?'

Het meisje stond op en keek uit het raam.

Ze glimlachte zwakjes.

'Wat ik ga doen? Ik ben alleen... en alleen zal ik blijven.'

# 8

'Hier ligt niks hoor!'
De arbeider keek vanaf de hoge houten ladder naar beneden. Hij had een tijdje bij de dakgoot naar een pakje staan zoeken, maar had niets gevonden.

Volgens Hedy was dit de plek waar haar vader de kostbaarste familiejuwelen had verborgen, vlak nadat de nazi's hadden bevolen dat ze al hun goud en zilver moesten afgeven. Ze kon zich nog goed herinneren dat ze hem op een avond op de binnenplaats van het huis naar boven had zien klimmen, in een poging te redden wat er te redden viel. Nu werd ze vanuit de oude woning bekeken door de nieuwe bewoners, die het er duidelijk niet mee eens waren.

'Ze vinden me een indringster, nietwaar?'
'U moet begrip voor ze hebben,' antwoordde de burgemeester. 'Ook zij hebben het een en ander meegemaakt.'
Hedy lachte spottend.

Stuhls evenwichtigheid, gezonde verstand en kalmte bleven haar verbazen. Als ze jaren geleden niet zelf had gezien hoe hij Joden uitschold, met knuppels sloeg en hun winkels vernielde, zou ze niet geloven dat hij een ex-nazi was. De fanatiekste van Kippenheim. En te oordelen aan hoe hij zich eruit had gered, was hij ook de schijnheiligste en geniepigste.

'Laat hem in de tuin graven!'
'Maar...'

'Doe wat ik zeg! Die sieraden moeten hier nog ergens zijn. Mijn vader heeft ze vast van de dakgoot naar de tuin verplaatst, dat is een veel betere schuilplaats. Ik weet het zeker!'

De man schudde zijn hoofd, maar hield zich in.

'Misschien heeft uw vader ze meegenomen toen hij naar Frankrijk ging…'

Het meisje wierp hem een woedende blik toe.

Hij zei 'naar Frankrijk ging' alsof hij het over een vakantie had.

'U wilt uw dorpsgenoten niet te veel last bezorgen. Zo is het toch?'

Ze wees op het echtpaar dat hen van achter de ramen stond te begluren.

'Moet u hen beschermen? Zijn zij ook nazi's?'

De burgemeester bloosde.

'Niet zo schreeuwen alstublieft. Luister, die sieraden zijn hier niet.'

'Hoe durft u me te vertellen wat ik moet doen? En hoe weet u waar de sieraden zijn?'

Ineens werd het haar duidelijk.

'U hebt hier iets mee te maken! Daarom bent u zo zeker van uw zaak. Vertel me alles wat u weet! Anders rapporteer ik u direct bij mijn meerderen!'

Ze was zo driftig dat Stuhl in elkaar dook.

'Komt u mee. Ik zal u alles vertellen…'

Het was halverwege de ochtend en het was warmer dan de vorige dag.

Aan de eerste zomer in vredestijd wilde maar geen einde komen, alsof de mensen moesten worden gecompenseerd voor al het verdriet dat ze in de oorlog hadden meegemaakt. Maar Hedy voelde warmte noch kou. Omdat ze haar moeders sieraden wilde terugvinden, had ze de verleiding weerstaan om bij het vallen van de avond te vertrekken. Een nuchter stemmetje in haar hoofd zei dat ze beter weg kon gaan. De ontdekking dat haar ouders niet meer in Kippenheim waren geweest was voldoende. Sterker nog, het was meer dan voldoende. Maar ze was niet bezweken, ze was gebleven. En dit was het resultaat: er was een beerput opengetrokken waardoor er allerlei vuiligheid aan het licht kwam. Nu moest ze de moedeloosheid de baas proberen te blijven.

'Smerige ratten! Maak dat je wegkomt!'

Schreeuwend joeg de burgemeester de sliert mensen weg, die hen al de hele dag achterna liep. Het waren er meer dan de dag ervoor en ze waren minder bescheiden. Ze deinsden er niet voor terug commentaar te geven op wat ze zagen, alsof ze over de markt liepen. Geschrokken gingen ze uiteen en hielden eindelijk op hen te achtervolgen.

Stuhl liep nog driehonderd meter verder.

Hedy bleef naast hem lopen, ook toen ze zag dat hij haar niet naar het gemeentehuis bracht.

Hij sloeg een zijstraatje in, waar hij met een sleutel de deur van een verlaten gebouw opende.

'Waar zijn we?'

'Wacht maar. U ziet het zo wel,' antwoordde hij ruw.

Hedy hoorde dat de toon in zijn stem was veranderd. De burgemeester was koeler geworden. Hij was niet meer de zachtaardige functionaris van een paar minuten geleden. Dit was een man die tot het uiterste getergd was en op de een of andere manier bracht dat zijn oude arrogantie weer naar boven. Even was ze bang dat haar uniform niet sterk genoeg was om als pantser te fungeren. Maar ze zette door. Ze mocht niet in het stof bijten. Niet voor die tiran.

'Gaat u maar naar binnen.'

Hedy liep voor hem uit het gebouw in.

Het was een oude fabriek die al jaren niet meer in gebruik was.

Stuhl ging de trap op naar de bovenverdieping, waar vroeger kantoren waren geweest. Hij ging een van ruimtes binnen, liep naar de achtermuur en zocht bij het licht van een lucifer naar het sleutelgat. Toen haalde hij een sleutel uit zijn zak en stak die in het slot. Het was een kluis. Hij stak zijn hand erin en haalde er een doos uit.

'Dit is de bank van Kippenheim.'

Hij zette de doos op de kale vloer naast een raam en haalde het deksel eraf.

De doos zat vol sieraden.

Hedy was stomverbaasd.

'Dit zijn allemaal spullen van uw mensen. Kijk maar of de spullen van uw moeder erbij zitten.'

'Jullie hebben ons beroofd! We waren weerloos en jullie hebben ons bestolen!'

De burgemeester haalde zijn schouders op.

'We hebben helemaal niets gestolen. Met dit goud en deze edelstenen hebben uw mensen hun leven gekocht. Ze hebben ervoor betaald om Kippenheim ongedeerd te kunnen verlaten.'

'Schoft! Vervloekte schoft…'

Ze gooide zich tegen hem aan en sloeg hem waar ze maar kon. Met één arm duwde Stuhl haar hard weg.

Huilend ging Hedy op de grond zitten, met haar rug tegen de muur.

De man kwam naar haar toe en bleef voor haar staan.

Zijn woorden klonken wreed.

'Zo is het nu eenmaal gegaan. De oorlog zal het verleden nooit uitwissen. Wie de strijd ook heeft gewonnen, jullie Joden hebben verloren. Dat uniform dat u daar draagt is niet Joods, maar Amerikaans. De Joden hebben geen leger. De Joden zijn bijna allemaal door de schoorsteen verdwenen. Helaas hebben we de klus niet kunnen voltooien.'

Toen ze opkeek zag ze de burgemeester spottend glimlachen.

'Waarom toch al die haat?'

Hij haalde zijn schouders op.

'Pak de sieraden van uw moeder, als die ertussen zitten. Daarna moet u weggaan.'

Hedy kwam langzaam overeind.

In de doos zaten tientallen gouden en zilveren broches, colliers, armbanden en een heleboel edelstenen die ooit de polsen, halzen en japonnen van de Joodse dames van Kippenheim hadden gesierd.

Wanhopig groef ze in de doos totdat haar vingers toevallig op een hanger van amethist stuitten.

Met een schok herkende Hedy het sieraad.

De hanger was heel erg oud. Hij kwam uit Spanje en bewees dat haar familie eeuwen geleden al naar Duitsland was gekomen.

Hij was van haar grootmoeder, die hem had doorgegeven aan haar moeder.

Nu was hij van haar.

Onder de oplettende blik van Stuhl pakte ze de hanger en stopte hem in haar zak.

'Nu moet u weggaan. Weg uit ons dorp.'

'Dit is ook mijn dorp!' vloog ze op.

'Niet meer. Zoals ik al zei, de geschiedenis is reeds geschreven. Hier is geen plaats meer voor Joden. Legt u zich erbij neer.'

'Bent u niet bang dat ik u aangeef? Samen met al die smeerlappen hier?'

De man glimlachte weer.

'Voor Joden ben ik nooit bang geweest.'

Over het uniform zei hij niets. Hij bekende niet of hij voor de Amerikanen wel bang was.

Hedy verliet de fabriek en liep naar het hotel waar ze had overnacht.

Een halfuur later was ze op weg naar het station. Ze nam de eerste trein en liet Kippenheim voor altijd achter zich.

# 9

De volgende ochtend werd er in de grote zaal van de onderzoekers in Pullach hard en geruisloos gewerkt.

Hedy en tientallen andere werknemers openden de ene enveloppe na de andere en lazen de inhoud.

De onderzoekers waren voornamelijk Duitsers, jonge mensen die naar Engeland waren gevlucht en na de oorlog door het Amerikaanse leger waren ingehuurd voor de censuurdienst. Maar er waren ook veel Amerikanen, Denen en Polen bij, allemaal verenigd door hun kennis van het Duits, de taal van het nazisme.

Hun taak was alle informatie op te sporen die van nut kon zijn bij het verijdelen van eventuele nazistische wraakacties, het ontmaskeren van de misdadigers van het regime, uitzoeken waar die zich verborgen hielden en het netwerk blootleggen van functionarissen en partijbonzen die na de nederlaag stilzwijgend aan de macht waren gebleven.

Duitsland had de oorlog verloren, maar niemand geloofde dat het nazisme werkelijk dood was.

'Ben je klaar met deze?'

Een collega van Hedy legde zijn hand op een stapel kaarten en brieven en nam ze na Hedy's knikje mee naar de bovenverdieping, waar iemand anders er een briefje op zou plakken: GEOPEND DOOR DE CENSUUR.

Vier maanden eerder, vlak na Victory Day, vlak na het stomdronken geluk, het dansen op straat en de ongeremde blijdschap na het bericht van de Duitse capitulatie, had Hedy een manier gevonden om naar Duitsland terug te keren.

Ze moest absoluut haar ouders vinden.

Maar dat was niet eenvoudig. Ze werkte in een fabriek en had niet veel geld.

Haar probleem was ineens opgelost toen het US Civil Censorship op zoek bleek naar mensen om naar de bezette gebieden te sturen.

Ze had zich aangemeld en had meteen een jaarcontract gekregen. Na een korte training zat ze nu hier over de papieren gebogen en probeerde vaak onleesbare handschriften te ontcijferen.

Ze zuchtte bij het lezen van het zoveelste verschrikkelijke verhaal: een gezin zonder huis en zonder werk in het zuiden van het land dat familie in het noorden om hulp vroeg. Eerder was er het verzoek van een man die door de oorlog verminkt was geraakt en politieke hulp zocht om uit de geldzorgen te komen. En daarvoor was er de klaagzang van een moeder aan haar dochter die ver weg woonde. Ze had geen werk, geen geld en in de winkels kon ze niets meer op krediet krijgen. Ze had niets te eten en vermagerde zienderogen. Kon ze haar misschien wat marken sturen?

Na twee maanden had Hedy nog niet eens een vage aanwijzing voor een verdachte activiteit gevonden. Vanuit dat oogpunt gezien was haar werk echt oersaai.

Ze vond het moeilijk om te bekennen, zelfs aan zichzelf, maar dit panorama van menselijk lijden, dat zich elke dag zo enorm uitgebreid en grondig onder haar ogen openbaarde, deed haar ergens goed. Het was alsof ze door het leed dat de Duitsers die maanden hadden geleden beetje bij beetje schadeloos werd gesteld voor het leed dat zij en haar volk in de afgelopen jaren hadden moeten ondergaan.

'Je geniet ervan, hè?'

Eva zat vlak naast haar en kende haar geheim.

'Waarom vraag je dat?'
'Je glimlacht zonder dat je het zelf doorhebt.'
Hedy trok een neutraal gezicht.
'Hoe lang nog tot de pauze?'
'Een paar minuten.'

Toen het lunchuur aanbrak ging ze niet naar de mensa, maar naar haar kamer op de tweede verdieping. Etenstijd was het enige moment waarop ze even alleen kon zijn.

Ze ging op haar bed liggen en staarde lang naar het plafond.

Haar hart en hoofd waren leeg.

De vorige dag had ze bijna de hele terugreis in de trein languit liggen slapen ondanks de hitte en het lawaai in de wagon.

Ze hoopte dat de slaap de herinnering aan de tijd die ze zojuist in Kippenheim had doorgebracht zou uitwissen. Ze hoopte dat de duisternis van haar bewustzijn de vernederende schande die Stuhl haar had aangedaan weg zou vegen. Ook hoopte ze dat de afschuwelijke realisatie dat haar ouders niet meer naar het dorp terug waren gekomen zou vervagen. Waar ze na Frankrijk ook heen waren gedeporteerd, daar hadden ze waarschijnlijk de dood gevonden. Net als al haar kameraden had Hedy het door de Amerikaanse en Engelse troepen geschoten beeldmateriaal van de concentratiekampen gezien. Niemand wilde erover praten, niemand wilde het geloven, maar iedereen kende de verschrikkelijke beelden van de lijkstapels. Haar vader en moeder waren naar het oosten vertrokken, waar de concentratiekampen waren. Alleen al de gedachte dat de ontzielde lichamen van Hugo en Ella Wachenheimer onder die stapel lijken verborgen lagen, maakte haar gek. Daarom wilde ze slapen.

Maar het ging niet zoals ze hoopte.

Nog in de trein, zodra ze haar ogen weer geopend had, waren die herinneringen en gedachten opnieuw springlevend teruggekomen. Tot aan Pullach waren ze haar bij elke stap gevolgd.

Ook de slaap van die nacht had haar geen verlossing gebracht.

Ze was haar eigen gevangene.

Blijf goed en deugdzaam, laat je hoofd niet hangen en geef de moed niet op.

Die zin uit de laatste brief van haar moeder kwelde haar.
Ze moest haar hoofd niet laten hangen. Ze moest de moed niet opgeven. Maar nuchter terugkijkend op die afgelopen dagen moest ze onder ogen zien dat ze eigenlijk opnieuw was gevlucht. Voor de tweede keer al in haar korte leven. Geen fraai record. Ze was Kippenheim twee keer ontvlucht: de eerste keer als jong meisje, nu als volwassene.

Wanneer zou ze de kracht vinden om voorgoed af te rekenen met de Duitsers?

Ze stond op en liep naar de kast. Ze opende de onderste lade en haalde er twee kleine pakjes uit. Ze legde ze op het bed en maakte ze voorzichtig open.

In het eerste pakje zat de amethisten hanger. In het andere bewaarde ze het stukje van de Thora dat haar vader haar in de lente van 1939 had gegeven.

Woedend op zichzelf en op haar beulen omklemde ze de kleine schatten stevig met haar vuisten. Net als op de dag dat ze afscheid nam van haar ouders, zwoer ze dat ze wraak zou nemen op de Duitsers en de mensen die haar zo hadden laten lijden.

Dat was de enige manier om haar vader en moeder te eren, de enige manier om rust te vinden.

En daadwerkelijk te gaan leven.

DEEL DRIE

20 augustus 1947

# De dag van de gerechtigheid

# 1

'Akkoord! We pauzeren tot vanmiddag. We zien elkaar hier om vier uur weer.'

Rechter Lawrence stemde in met het verzoek van de verdediging, die tijd wilde om documenten in te zien. Hij sloeg met zijn hamer op de bank en stond op.

Met snelle passen liep hij de zaal uit, gevolgd door zijn collega's – een Fransman, een Amerikaan en een Rus – terwijl iedereen, van de advocatenbank tot die van het openbaar ministerie, zich ontspande. De pauze brak de enorme spanning die de hele ochtend in de zaal had gehangen. Niemand minder dan Hermann Göring was opgeroepen om een verklaring af te leggen. Nadat Hitler en Himmler zelfmoord hadden gepleegd, was Göring de hoogstgeplaatste nazi die in Neurenberg werd aangeklaagd.

Vastgekluisterd aan de balustrade had Hedy het verhoor gretig gevolgd zonder ook maar een woord te missen. Een paar dagen eerder had ze haar dienstverband op het censuurkantoor van het Amerikaanse leger beëindigd en om een nieuwe opdracht gevraagd: werken voor de Amerikaanse krijgsraad in Neurenberg die de nazioorlogsmisdadigers vervolgde.

Iedereen wist dat er na het belangrijkste proces, dat in die maanden in zaal 600 van het gerechtsgebouw plaatsvond, meer processen zouden volgen. Er waren een hoop mensen die moesten worden gehoord: rechters, industriëlen, publieke functionarissen, artsen. Allemaal Duitsers die in meer of mindere mate met het regime hadden samengewerkt. Ze zouden het nooit toegeven, want ze hadden niet letterlijk zelf de trekker overgehaald, maar ook aan hun handen kleefde bloed. Ze moesten worden berecht. Dat was de mening van de bezettingsmachten en zo dacht Hedy er ook over.

'Vind je hem niet eng?'

'Nee! Ik haat hem… Ik voel alleen maar haat…'

Eva schudde haar hoofd. Ze zat naast haar en staarde geobsedeerd naar Göring. Ook zij was voor de oorlog naar Engeland gevlucht, maar wel samen met haar ouders. Haar vader was iets hoogs bij de SPD, de Sozialdemokratische Partei Deutschlands, en had na de Rijksdagbrand in 1933 vier jaar in de gevangenis gezeten. Daarna was hij door het regime vrijgelaten en weggestuurd. Hitler moest de publieke mening van Europa en vooral die van de regering in Londen en Parijs gunstig stemmen, juist terwijl hij bezig was om zich opnieuw te bewapenen. Zo'n delicaat moment leende zich uitermate voor een gul gebaar: het vrijlaten van enkele tientallen politieke gevangenen. Eva had geluk gehad. Haar ouders woonden in Londen, ze leefden nog, ze hadden een nieuw bestaan opgebouwd. Ze waren er heelhuids doorheen gekomen.

'Nou, ik heb medelijden met hem. Hij maakt me erg droevig. Moet je zien hoe diep een van de machtigste mannen van het land is gezonken. Hij lijkt wel een portier van een derderangs hotel, met dat versleten jasje…'

Hedy luisterde naar haar vriendin en raakte geïrriteerd.

Eva kon haar nauwelijks begrijpen. Zij was niet tot op het bot geraakt door de wreedheid van het nazisme. Haar ouders waren niet door de SS vermoord, en daardoor was er in haar hart ruimte voor andere gevoelens dan haat, zoals inderdaad medelijden met de voormalige rijksmaarschalk die nu boos kijkend met zijn advocaat zat te smoezen. Het was hem aan te zien dat hij lang in de gevangenis had gezeten. In Hedy's hart was absoluut geen ruimte voor fijngevoelige emoties. Sinds ze maanden geleden uit Kippenheim was vertrokken in de wetenschap dat Hugo en Ella Wachenheimer niet meer thuis waren geweest, voelde ze alleen nog maar het verlangen om zich te wreken.

Nu woonde ze deze zitting bij met haar vriendin die net als zij had besloten om in Neurenberg te solliciteren. Sterker nog, haar aanwezigheid hier had ze aan Eva te danken: een kapitein van de militaire politie, die helemaal weg van haar was, had voor een dubbel vrijgeleide voor het tribunaal gezorgd. Dat was een echte gunst, want rechter Lawrence liet per zitting precies genoeg mensen in de zaal toe om het proces publiek te kunnen verklaren. Verder hield hij onbekenden zo veel mogelijk buiten de deur.

Die ochtend werd de aanklacht geleid door de beste aanklager die er was: Telford Taylor, de rechterhand van hoofdaanklager Jackson. Taylor was rond de veertig, lang en stevig gebouwd, met donker, golvend haar, een open gezicht en twee scherpe, intelligente ogen waaraan niets ontging. Op de mouw van zijn uniform droeg hij het rangteken van brigadegeneraal, verdiend in de zalen van het gerechtshof. Hedy had gezien dat hij nooit zijn kalmte verloor, nooit agressief was, nooit de tegenstander aanviel door constant bezwaar te maken of door hem geen tijd te gunnen om na te denken. Maar misschien gedroeg hij zich wel zo omdat hij het zich kon veroorloven. De bewijzen waren in zijn voordeel en met die bewijzen had hij het verweer van Göring en diens advocaat Reuter verpletterd.

Hedy wilde graag met Taylor samenwerken en hoopte dat ze werd aangenomen.

'Zullen we wat gaan eten?'

'Ga jij maar. Ik kom zo.'

Eva stond op en verliet de zaal. Hedy leunde tegen de harde houten leuning van de bank en sloot haar ogen. Ze dacht terug aan het debat van de voorgaande uren. Er was een moment geweest waarop ze zich verlamd en angstig had gevoeld. Maar niemand had iets van haar paniek gemerkt, zelfs haar vriendin niet.

Het was ongeveer halverwege het verhoor gebeurd.

'Ik verzoek het college bewijsstuk nummer 274 te bekijken,' had Taylor gezegd terwijl hij rechter Lawrence een document gaf. De rechter had het document aandachtig gelezen en aan zijn collega's doorgegeven. Toen had hij gevraagd of de verdediging ook beschikte over het bewijsstuk.

'Ja, edelachtbare,' antwoordde Reuter, 'we hebben het gezien, maar we hebben het nauwelijks vierentwintig uur geleden ontvangen.'

De rechter boog zich naar Görings advocaat.

'Wilt u een exceptie aanvoeren?'

'Nee, maar ik wil wel protest aantekenen...'

'Hoezo?'

Lawrence verloor zijn geduld niet, maar zijn collega's naast hem begonnen zich op te winden, vooral de Rus. De advocaat had het proces al een aantal keren onderbroken.

'Edelachtbare, de aanklager maakt altijd misbruik van de voorgeschreven tijdslimiet waarin de bewijsstukken aan de verdediging moeten worden gegeven. Hoe kan ik de behandeling voorbereiden als zulke belangrijke documenten om middernacht op de avond voor het verhoor worden bezorgd? Hoe kan ik getuigen à decharge vinden? Hoe kan ik mijn cliënt afdoende verdedigen?'

'Ik begrijp het niet, meneer de advocaat. Zijn de door dit gerechtshof voorgeschreven tijden waarbinnen de documenten aan de verdediging moeten worden betekend gerespecteerd?'

'Ja, maar...'

Rechter Lawrence kapte hem af met een handgebaar en keek naar de stenografen.

'Laten we dan geen tijd verliezen. Neem het protest van advocaat Reuter op in het verbaal. De aanklager mag verder gaan.'

Taylor liep naar Göring, die al een uur lang voor het getuigenpodium stond en tekenen van moeheid begon te vertonen. Hij hield hem het document onder de neus.

'Herkent u dit?'

De partijfunctionaris zette een klein brilletje op en las het document.

'Nee!'

'Weet u dat zeker? Uw handtekening staat eronder, hier...'

Göring bestudeerde het bewijsstuk opnieuw. Geërgerd haalde hij zijn schouders op. Verbeten antwoordde hij:

'Natuurlijk is dat mijn handtekening! Ik zei niet dat ik het niet heb ondertekend. Ik zei dat ik het niet herkende. In al die jaren heb ik duizenden documenten ondertekend. Hoe kunt u verwachten dat ik me die allemaal nog kan herinneren?'

Taylor glimlachte.

'Natuurlijk. Maar u herkent dus in ieder geval uw handtekening. Klopt dat?'

Opnieuw bekeek Göring de paar getypte regels van het document. Hij was bleek en gespannen, op zijn voorhoofd parelden zweetdruppels. Wat er ook op dat vel papier geschreven stond, het moest wel bijzonder ernstig zijn.

'Het is mijn handtekening. Maar de ambtenaren van het ministerie tekenen vaak in mijn plaats.'

'Wilt u ons wijsmaken dat deze handtekening niet authentiek is?'

Göring keek Taylor vol verachting aan, met een spottende grijns om zijn lippen.

'Ik wil u niets wijsmaken. Hoe dan ook, zelfs als ik dat document daadwerkelijk heb ondertekend was de inhoud mij onbekend. Zoals ik al zei: in die tijd ondertekende ik zo veel documenten, ik had geen tijd om ze allemaal te lezen...'

'Uitstekend.'

Taylors gezichtsuitdrukking was hard geworden. Hij gaf het

document aan een van zijn medewerkers. Toen richtte hij zich weer tot de jury.

'Het document dateert van juli 1941 en is afkomstig van de rijksmaarschalk en het ministerie voor de uitvoering van het vierjarenplan. Het bevel, want dat is het, is gericht aan Reinhard Heydrich, het toenmalige hoofd van de Sicherheitspolizei en een hoge ss-officier. Geachte juryleden, we zullen nu luisteren naar de originele tekst en daarna naar de Engelse vertaling.'

Hij gaf zijn medewerker een sein en deze begon te lezen.

Dat was het moment dat Hedy een angstaanval kreeg.

Het bevel luidde:

Als aanvulling op de taak die u met het bevel van 24 januari 1939 hebt ontvangen om de Joodse kwestie onder de huidige omstandigheden op te lossen door middel van emigratie of evacuatie, geef ik u hierbij de opdracht om alle noodzakelijke voorbereidingen te treffen voor een definitieve oplossing van de Joodse kwestie in de invloedssfeer van Duitsland in Europa.

Mochten deze binnen de bevoegdheden van andere regeringsinstanties vallen, dan dienen deze instanties hun medewerking te verlenen. Verder draag ik u op mij zo spoedig mogelijk een algemeen plan te sturen met daarin de organisatorische en materiële maatregelen om tot de gewenste definitieve oplossing van de Joodse kwestie te komen.

Nadat Taylors medewerker de twee versies van het document had voorgelezen, viel er een ijzige stilte in de zaal. De advocaat liep opnieuw naar het getuigenpodium.

Zijn stappen echoden hol op de vloer.

'Weigert u nog steeds dit document te herkennen?'

Göring gaf geen antwoord.

'Kunt u het college uitleggen wat wordt bedoeld met 'definitieve oplossing van de Joodse kwestie?''

De voormalige rijksmaarschalk keek zijn aanklager aan, maar zei geen stom woord. Elk spoortje arrogantie was van zijn gezicht verdwenen. Hij wierp een smekende blik in de richting van de verdedigingsbank.

Reuter stond op.

'Edelachtbare, de aanklager tergt mijn cliënt.'

'Dat lijkt me niet. We willen allemaal het antwoord op de vraag horen.'

'Mijn cliënt heeft al antwoord gegeven! Hij heeft verklaard dat hij zich de inhoud van het document niet kan herinneren. We weten trouwens niet eens zeker of dat wel echt zijn handtekening is.'

Taylor wendde zich tot de verdediging en tot het college. 'Daar bestaat geen twijfel over. Bij de processtukken vindt u ook een handschriftanalyse die de authenticiteit van de handtekening van de beklaagde vaststelt.'

Lawrence zuchtte geërgerd.

'Meneer de beklaagde,' beval hij Göring, 'beantwoord de vraag!'

De rijksmaarschalk nam de tijd. Via de hoofdtelefoon luisterde hij naar de vertaling van de woordenwisseling. Hij ging rechtop staan en zei: 'Ik weet niet wat die uitdrukking betekent. Vraagt u het de ambtenaren van mijn ministerie maar.'

Terwijl een ingehouden geroezemoes zich door de zaal verspreidde, maakte hij aanstalten om van het podium af te stappen en terug te lopen naar de beklaagdenbanken, maar een afgemeten bevel van de voorzitter hield hem tegen.

'Blijf op uw plaats!'

Toen het in de zaal weer stil en rustig was geworden, toonde Taylor het document aan het publiek.

'De beklaagde wil ons wijsmaken dat hij de inhoud van zo'n belangrijk bevel niet kent! Een bevel dat het lot van een heel volk zou bepalen!'

Hij bracht zijn gezicht dicht bij dat van Göring en vroeg, duidelijk articulerend: 'Werd met "definitieve oplossing van de Joodse kwestie" misschien de vernietiging van het Joodse volk in Europa bedoeld? Het beroven, deporteren, martelen en vermoorden van miljoenen en miljoenen onschuldige mensen? Die alleen maar werden afgeslacht omdat u en andere nazikopstukken ze als inferieur beschouwden?'

Hedy had Görings antwoord niet gehoord.

Ze hield haar oren dicht, haar ogen gesloten en zat ineengedoken met haar hoofd tussen haar knieën.

Nu ze terugdacht aan de inmiddels beëindigde hoorzitting voelde ze de angst opnieuw met een rilling langs haar ruggengraat lopen.

Ze schrok op, realiseerde zich waar ze was en zag dat iedereen de zaal had verlaten.

Er waren geen rechters, aanklagers en verdedigers meer.

Geen stenografen, tolken of publiek. Geen beklaagden, die waren verdwenen door de zware deur achter hun bank die rechtstreeks toegang gaf tot de gevangenis die aan het gerechtshof was verbonden. Alle partijfunctionarissen hadden de zaal verlaten, behalve één.

Göring, die in de namiddag verder verhoord zou worden, zat nog steeds met zijn advocaat te smoezen.

Hedy keek om zich heen. Behalve zij drieën stonden er nog zes militaire politieagenten in de zaal. Twee bij elke deur: de deur voor de beklaagden, die voor het college en die voor alle anderen. Ze staarden strak voor zich uit en leken niets waar te nemen. In werkelijkheid, wist ze, ontging hun niets.

Maar ze hielden haar niet tegen.

Ze stond op van de publieksbank. Ze stak de zaal over, liep rakelings langs het podium waarvandaan Taylor zo kundig zijn beschuldigingen lanceerde en liep naar de banken voor de beklaagden.

Nu stond ze dan tegenover hem, tegenover Göring.

Ze bevond zich een treetje lager, waardoor hij boven haar uittorende.

Ze stond voor de voormalige rijksmaarschalk, na Hitler de machtigste man van Duitsland, jarenlang een van de machtigste mannen ter wereld, een man die Europa aan zijn voeten had gehad en van alle soorten rijkdom had genoten.

Ze bleef staan, zonder een woord te zeggen.

Göring zat met zijn rug naar haar toe, maar de advocaat zag haar. Hij maakte een gebaar en de partijfunctionaris draaide zich om.

'U hebt mijn ouders vermoord!'

Ze zei het in het Duits. Haar stem klonk vast, zonder te trillen.

Meteen daarna verloor ze haar krachten en vulden haar ogen zich opnieuw met tranen. Ze moest zich vastgrijpen aan de balustrade om overeind te blijven.

'Mijn ouders... u hebt ze... vermoord!'

Göring staarde haar perplex aan.

Hij bekeek het meisje goed. Ze droeg een Amerikaans uniform, maar sprak dezelfde taal als hij. Hij wendde zich tot Reuter en vroeg zachtjes: 'Kennen we haar? Is ze een getuige in het proces?'

Reuter schudde nee en wees Hedy terecht.

'Val mijn cliënt niet lastig of ik laat u arresteren!'

Hij wenkte een van de politieagenten, die een stap naar voren deed.

Hedy week terug en rechtte haar rug om zichzelf moed in te geven.

Ze keek Göring recht in de ogen. De lange partijfunctionaris keek schuchter. Hij leek gedesoriënteerd. Een verslagen, overwonnen man.

Zij wist echter dat het heel anders zou zijn gegaan als deze scène zich een paar jaar geleden had afgespeeld. Zij zou haar beul klein en weerloos in de ogen hebben gekeken. Waarschijnlijk vlak voordat ze vermoord zou worden. Want dit was een man die kon beslissen over leven en dood.

Hij was als God en geloofde ook dat hij dat was.

'U hebt mijn ouders vermoord! En u zult ervoor boeten!'

Ze draaide zich om en rende zonder om te kijken de rechtszaal uit.

Op straat werd ze verwelkomd door de nazomerzon.

Onder die warme stralen kwam Hedy weer tot leven.

# 2

Er heerste een opgewonden stemming. Hedy hield het niet meer van de spanning.
Iedereen had het erover, stootte elkaar aan en vroeg zich af hoe de ontmoeting met die geweldige man zou verlopen. Ze vroegen zich vooral af wat hij tegen hen zou gaan zeggen.
'Heb je gezien met hoeveel we zijn?'
Hedy draaide zich om en keek naar de grote, met stucwerk gedecoreerde zaal van het Carlton Hotel. Jaren geleden, in een tijdperk dat inmiddels volledig tot het verleden behoorde, organiseerden de nazipartijfunctionarissen tijdens het partijcongres in die zaal de prachtigste feesten. Nu was het Carlton het enige hotel dat in een door bommen verwoeste stad als door een wonder nog overeind stond. Neurenberg was een puinhoop, maar het grote hotel rees nog boven de ruïnes uit. Daarom werd het hotel door het Amerikaanse leger als hoofdkwartier gebruikt en waren Eva en zij deze ochtend hier, samen met tientallen andere jongeren.
'We zijn met minstens honderd mensen!'
Ze waren aangenomen. En zo te zien niet alleen zij. Het waren bijna allemaal Duitsers, allemaal jong, vol energie en vol enthousiasme. Dat kon je horen aan hoe ze praatten. Ze waren allemaal tweetalig: iedereen sprak vloeiend Duits en Engels. Net als bij de censuurdienst waren er veel voormalige vluchtelingen, die door het nazisme en de oorlog als op een stormachtige zee alle kan-

ten op waren geslingerd, van Duitsland naar Engeland of naar de Verenigde Staten. Sommigen kwamen zelfs uit Australië. Nu ze net waren teruggekeerd naar hun oude vaderland, leken ze zo ontheemd als kersverse emigranten.

Ze hadden allemaal bij het Amerikaanse leger gesolliciteerd. Ze wilden allemaal hun steentje bijdragen aan het zegevieren van het recht, want ze waren er zeker van dat ze op die manier zouden bijdragen aan de wedergeboorte van Duitsland. Dus aan een betere wereld die zou verrijzen.

'Daar is hij!'

Hedy kneep Eva opgewonden in de arm en sprong net als de anderen overeind.

De hoge dubbele glazen deuren zwaaiden open en een klein groepje mannen kwam binnen.

Voorop liep de man op wie ze allemaal wachtten.

'Dat is hem!'

Telford Taylor werd verwelkomd met een overdonderend applaus.

De advocaat bleef verrast staan en keek lang naar de jonge mensen die voor hem het vel van hun handen klapten. Deze stadionbehandeling was hij niet gewend. Toen glimlachte hij, strekte zijn armen uit en gebaarde dat iedereen moest bedaren.

'*Hey*! Ik ben geen filmster!'

Maar die grap, uitgesproken met een onmiskenbaar yankee-accent, verhoogde het enthousiasme van de aanwezigen alleen maar. Applaus en goedkeurende kreten regenden neer op het zojuist gearriveerde peloton, dat als reactie op hun beurt voor Taylor applaudisseerde. Hij wist waarom ze voor hem klapten. Als rechterhand van hoofdaanklager Jackson had Taylor ervoor gezorgd dat de meest prominente nazikopstukken tijdens het proces in Neurenberg ter dood waren veroordeeld. Dankzij zijn werk had het recht gezegevierd en waren de slechteriken eindelijk verslagen. Hij besefte dat al die jonge mensen een diepgewortelde behoefte koesterden om de goeden te zien winnen en de slechten in het stof te zien bijten.

'Hebben jullie vanochtend de krant gelezen?'

'Ja!'

Talloze kranten wapperden in de lucht.

Alle dagbladen hadden die ochtend gekopt dat de doodvonnissen waren voltrokken.

De avond ervoor, klokslag middernacht op 16 oktober 1946, hadden Von Ribbentrop, Keitel, Kaltenbrunner, Rosenberg, Frank, Frick, Streicher, Sauckel, Jodl en Seyss-Inquart het schavot beklommen. In die volgorde. En ze waren opgehangen. Allemaal, behalve Göring. Toen Hedy een uur eerder de lijst met veroordeelden doorkeek, had ze een grote schok gekregen. Waar was Göring? Waar was de man met wie ze een paar weken eerder in een zaal van het gerechtshof in diezelfde stad oog in oog had gestaan? Was dat duivelse individu misschien aan de dood ontsnapt? Nee, dat was niet gelukt. Hij had heel laf de voorkeur gegeven aan het plegen van zelfmoord door een paar uur voor de executie een cyanidecapsule in te slikken. De kranten maakten er al een zaak van en vroegen zich af wie de strenge veiligheidsregels van de isoleercel had overtreden en Göring het gif had gegeven. Maar de rest had zijn terechte straf gekregen.

Het waren allemaal personen over wie Hedy talloze keren had horen praten, vanaf het moment dat ze de macht in Duitsland hadden gegrepen toen zij pas negen jaar oud was. Toen had ze nooit kunnen denken dat ze zo'n enorme invloed op haar leven zouden hebben. Van Von Ribbentrop, Hitlers gehate minister van Buitenlandse Zaken, tot Keitel en Jodl, die veilig in het hoofdkwartier de legers op de landkaart verplaatsten en daarmee miljoenen mannen in het strijdgewoel de dood in joegen. Van Frick, de schrijver van de rassenwetten van Neurenberg, die haar en haar ouders hun nationaliteit en het recht zich Duitser te voelen hadden ontnomen, tot Kaltenbrunner, die verantwoordelijk was voor de concentratiekampen waarin – vreesde ze, zonder het zelfs ook maar aan zichzelf te willen toegeven – ook Hugo en Ella Wachenheimer terecht waren gekomen. Van Rosenberg, de verschrikkelijke partij-ideoloog, tot Streicher, de racistische hoofdredacteur van *Der Stürmer*.

Bij het lezen van zijn naam werd Hedy erg verdrietig.

Ze herinnerde zich een gebeurtenis van bijna vijftien jaar eerder.

Voor hun huis in Kippenheim, op de hoek aan de overkant van de straat, hing een muurvitrine met daarin de voorpagina's van de dagbladen. Zo konden mensen die geen geld hadden voor een krant toch op de hoogte blijven.

Haar vader, die regelmatig het *Freiburger Tageblatt* kocht, bleef er vaak even staan om te kijken wat de andere krantenkoppen meldden.

Maar op een dag was hij daar zomaar ineens mee opgehouden. Hij had tegen haar gezegd: 'Hedy! Als je wil weten wat er in de wereld gebeurt, vraag je dat aan mij. Ik zal je alles vertellen. Heb je dat begrepen?'

Ze was jong, eigenwijs en er was geen betere manier om haar te motiveren iets te doen dan het haar te verbieden. Dus op een woensdag was ze op weg van school naar huis langs de vitrine gelopen. Daar had ze de voorpagina van *Der Stürmer* gezien. Ze had de artikelen niet gelezen, de koppen en illustraties waren voldoende. 'Weg met het Joodse uitschot!' 'Laat u niet door de Joden exploiteren!' 'Laten we onze huizen en winkels terughalen!' en obscene karikaturen van lelijke, misvormde Joodse mannen en vrouwen met grote haviksneuzen en een boosaardige blik. Zo zie ik er niet uit! had ze geschrokken gedacht, en was huilend naar huis gerend.

'Ik had toch gezegd dat je niet moest gaan kijken...'

Haar vaders geduldige woorden hadden haar getroost.

Nu was Streicher dood. In de krant stond dat hij met zijn laatste woorden de Joden nog één keer had bespot. Hij had geschreeuwd: 'Zo vier ik het Poerimfeest! Ik ga naar Adonai! Op een dag zullen de bolsjewieken jullie allemaal ophangen! Vaarwel!' Hedy's bloed kookte. Toen ze de foto's van de beul en de geëxecuteerden zag, voelde ze een woeste tevredenheid. Ze waren weg. De wereld was bevrijd en daardoor ongetwijfeld een betere plek geworden. In de krant stond dat hun lichamen in Dachau zouden worden gecremeerd, waarna hun as in een rivier zou worden gegooid. Niemand zou bij hun graven kunnen bidden. Deze mannen verdienden geen graf.

Hedy keek op van de krant.

Taylor stond voor een oude schoollessenaar die wonder boven wonder bewaard was gebleven en hier voor deze gelegenheid was neergezet. Zelfs in het Carlton kon niet meer geprontk worden met oude meubels, want die waren in de afgelopen twee winters als brandhout gebruikt. Taylors collega's zaten achter de lessenaar. De advocaat wachtte tot het stil werd in de zaal. Toen begon hij te praten.

'Weten jullie wat wij vandaag gaan vertellen?'

Na een moment echode een stem door de zaal.

'Hoe we de schoften die nog vrij rondlopen kunnen pakken!'

Iedereen lachte.

'Wie zei dat?'

Reikhalzend keek Taylor naar het achterste gedeelte van de zaal.

'Nou? Wie zei dat?'

Een lange, slungelige jongen met rood haar stond op.

'Ik, meneer.'

De Amerikaan vouwde zijn handen.

'Je hebt een nogal lomp idee van gerechtigheid, jongeman...'

Opnieuw klonk er gelach. Maar Taylor bleef ernstig.

'... maar gaandeweg zul je de waarheid leren kennen. Voorlopig vind ik het echter prima dat je zo strijdbaar bent, dat hebben we nodig.'

Op het gezicht van de jongen verscheen een voldane grijns. Hij ging weer zitten en kreeg complimenten van zijn kameraden.

Taylor ging rechtop staan.

'Jullie hebben allemaal gesolliciteerd bij het kantoor van de krijgsraad van het Amerikaanse leger. We hebben heel veel sollicitaties ontvangen, maar jullie zijn de enigen die we hebben aangenomen. In de toekomst zullen we zien of er extra personeel nodig is. Voorlopig gaan we ervan uit dat jullie voldoende zijn. Jullie zijn trouwens met best veel...'

Op zijn gezicht verscheen opnieuw die glimlach en de zelfverzekerde uitdrukking die Hedy zo was opgevallen op de dag dat Göring werd verhoord.

'Gisteravond is met de executie van de ter dood veroordeelden het proces tegen de belangrijkste functionarissen van de nazipartij afgesloten. Maar zoals jullie vriend al zei, zijn er nog een heleboel andere "schoften" die moeten worden berecht. Ik vind het erg belangrijk om te benadrukken dat zij gegarandeerd een rechtvaardig proces zullen krijgen waarin hun advocaten de beklaagden vrijelijk zullen kunnen verdedigen, zonder dwang, dreigementen of bedrog. En met een onpartijdig gerechtshof, waar slechts wordt rechtgesproken op basis van bewijzen. Ik herhaal, dit is erg belangrijk. Dit zijn voorwaarden die de nazi's in de jaren van Hitler bij al hun vijanden hebben genegeerd. Wij willen de Duitsers laten zien dat we niet alleen hebben gewonnen omdat we betere wapens hadden. We willen ze laten zien dat de overwinning van de geallieerden de overwinning van het recht is. We willen laten zien dat de naleving van de wetten de voorwaarde is voor de veiligheid en de welvaart van de staat, zoals ze in de oudheid al dachten.'

Taylor liep voor de lessenaar heen en weer.

De jonge mensen volgden hem ademloos.

'Laten we het nog even hebben over die "schoften". De gevangenissen van de bezettingsmachten zitten vol met nazicollaborateurs. Ze hebben er allemaal op de een of andere manier aan bijgedragen dat hun land in oorlog raakte, en daardoor ook de andere landen. Er is geen Europeaan of Amerikaan die in deze oorlog geen sterfgeval heeft moeten betreuren. Daarom zijn de advocaten van het Amerikaanse leger op ditzelfde moment verschillende processen aan het voorbereiden…'

'Dus wie moeten we hebben?'

'Rustig aan! Zonder geduld komt een advocaat nergens. We hebben de situatie nog niet duidelijk in kaart, maar ik kan jullie grosso modo zeggen dat één uitloper van de aanklacht zich zal richten op de artsen in de concentratiekampen, een andere op de rechters, voornamelijk die kwaadaardige rechters over wie ik het zojuist had, dus degenen die het recht in Duitsland niet hebben verdedigd, en dan nog bedrijven, zoals IG Farben en Krupp, de ministers en een heleboel soldaten. Veel hooggeplaatste officieren van het leger, de marine en de luchtvaart liggen nog rustig te slapen in de overtuiging dat ze elke beschuldiging kunnen ontduiken omdat ze alleen maar bevelen hebben opgevolgd. Uit het zojuist beëindigde proces blijkt echter dat we ons concentreren op het verdedigen van het principe van de individuele verantwoordelijkheid. Geen enkele soldaat, zelfs niet de allereenvoudigste, zal zich vanaf nu kunnen inbeelden dat het niet zijn eigen keuze was om te schieten of niet – zelfs als hij het directe bevel ertoe kreeg. Vooral waar het burgers, oorlogsgevangenen, ongewapende en weerloze mensen betreft. Ik benadruk dat het een enorme prestatie zal zijn om het principe van de individuele verantwoordelijkheid erdoorheen te krijgen. Als dat ons lukt, zullen talloze offers niet voor niets zijn geweest…'

Taylors laatste woorden bleven hangen in de stilte.

Iedereen probeerde goed tot zich door te laten dringen wat hij had gezegd. De advocaat zuchtte, hij wist dat het niet eenvoudig was.

Hij sloot af.

'Ik geef nu het woord aan James McHaney, mijn belangrijkste medewerker, die jullie werkzaamheden zal coördineren. Voor alle duidelijkheid: tijdens de nieuwe processen zal hij degene zijn die de aanklacht in de rechtszaal leidt, min of meer zoals ik dat in de afgelopen maanden onder Jacksons leiding heb gedaan. McHaney zal jullie eerste aanspreekpunt zijn.'

Door de zaal klonk een teleurgesteld gemompel.

Veel mensen hadden gehoopt dat ze aan Taylors zijde zouden werken en kwamen er nu achter dat ze een andere baas kregen. Op de vijfde rij stond Hedy op van haar stoel om te zien wat voor type McHaney was en gaf Eva meteen een por.

'Nou meid... daar komen we bekaaid af!'

Taylor was namelijk lang en atletisch gebouwd, terwijl McHaney maar een klein mannetje was.

De eerste leek wel een acteur die door Hollywood aan het leger was uitgeleend, de tweede leek precies dat wat hij was: een advocaat. Hij droeg een grote ronde bril, had smalle afhangende schouders en de blik van een professor. Je zag meteen dat hij niet gauw zou glimlachen of een grapje zou maken. Bovendien leek hij nauwelijks dertig jaar oud, dus niet heel veel ouder dan het merendeel van de jonge mensen die voor hem zaten. Hij zou hun respect moeten winnen. Gelukkig leek die taak hem niet te ontmoedigen. Toen het stil werd, kwam McHaney direct ter zake.

'Ik zal proberen het simpel te houden. We kunnen de processen waar brigadegeneraal Taylor over sprak alleen instrueren als de specifieke aanklachten tegen elke beklaagde worden geplaatst in een veel groter en algemener kader. Met andere woorden: als ze kunnen worden geclassificeerd als misdaden tegen de vrede, oorlogsmisdaden of misdaden tegen de menselijkheid. Weten jullie wat dat zijn?'

Een beschaamde stilte volgde op deze vraag. McHaney knikte begrijpend.

'Dat verbaast me niet. Het zijn nieuwe begrippen die de afgelopen maanden naar voren zijn gekomen. De kranten zullen ongetwijfeld niet schromen om de vaktermen van het recht uiteen te zetten. Ik leg het jullie nu kort uit. Misdaden tegen de vrede definiëren is eenvoudig: samenzweren om internationale verdragen te verbreken, plannen maken om een ander land binnen te vallen, een aanvalsoorlog voeren – dat zijn allemaal misdaden tegen de vrede. Kort gezegd: wie met wapens het wereldevenwicht doorbreekt, is een misdadiger. Oorlogsmisdaden zijn verschrikkelijk. Ik heb het nu over de wreedheden die door de strijdmachten zijn begaan tegen burgers: gijzelaars doden, mensen uit bezette gebieden deporteren en ze dwingen om te werken, mensen honger laten lijden, steden en dorpen vernietigen, roofpartijen en plunderingen. Afschuwelijk. Maar de misdaden tegen de menselijkheid zijn misschien wel de ergste van allemaal. Jullie hebben de afgelopen maanden de foto's en beelden van de concentratiekampen gezien. Hebben die nog een toelichting nodig? Wie een volk vervolgt op basis van zijn veronderstelde raciale inferioriteit of welke andere politieke, religieuze of etnische reden dan ook, maakt zich schuldig aan misdaden tegen de menselijkheid. Wat de nazi's de Joden hebben aangedaan, moet worden bestraft. Alleen door deze misdaden vandaag te bestraffen, kunnen we hopen dat ze zich niet meer herhalen. Daarom, samenvattend: door al het werk dat jullie doen zullen de specifieke beschuldigingen tegen elke beklaagde in kaart worden gebracht binnen de algemene categorieën die ik zojuist heb genoemd. Is dit duidelijk?'

McHaney bestudeerde het publiek en nu zag Hedy hem op zijn best. Hij had een buitengewoon intelligente blik. Hij was niet zo fascinerend als Taylor, zeker niet, maar zijn stralende ogen deden zijn hele gezicht letterlijk oplichten. Ondanks zijn jeugdige leeftijd en gebrek aan ervaring was hij vast een geduchte tegenstander in de rechtszaal. Ze stak haar hand op.

'Het is allemaal duidelijk... maar wat voor werk gaan we nou doen?'

Een golf van gelach volgde op haar vraag.

'U hebt gelijk, juffrouw. We hebben heel veel gepraat en we hebben jullie nog niet verteld wat jullie taken zullen zijn...'

McHaney wierp een blik op Taylor, die opstond. Hij zou afronden.

De twee advocaten stonden nu vlak naast elkaar. Het verschil in lengte zorgde voor een bijna komisch contrast. Maar het onberispelijke uniform dat ze beiden droegen maakte een eind aan alle twijfel over de ernst van hun functie en de situatie.

'Jullie zullen onze ogen, handen en neus zijn. Jullie kunnen komen waar wij niet kunnen komen. Jullie zullen aanvoelen of je op het goede spoor bent. Jullie zullen de verborgen wereld van het nazisme voor ons onderzoeken...'

Deze woorden maakten het publiek enorm enthousiast. Taylor wist hoe hij de aandacht van zijn toehoorders moest vangen.

'In de afgelopen anderhalf jaar, dus sinds we in Duitsland zijn, hebben specialistische teams van het leger de ministeries uitgekamd op zoek naar documenten die in de rechtbank als bewijs kunnen dienen. Ze zoeken dus naar bewijzen dat nazicollaborateurs uit alle hiërarchische rangen erbij waren betrokken en schuldig zijn. Deze documenten worden niet meteen beoordeeld. Ze worden naar grote verzamelcentra gestuurd en daar gaan jullie heen, één groep per centrum. Ieder document wordt door jullie ter hand genomen, gelezen en geclassificeerd. Als jullie denken dat het interessant is voor de veroordeling van de artsen, de rechters of de militairen geven jullie het door aan ons, hier in Neurenberg. Want alle processen zullen hier worden gehouden. Ik zeg het nog eens, jongens: jullie zullen de scouts zijn die de bewijzen tegen de nazimisdadigers zullen vinden. Ik denk dat er geen betere manier is om je steentje bij te dragen aan het herstellen van de rechtvaardigheid in de wereld. Wat zeggen jullie ervan?'

Een luid 'Hoera!' weerklonk door de balzaal van het Carlton en Taylor werd met een oorverdovend applaus overladen.

Niemand van deze jonge mensen wist het, maar velen van hen stonden op het punt om persoonlijk af te dalen in de onderwereld van het nazisme.

Niemand zou ooit meer dezelfde zijn.

# 3

In de twee weken daarna volgden Hedy en alle anderen die bij de militaire krijgsraad van het Amerikaanse leger in dienst waren getreden een training voor de nieuwe werkzaamheden. Ze werden tot in de details geïnstrueerd over de beklaagden die tijdens de nieuwe processen in Neurenberg voorgeleid zouden worden, over het soort documenten dat het Amerikaanse leger door heel Duitsland aan het verzamelen was, over de beschuldigingen die de beklaagden ten laste gelegd zouden worden en vooral over hoe ze een schifting moesten maken in de indrukwekkende stapel papier die ze door hun handen moesten laten gaan. Het was hun taak om de weg voor de aanklager te plaveien, zoals Taylor het zo boeiend wist te zeggen, maar gelukkig lag niet alle verantwoordelijkheid op hun schouders. Dat zou niet juist en niet gepast zijn.

'Ieder van jullie wordt aan één specifiek proces toegewezen, maar je zult noodgedwongen ook documenten zien die bij een ander proces kunnen horen. Daarom markeer je ze een voor een met een kleur en geef je de documenten die voor jou geen waarde hebben door aan de juiste collega's. Omgekeerd krijg je van je collega's ook documenten die van belang zijn voor het proces waaraan jij bent toegewezen. Je leest ze door en als je ze nuttig acht voor de aanklacht maak je er een Engelse samenvatting van. Daarna stuur je het origineel en de samenvatting vanuit het archief waar je werkt naar Neurenberg. De staf van de openbare aanklager beoordeelt vervolgens de samenvatting en laat indien nodig het originele document woordelijk vertalen, waarna de Engelse versie door een notaris wordt ondertekend en met zijn stempel geldig wordt verklaard. Daarna komt het document in de rechtszaal terecht. Is dat duidelijk?'

Het was duidelijk.

'Voordat we verdergaan, moeten jullie worden toegewezen aan een specifiek proces. Jullie kunnen kiezen. Voor elke zaak die moet worden voorbereid, zijn ongeveer tien onderzoekers nodig. Als we niet alle hokjes vol krijgen, zullen wij jullie opnieuw indelen. Dit is een moeilijke beslissing en ik verwacht niet dat jullie me nu al antwoord kunnen geven. Morgen laten jullie me weten waar jullie je over willen buigen.'

Dit waren de woorden van Alexander Hardy, een van Taylors assistenten. Nadat hij was uitgesproken, liet hij ze gaan. De jonge mensen stroomden de trap op en liepen naar de mensa van het leger. De Amerikaanse foeriers hadden beslag gelegd op de keukens van het Carlton en ze naar hun behoefte gereorganiseerd, zodat honderden mensen tegelijk te eten konden krijgen. Waar vroeger slechts een paar kostbare tafeltjes hadden gestaan, waren nu ruwe lange tafels opgezet. Bij het zien van dit kampement dacht Hedy steeds dat er misschien nog nooit een militaire mensa op zo'n luxueuze locatie was geweest. Maar nu had ze honger en iets anders aan haar hoofd.

'Welk proces zullen we kiezen?'

Terwijl ze Eva die vraag stelde, ging ze aan tafel zitten.

Haar vriendin opende het etui met haar veldbestek, tuurde in het blikken keteltje dat ze zojuist had gevuld met een bleke soep waarin onbestemde stukken groente dreven en haalde haar schouders op. Dat het eten niets bijzonders was, wist ze al.

'Ze zijn allemaal hetzelfde. Dat weet ik zeker.'

'Waarom zeg je dat?'

Eva keek haar overtuigd aan.

'Het zijn allemaal misdadigers. Ze moeten allemaal veroordeeld worden.'

Ze doopte haar lepel in de soep.

Hedy deed hetzelfde, maar stopte ineens.

Uit haar jaszak haalde ze het identificatiepasje dat ze had gekregen toen ze een paar dagen geleden werd aangenomen en legde het op tafel.

Het was een klein rechthoekig stukje karton.

Bovenaan stond OFFICE OF CHIEF OF COUNSEL FOR WAR CRIMES en haar functie: archiefonderzoeker. Daaronder haar volledige naam, Hedwig Wachenheimer, en het documentnummer, pasje 726. De handtekening van een zekere Norman Hodges, de ambtenaar die het had gelegaliseerd, maakte er een officieel document van het Amerikaanse leger van.

Dankzij dit pasje had Hedy ongestoord het paleis van justitie in Neurenberg kunnen betreden. En de plek waar ze naartoe zou worden gestuurd: een documentatiecentrum in Berlijn. Binnenkort werd ze overgeplaatst naar de voormalige hoofdstad van het Derde Rijk.

Ze vroeg zich al een week af tot welke ontdekkingen dat pasje haar zou leiden.

'Ik ben het er niet mee eens...'

'Wat bedoel je?'

Eva keek haar verbaasd aan. Ze had haar soep op en stortte zich nu op een *roast beef* met een rubberachtige substantie. Nu pas viel het haar op dat haar vriendin nog niet eens was begonnen met eten.

'Het is niet waar dat alle processen hetzelfde zijn. Voor ons, bedoel ik. Wie weet wat er in die documenten verborgen zit. Weet je zeker dat je het allemaal aankunt? Weet je zeker dat je er de kracht voor hebt?'

Eva's mes bleef in de lucht hangen.

'Daar heb ik eerlijk gezegd niet over nagedacht...'

'De mensen die zich gaan bezighouden met de rechters of de industriëlen zitten gebakken. Maar de militairen... ik zal nooit vergeten hoe pietluttig de ambtenaar van het bevolkingsregister in Kippenheim was die van elk document vier kopieën maakte. Eén voor zijn kantoor, één voor het hoofdkantoor in Freiburg en één voor het ministerie in Berlijn. De vierde kopie was nergens voor nodig, maar hij vulde dat formulier alsnog in en archiveerde het, voor extra zekerheid. "Je weet maar nooit," zei hij. "Het kan altijd van pas komen!" Begrijp je wat ik bedoel?'

Eva schudde haar hoofd.

'Ik bedoel dat ik zeker weet dat ze alles hebben opgeschreven, dat ze alles in hun rapporten zwart op wit hebben gezet. Als je die die documenten leest, zal het net zijn of je een kroniek van hun misdaden leest. Weet je zeker dat je dat wil doen?'

Eva stopte haar mes en vork geïrriteerd terug in het etui.

'Ik heb geen honger meer. Heb je nu je zin?'

Terwijl iedereen om hen heen lachend zat te kletsen, zaten de twee meisjes er stil bij. Uiteindelijk was het Eva die het zwijgen doorbrak.

'Dus? Welk proces kiezen we?'

Hedy keek haar glimlachend aan. Haar ogen straalden.

'Ik kies het artsenproces.'

'Je bent gek! Dat wordt de naarste ervaring van allemaal! We weten allebei wat die artsen van Hitler deden in de concentratiekampen. Daar kan ik echt niet tegen...'

'Dat maakt niet uit. Ik wil bewijzen zoeken om ze te kunnen berechten.'

'Waarom?'

Hedy was plotseling bleek geworden. Ze vond het niet prettig om deze kant van zichzelf bloot te geven, maar ze moest haar hart luchten. En tegen Eva kon ze vrijuit spreken, dat wist ze.

'Ze hebben mijn ouders vermoord. Ik wil hen vermoorden.'

Ze schoof haar stoel naar achteren om op te staan.

'En dan is er nog een reden...'

'Wat dan?'

'Werken aan dit proces is waarschijnlijk de enige manier om erachter te komen wat er met mijn vader en moeder is gebeurd. Misschien heb ik geluk. Misschien stuit ik ergens in een document op de namen van mijn ouders. Misschien...'

Twee grote tranen rolden over haar wangen.

De volgende ochtend zetten Hedy Wachenheimer en Eva Knopfler hun handtekening onder aan het vel papier waarop met grote letters stond geschreven: ARTSENPROCES.

# 4

Ze zouden bijna vertrekken.

Hedy en Eva hadden een appartement toegewezen gekregen in de Berlijnse wijk Dahlem. Het appartement was leeg, de eigenaren waren vertrokken en het Amerikaanse leger had het gevorderd. Dahlem was een wijk aan de rand van de stad en de reden dat de twee meisjes daar werden gehuisvest was eenvoudig: in Dahlem bevond zich een groot documentatiecentrum van het ministerie van Binnenlandse Zaken van het Derde Rijk. De bezettingsmacht had zich hier ook over ontfermd en zo de hand gelegd op bergen papier. Ook was hier een gedeelte van het materiaal uit de rest van het land verzameld. Met dit materiaal moesten Hedy en haar collega's aan de slag.

Eva en de anderen waren aan het inpakken en zich aan het opdoffen voor het afscheidsfeest – dansen op de muziek van een militair orkest in de grote salon van het Carlton, eindelijk hersteld in zijn oude grandeur – maar Hedy zat in een klein kamertje op de tweede verdieping van het hotel. Ze was daar uitgenodigd door James McHaney, die de kamer als kantoor gebruikte. De kasten en het bureau lagen vol dossiermappen, ordners en losse vellen papier, allemaal documenten voor de voorbereiding van de processen in Neurenberg.

De advocaat bekeek het meisje met interesse. In de twee trainingsweken was ze opgevallen als een van de meest energieke en alerte nieuwe krachten.

'Voelt u zich ongemakkelijk?'
Hedy glimlachte.
'Nee. Maar ik ben wel nieuwsgierig. Waarom hebt u me gevraagd om hier te komen?'
'Dat zal ik u laten zien.'
Gewoontegetrouw duwde McHaney zijn bril met zijn wijsvinger op zijn neus. Met nauwkeurige bewegingen opende hij een enveloppe, haalde er een grote zwart-witfoto uit en legde hem op het bureau.
Hedy boog voorover en bekeek de afbeelding aandachtig.
Het was een signalementsfoto, achteloos genomen. Op de foto stond een vrouw, maar de fotograaf had beslist niet zijn best gedaan om haar schoonheid goed uit te laten komen.
De vrouw was ongeveer vijfendertig jaar en de foto toonde haar tot aan de borst. Ze droeg een vormeloze overjas met een opgezette kraag. Ze had een alledaags gezicht met regelmatige trekken, lichte ogen, een flinke neus en een onderdanige blik. Ze leek slecht op haar gemak, bijna kwetsbaar, alsof niets haar meer iets kon schelen.
Volgens Hedy zou ze met een beetje make-up, een nacht goed slapen en een glimlach een mooie vrouw kunnen worden.
'Wie is dat?'
McHaney leunde achterover tegen de stoel.
'Ze heet Herta Oberheuser en ze is arts. Ze werkte in Ravensbrück. Sinds het einde van de oorlog is ze onze krijgsgevangene. Ze wordt aangeklaagd in het artsenproces.'
'Een vrouw?'
Hij knikte.
'Ja, een vrouw. De enige vrouw onder drieëntwintig aangeklaagden.'
Hedy keek McHaney vragend aan.
'Waarom laat u me haar foto zien?'
De Amerikaan gaf geen antwoord.

Hij stond op, ijsbeerde wat door de kamer en leunde tegen een boekenkast.

'Laat me u eerst eens iets over haar vertellen...'

Hedy leunde voorover in haar stoel en luisterde.

'Herta Oberheuser werd in 1911 geboren in Keulen, maar groeide op in Düsseldorf. Haar familie was niet rijk: haar vader was arbeider en haar moeder huisvrouw. Ze zwommen niet in het geld en ze heeft haar studie bekostigd door te werken. Al met al heeft ze zich volledig op eigen kracht omhoog gewerkt. Ze begon in 1931 met de studie medicijnen en is in 1937 in Bonn afgestudeerd. Ze werkte drie jaar lang als assistente bij een huisarts in Düsseldorf. In 1940 heeft ze zich vervolgens gespecialiseerd in dermatologie. Naar het schijnt was ze een goede arts.'

'In 1940 was ik in Engeland en viel Hitler Frankrijk binnen...'

'Inderdaad, toen was het oorlog. En de oorlog heeft het lot van veel mensen veranderd, onder wie onze mevrouw Oberheuser. Herta, laten we haar zo noemen, was geen nazi van het eerste uur, maar in 1935 werd ze lid van de BDM – de Bund Deutscher Mädel – en in 1937 werd ze lid van de partij. Het keerpunt kwam in 1940, toen ze een manier vond om haar passie voor geneeskunde te combineren met haar passie voor het nazisme. Het vaderland riep en zij gaf letterlijk antwoord. Ze heeft gereageerd op een vacature voor arts in Ravensbrück die ze in een tijdschrift zag. Ze werd aangenomen en is naar het concentratiekamp gegaan. Daar bleef ze tot 1943, waarna is ze overgeplaatst naar een ziekenhuis voor gewonde frontsoldaten. Toen alles achter de rug was, heeft ze haar naam veranderd en geprobeerd onder te duiken, maar het is haar niet gelukt om aan ons te ontsnappen.'

Hedy gebaarde dat ze het had begrepen.

'Goed. Maar dit lijkt me niet een heel ongewone biografie. Behalve natuurlijk het feit dat het hier om een vrouw gaat. Waarom vertelt u me dit allemaal, meneer?'

McHaney liep naar het bureau.

'Omdat ik wil dat u zich in Berlijn voornamelijk op haar zult concentreren.'

'Dat zal ik natuurlijk doen. Ik zal werkzaamheden verrichten voor het artsenproces en dus zal ik me ook bezighouden met mevrouw Oberheuser.'

De Amerikaan schudde zijn hoofd.

'Ik zal duidelijker zijn. U bent een van de slimste stagiaires hier en u bent een vrouw. Dokter Oberheuser is een vrouw, de enige vrouw die in dit proces wordt aangeklaagd. Ik wil dat u deze foto honderd keer bekijkt, dat u deze vrouw observeert, bestudeert en dat u zelfs van haar droomt. Ik wil dat u in haar hoofd binnendringt om te begrijpen wat haar drijfveer was om bepaalde dingen te doen. Ik ben er zeker van dat u alles beter en veel eerder zult begrijpen dan uw mannelijke collega's. Op deze manier zal het later veel eenvoudiger zijn om bewijzen te vinden om haar te veroordelen.'

Hedy was blij met die complimenten. Maar tegelijkertijd voelde ze zich onrustig worden. In een opwelling vroeg ze: 'Waarom moet ik me beperken tot die foto? Kan ik niet met haar praten?'

McHaney schudde het hoofd.

'Nee. U bent archiefonderzoeker, geen advocaat: u bent niet gekwalificeerd om iemand te verhoren. En bovendien zou het zinloos zijn...'

'Hoezo?'

'Ze zwijgt in alle talen en ik denk niet dat ze zin heeft om vriendinnen te worden met iemand van de staf van de openbaar aanklager...'

De advocaat zocht op zijn bureau naar een dossiermap.

Hij vond hem, maar voordat hij hem opensloeg, keek hij Hedy recht aan.

'Tot nu toe hebben we slechts één bruikbaar document. Het is een door Oberheuser zelf ondertekende waarheidsverklaring. Haar advocaat heeft haar overgehaald om ons de verklaring te geven. Volgens hem verzacht het de positie van de beklaagde. En hij heeft gelijk. Want het is een bekentenis en het is het tegelijkertijd ook niet. Ze bekent bepaalde dingen naar mijn mening om veel zwaardere vergrijpen te verdoezelen. Ze laadt alle schuld op haar collega's. Niet bijzonder elegant, maar wel begrijpelijk.'

McHany stak het document uit naar Hedy. Maar toen zij haar hand uitstak om het aan te pakken, trok hij het terug.

'Het is niet absoluut noodzakelijk dat u het leest. Ik weet zeker dat u uw werk in Berlijn ook goed zult uitvoeren zonder te weten wat hierin wordt vermeld. Ik geef het u alleen als u belooft te zullen doen wat ik u vraag. Wilt u zich aan Oberheuser wijden?'

Hedy gaf geen antwoord. Ze keek de advocaat met stralende ogen aan terwijl ze hem vastberaden haar hand toestak.

'Natuurlijk.'

Hij gaf haar het document.

'Ik laat u alleen. U kunt het rustig lezen en daarna praten we erover.'

McHaney verliet de kamer in de overtuiging dat hij de beste medewerker voor deze zaak had gevonden terwijl Hedy zich in de getypte pagina's verdiepte.

Bovenaan stond dat deze waarheidsverklaring door de krijgsraad was opgenomen als bewijsstuk nummer 487. In de eerste zinnen van de verklaring vatte Oberheuser samen wat Hedy al van McHaney had gehoord over haar loopbaan.

Daarna ging het document verder.

2. In mijn hoedanigheid als arts en specialist in het concentratiekamp Ravensbrück en als assistente van dokter Gebhardt in het sanatorium van Hohenlychen, en omdat ik de doktoren Karl Gebhardt, Fritz Fischer en Stumpfegger bij operaties assisteerde, beschik ik over gedetailleerde kennis van de experimenten met sulfonamiden en de experimenten met bottransplantaties die zijn uitgevoerd in Ravensbrück en Ho-

henlychen. Daarom ben ik in staat om de onderstaande verklaringen over die feiten te geven.

### EXPERIMENTEN MET SULFONAMIDEN

3. De experimenten met sulfonamiden werden uitgevoerd van augustus tot eind 1942 en hadden als doel de werking van sulfonamiden te onderzoeken. De proefpersonen die voor deze experimenten nodig waren, werden mij door de kampleiding via een namenlijst bekendgemaakt. Het was mijn taak om te onderzoeken of de geselecteerde personen goed gezond waren. Hierbij diende ik voornamelijk hun huid en hart te controleren. Sommige van de gevangenen werden blootgesteld aan röntgenstralen. Als ik een gevangene niet gezond genoeg beschouwde voor de operatie, gaf ik dit telefonisch door aan de hoofdarts van het kamp. In die tijd was dat dokter Schiedlausky. Hij verving de gevangene vervolgens door een andere. Voor de experimenten kwamen alleen volkomen gezonde Poolse staatsburgers in aanmerking.

4. De operaties werden uitgevoerd door dokter Fritz Fischer. Soms assisteerde ik hem daarbij en daarnaast was het mijn taak om de patiënten na de operatie te verzorgen. Er werden verschillende experimenten uitgevoerd. Er werden bijvoorbeeld glas- of houtsplinters of textielvezels ingebracht in de wond zodat deze zou gaan infecteren. Hiervoor werd meestal een snee van ongeveer tien centimeter lang in de kuit van de patiënt gemaakt. Ik kan me niet herinneren hoe diep deze wonden waren en ik weet ook niet meer welke spieren bij de operatie betrokken waren.

5. Ik kan niet zeggen hoeveel van de geopereerde personen blijvend letsel hebben opgelopen. Ik weet wel dat drie patiën-

ten als gevolg van de operaties zijn overleden aan hartfalen. Aangezien ik zelf degene was die voorafgaand aan de operatie hun hartconditie had gecontroleerd, acht ik het zeer waarschijnlijk dat zij zijn overleden aan de infectie die een gevolg was van de uitgevoerde experimenten.

6. Voor zover ik me kan herinneren, werden in totaal veertig personen voor deze experimenten gebruikt.

BOTTRANSPLANTATIES

7. Voor zover ik me kan herinneren, werden de experimenten met bottransplantaties tussen het eind van 1942 en het begin van 1943 uitgevoerd door doker Stumpfegger in Hohenlychen. Ik hielp en assisteerde dokter Stumpfegger op dezelfde manier als ik deed bij dokter Fischer tijdens de experimenten met sulfonamiden, zoals ik heb vermeld in paragraaf 4 van deze verklaring. Ook nu was het mijn taak om voorafgaand aan de operatie de hartconditie van de patiënten te controleren. De operatie bestond uit het verwijderen van een stuk bot uit het scheenbeen en dat vervolgens te transplanteren. Voor deze experimenten werden ongeveer vijftien tot twintig personen behandeld. Dokter Schiedlausky vroeg de kampcommandant om mensen te leveren ten behoeve van deze experimenten.

8. De verantwoordelijke leidinggevende voor de experimenten met sulfonamiden en bottransplantaties was dokter Karl Gebhardt. Het is mij niet bekend of hij zelf ook dergelijke operaties heeft uitgevoerd. Ik weet echter wel dat al deze experimenten onder zijn leiding en toezicht en volgens zijn aanwijzingen hebben plaatsgevonden. Hij werd hierbij geassisteerd door de reeds genoemde dokter Fischer en dokter Stumpfegger en ook

door dokter Schiedlausky en dokter Rosenthal. Ook voor deze experimenten werden uitsluitend volkomen gezonde Poolse gevangenen gebruikt. Ik kan me niet herinneren dat iemand van de proefpersonen na de ingreep is vrijgelaten.

OMSTANDIGHEDEN IN HET CONCENTRATIEKAMP RAVENSBRÜCK

9. Tijdens mijn dienstverband in concentratiekamp Ravensbrück heb ik gezien hoe een van de artsen, dokter Sonntag, de zieke gevangenen mishandelde door ze te slaan en te schoppen.

10. Het was in Ravensbrück niet ongewoon dat mensen die reeds op sterven lagen met injecties ter dood werden gebracht. Zelf heb ik ongeveer vijf of zes van deze injecties toegediend.

Ik heb deze verklaring, bestaande uit vier pagina's, in het Duits gelezen en bevestig dat deze tekst mijn herinneringen en mijn overtuigingen zo waar en correct mogelijk weergeeft. Ik ben in de gelegenheid gesteld om wijzigingen en correcties aan te brengen. Ik heb deze verklaring vrijwillig gegeven zonder dat mij een vergoeding is beloofd. Ik ben niet onderworpen aan dwang of bedreiging.

Toen volgde de datum, die verwees naar een paar weken eerder, en Herta Oberheusers handtekening.
 Hedy rilde na het lezen van het document. Alles op die pagina's joeg haar angst aan.
 Het idee dat een vrouw, het symbool van het leven zelf, zou meewerken aan het verwonden van het menselijk lichaam en het de dood in zou jagen.
 Het kille, nauwkeurige taalgebruik, dat haar deed denken aan de extreme verbetenheid waarmee de nazi's jaar na jaar, wet na

wet, de Joden, haar volk, hadden gemaakt tot een inferieur volk dat als een luis kon worden doodgedrukt.

Het feit dat de slachtoffers allemaal Polen waren, dat er een ranglijst was op basis waarvan rassen de dood in gejaagd werden.

Het controleren of alle proefpersonen van de experimenten in goede gezondheid verkeerden. Niet omdat dat hun leven zou redden, bleek nu, maar omdat ze op deze manier beter voldeden aan de omstandigheden die de Duitsers aan het 'laboratorium' hadden gesteld.

Alleen al het idee dat je een menselijk lichaam voor een experiment zou kunnen gebruiken, alsof het een konijn of een hamster was, maakte haar van streek.

Wat voor soort vrouw moest die Oberheuser zijn?

Was ze wel een vrouw? Of was ze een machine geworden?

Waardoor was ze zo veranderd?

De deur ging open en McHardy kwam binnen.

Hij zag hoe bleek Hedy was en glimlachte droevig.

'Weet je nog steeds zo zeker dat je voor ons wil werken?'

# 5

Een militaire politieagent kondigde de binnenkomst van het college aan.

Iedereen stond op. Het werd doodstil in de rechtszaal.

De deur achter de bank van de magistraten ging open en de rechters traden binnen.

De eerste was Walter Beals, de voorzitter en het hoofd van het hooggerechtshof van de staat Washington.

De tweede was Harold Sebring, van het hooggerechtshof van Florida.

De derde was Johnson Crawford, van het kantongerecht van Oklahoma.

De vierde, de rechter-plaatsvervanger, was Victor Swearingen, de voormalige persoonlijke assistent van de minister van Justitie van de Verenigde Staten.

De vier mannen in lange, zwarte toga's namen plaats in de hoogste bank.

Achter hen wapperde fier de vlag met sterren en strepen. Zij waren civiele rechters die normaal gesproken in vredestijd werden opgeroepen om zaken te beslechten, maar nu was het hun taak om zich in oorlogsmisdadigers te verdiepen, onder auspiciën van een krijgsraad en met bescherming van het leger.

Toen ze waren gaan zitten, nam iedereen zijn plaats weer in: de aanklagers van het openbaar ministerie en hun stafmedewerkers, de advocaten van de verdediging op de banken recht voor het gerechtshof en de beklaagden die in twee nette rijen achter hun raadsmannen zaten, onder bewaking van de militaire politie.

'Het is tijd! We gaan beginnen.'

Hedy kneep nerveus in Eva's hand.

McHaney had ze opgedragen om hun vertrek naar Berlijn een paar dagen uit te stellen. Het artsenproces was het eerste proces dat plaatsvond en Taylors rechterhand verlangde dat Hedy en Eva alle beklaagden in levenden lijve zouden zien en de uiteenzetting van de aanklacht zouden horen. Dat zou binnen achtenveertig uur gebeuren. Aangezien ze voor het openbaar ministerie werkten zaten de meisjes niet in het publiek, zoals tijdens het verhoor van Göring, maar tussen de mannen van Taylors staf. Het was alsof ze midden op het veld de wedstrijd tussen de spelers volgden.

Koortsachtig bestudeerde Hedy het dossier dat McHaney haar een paar minuten eerder had gegeven. Het bevatte de lijst van beklaagden, hun namen, achternamen en de functies die ze in de jaren van het Derde Rijk hadden bekleed. Er waren drieëntwintig beklaagden die allemaal een cruciale rol hadden gespeeld in Hitlers moordmachine.

Rechter Beals nam het woord: 'We roepen nu de beschuldigden op die betrokken zijn in de zaak Verenigde Staten tegen Karl Brandt et al., aanhangig bij dit gerechtshof. Meneer de secretaris, stelt u alstublieft vast dat alle beklaagden in de rechtszaal aanwezig zijn.'

De secretaris van het gerechtshof stond op en noemde met luide stem een voor een de namen van de beklaagden. Bij het horen van zijn naam stond de genoemde persoon op en bleef staan: 'Karl Brandt, Siegfried Handloser, Paul Rostock, Oskar Schröder, Karl Genzken, Karl Gebhardt, Kurt Blome, Rudolf Brandt, Joachim Mrugowsky, Helmut Poppendick, Wolfram Sievers, Gerhard Rose, Siegfried Ruff, Hans Wolfgang Romberg, Viktor Brack, Hermann Becker-Freyseng, Georg August Weltz, Konrad Schäfer, Waldemar Hoven, Wilhelm Beiglböck, Adolf Pokorny, Herta Oberheuser, Fritz Fischer!'

Toen de presentielijst was afgewerkt, waren alle beklaagden opgestaan. Oberheuser was als een-na-laatste opgenoemd: ze zat op de tweede rij, vlak bij de dikke glazen ruit tussen de beklaagden en de tolken. Hedy zag dat ze dezelfde overjas droeg als op de foto die McHaney haar had laten zien. Ook haar gezichtsuitdrukking was dezelfde: schuchter en afwezig.

De secretaris meldde dat de beklaagden allemaal aanwezig waren, waarna rechter Beals ze opdroeg te gaan zitten. Toen vroeg hij aanklager Taylor om de aanklacht bekend te maken.

De brigadegeneraal, gekleed in een gloednieuw uniform, liep naar de microfoon, bedankte het gerechtshof en begon te spreken. Zijn stem klonk vast en rustig. Hij moest een ingewikkelde zaak bepleiten, maar haastte zich niet. Hij liet zijn woorden en het besef van de afschuwelijke daden die die woorden beschreven inwerken op de magistraten, beklaagden en het publiek. Alsof de beschuldiging zo substantieel was dat hij op zichzelf al een volwaardig definitief vonnis vormde.

'De beklaagden in deze zaak worden beschuldigd van moord, martelingen en andere gruwelijkheden die in de naam van de medische wetenschap zijn uitgevoerd. Deze misdaden hebben honderdduizenden slachtoffers gemaakt, waarvan slechts een handjevol het heeft overleefd: enkelen van hen zullen in deze rechtszaal als getuige verschijnen. Helaas is het merendeel van de slachtoffers omgekomen door de gewelddadigheden die ze hebben ondergaan. Het zijn voornamelijk naamloze slachtoffers. Voor hun moordenaars hadden ze geen waarde als individu. Ze werden behandeld als beesten. De Joden, zigeuners, Polen en Russen over wie we het vandaag zullen hebben, kunnen derhalve worden gerekend tot de miljoenen anonieme mensen die door de hand van het nazisme zijn gestorven. Hun lot is een zwarte bladzijde in de hedendaagse geschiedenis en de vergrijpen van deze moordenaars zullen bestraft worden.

Wij hebben echter grotere verplichtingen dan simpelweg over elke afzonderlijke zaak recht te spreken. Voor de slachtoffers, voor hun volkeren en voor alle volkeren ter wereld is het veel belangrijker dat deze onvoorstelbare gebeurtenissen duidelijk en onomstreden worden bewezen, zodat niemand er in de toekomst aan kan twijfelen dat ze echt hebben plaatsgevonden. Deze feiten dienen nu en voor altijd te worden beschouwd als barbaars en crimineel.

Maar dat is niet alles. De beklaagden worden beschuldigd van moord. Toch is dit geen eenvoudig moordproces en we kunnen ons niet tevreden stellen met het simpelweg straffen van de moordenaars. Moorden en martelen tellen voor elk modern juridisch systeem als misdaad. Maar in dit geval zijn het geen moordenaars die hebben gemoord uit impuls of om rijk te worden. Natuurlijk zal er wel een sadist tussen zitten die heeft gemoord en gemarteld voor zijn genoegen, maar het zijn niet allemaal geperverteerde mensen. Evenmin zijn het onwetende mensen: het betreft voornamelijk competente artsen van wie sommige zelfs wetenschappelijke prijzen hebben gewonnen. Ze waren allemaal volledig in staat om de ernst van hun daden in te zien. Sterker nog: juíst zij waren bijzonder gekwalificeerd om een passend moreel en professioneel oordeel over hun daden te vormen. En toch hebben ze doorgezet, waardoor ze nu moord en talloze onuitsprekelijke martelpraktijken op hun geweten hebben. Wij hebben naar de wereld toe een diepe verantwoordelijkheid om aan te tonen waarom en hoe dit is gebeurd. We moeten met absolute zekerheid weten welke ideeën en motivaties de beschuldigden dreven om hun medemensen als beesten te behandelen.

Het zal niemand ontgaan dat de denkbeelden die aan deze daden ten gronde liggen niet dood zijn. Deze denkbeelden kunnen niet zomaar met wapenkracht worden uitgewist; we moeten verhinderen dat ze als kankergezwellen voortwoekeren in de borst van de mensheid. Zoals aanklager Jackson een jaar geleden in deze rechtszaal al zei: "De fouten die we vandaag trachten te veroordelen en te bestraffen zijn zo kwaadaardig en destructief dat de beschaving ze niet opnieuw mag tolereren. Als ze worden herhaald, zal het menselijk ras het niet overleven."

Ook hebben wij in deze processen een sterke verantwoordelijkheid jegens de Duitsers. Duitsland heeft onder de leiding van het nazisme en haar krijgsheren in heel Europa dood en verwoesting gebracht. De Duitsers weten dit. Ze zijn ook bekend met de gevolgen: de nederlaag, ondergang, honger en armoede. Veel Duitse kinderen zullen nooit meer een onbeschadigde Duitse stad zien in hun leven. Maar wat is volgens deze kinderen de oorzaak van de nederlaag van hun land en de verwoesting die ze om zich heen zien? Het enorme overwicht van de middelen en mensen die de geallieerden tegen Duitsland verenigden? Hun wetenschappers? Hun militaire leiders die hebben gefaald Duitsland naar de overwinning te leiden? Als dat echt zo was, zouden de Duitsers en de hele wereld een enorm risico lopen. We weten heel goed wat ze zouden zeggen: "De volgende keer wordt het anders." En dan zouden we allemaal bedreigd worden door een nieuwe oorlog. Nee! Dit proces biedt ons de mogelijkheid om de Duitsers te confronteren met de werkelijke oorzaak van hun ondergang. De bommen van de geallieerden hebben de huizen, kerken en muren van Neurenberg in puin gelegd. Maar in een reëlere en diepere zin is de vernietiging van Neurenberg begonnen toen de stad de zetel werd van het jaarlijkse nazipartijcongres. Daarmee is het morele verval van Duitsland begonnen. De kwade denkbeelden die zich vanuit Neurenberg door het land en de wereld verspreidden, zijn de ware schuldigen aan de misdrijven van de beklaagden en het afschuwelijke lot dat Duitsland onder het Duitse Rijk heeft getroffen. Als we dat aantonen, zal iedereen begrijpen dat een volk dat zich willens en wetens heeft besmet met dit gif zonder enige twijfel ziek wordt en sterft.

Al met al zijn er heel goede beweegredenen die het ontstaan van dit buitengewone gerechtshof rechtvaardigen. Het is gestoeld op uitzonderlijke misdaden en op de noodzaak deze misdaden in hun wrede totaliteit te belichten. De juiste, onpartijdige uitvoering van dit proces is voor alle volkeren in de wereld van levensbelang. Het is onze taak de waarheid boven tafel te krijgen en de schuldigen te straffen.'

Taylor was aan het eind van het eerste deel van zijn pleidooi aangekomen en stopte even om een glas water te drinken. Iedereen profiteerde ervan om op adem te komen. Tijdens dat lange betoog had je in de zaal een speld kunnen horen vallen.

'Meneer de aanklager, wilt u even pauzeren?'

'Nee dank u, edelachtbare.'

Taylor sprak zachtjes verder. Hedy begreep al snel dat hij de cirkels als het ware steeds kleiner maakte. In het begin had hij de algemene thema's van de zaak uiteengezet die justitie en de internationale publieke opinie het meest aanspraken. Vervolgens benadrukte hij de aanklachten volgens de drie algemene categorieën die McHaney en hijzelf al hadden uitgelegd aan de nieuwe krachten van de staf van de krijgsraad, waaronder zijzelf: misdaden tegen de vrede, oorlogsmisdaden en misdaden tegen de menselijkheid. Er kwam nog een nieuwe beschuldigingscategorie bij: het lidmaatschap van de SS, de organisatie die misdadig was verklaard door de rechters van het proces van Göring en de andere nazipartijfunctionarissen. Vervolgens maakte Taylor de radius van zijn pleidooi nog kleiner door voor het gerechtshof en het publiek duidelijk te schetsen hoe complex de organisatie van het medische systeem in het Derde Rijk was, en door aan te tonen dat het onmogelijk was dat de beschuldigden niets wisten van dit misdadige plan waarbij in naam van de 'wetenschap' gevangenen werden gemarteld en vermoord. Als laatste besteedde hij veel aandacht aan de misdaden die de beklaagden in de rechtszaal hadden doen belanden, waarbij hij bij elke misdaad de naam van de betreffende beschuldigde noemde. Maar dit gedeelte van zijn pleidooi, het lijvigste en waarschijnlijk ook het wreedste en treurigste, werd slechts aangestipt.

De rechter besliste namelijk dat het tijd was voor een pauze en plande een nieuwe zitting voor die middag.

Terwijl iedereen opstond ging Taylor, die er nu moe uitzag, aan de aanklagerstafel zitten.

McHaney complimenteerde hem en wendde zich tot Hedy en Eva.

'Wat vinden jullie ervan?'

De twee meisjes staken hun duim op.

'Het is ons vak niet, maar volgens ons heeft de baas het geweldig gedaan.'

Hij glimlachte.

'Zorg dat jullie stipt om drie uur terug zijn. Dan horen jullie dingen die voor jullie werkzaamheden nog veel interessanter zijn.'

Toen raakte hij verwikkeld in een druk gesprek met Taylor.

# 6

Hedy en haar vriendin verlieten het gerechtshof en gingen vlug naar het Carlton. Ze hadden honger en in een stad die nog steeds in puin lag was de mensa van het leger de enige plek waar ze konden eten.

Toen ze om drie uur opnieuw in de rechtszaal verschenen, zag Taylor er weer zo fris uit als een hoentje.

'Dankzij een verkwikkend hazenslaapje,' knipoogde McHaney naar de meisjes.

De rechters kwamen weer binnen, de aanklager liep naar de microfoon en de werkzaamheden werden hervat. Nu zou Taylor het hart van zijn strafpleidooi ontvouwen.

Hij schraapte zijn keel.

'Van september 1939 tot april 1945 hebben alle beklaagden consciëntieus, vrijwillig en illegaal oorlogsmisdaden gepleegd. Ieder van hen heeft in deze misdaden een hoofd- of bijrol gespeeld door bevelen te geven of op te volgen, zonder toestemming van de slachtoffers medische experimenten uit te voeren op burgers of op leden van de strijdkrachten van landen die met Duitsland in oorlog waren. Tijdens deze experimenten hebben de beklaagden moorden en allerlei soorten wreedheden, martelpraktijken, gruwelijkheden en andere onmenselijke misdaden gepleegd. De experimenten vielen onder de volgende categorieën…'

Hedy greep zich stevig vast aan de armleuningen van haar stoel.

De rechters en de beklaagden, die gespannen de vertaling via de hoofdtelefoon probeerden te volgen, leunden naar voren.

Het publiek luisterde extra aandachtig.

'1. Hoogte-experimenten. Van maart 1942 tot augustus 1942 werden in het concentratiekamp in Dachau experimenten uitgevoerd ten behoeve van de Duitse Luchtmacht, om de grenzen van het menselijk uithoudingsvermogen op extreme hoogte te onderzoeken. Deze experimenten werden uitgevoerd in een lagedrukkamer waarin de atmosferische omstandigheden en druk op extreme hoogte (tot 21.000 meter) werden nagebootst. De proefpersonen werden opgesloten in de lagedrukkamer waarna de luchtdruk werd opgevoerd. Velen van hen stierven, anderen liepen blijvende verwondingen op. De beklaagden Karl Brandt, Handloser, Schröder, Gebhardt, Rudolf Brandt, Mrugowsky, Poppendick, Sievers, Ruff, Romberg, Becker-Freyseng en Weltz worden beschuldigd van deze misdaden.

2. Onderkoelingsexperimenten. Van augustus 1942 tot mei 1943 werden in Dachau andere experimenten uitgevoerd, nog altijd ten behoeve van de Duitse luchtmacht, om te onderzoeken wat de beste behandelmethode was voor mensen die onderkoeld waren geraakt. De proefpersonen werden gedwongen om soms wel drie uur lang in een tank met ijskoud water te verblijven. Al snel raakten ze onderkoeld en stierven. De overlevenden werden met verschillende middelen weer op temperatuur gebracht. In andere experimenten werden de proefpersonen gedwongen om urenlang naakt buiten te blijven staan tot hun lichaamsdelen bevroren en ze het uitgilden van de pijn. De beklaagden Karl Brandt, Handloser, Schröder, Gebhardt, Rudolf Brandt, Mrugowsky, Poppendick, Sievers, Becker-Freyseng en Weltz worden beschuldigd van deze misdaden.

3. Malaria-experimenten. Van februari 1942 tot april 1945 werden in het concentratiekamp in Dachau experimenten uitgevoerd om immuniteit voor en behandeling van malaria te onderzoeken.

Gezonde gevangenen werden opzettelijk besmet met malariamuggen of met injecties van extracten uit de speekselklieren van malariamuggen. Nadat de proefpersonen malaria hadden opgelopen, werden ze door de artsen met verschillende geneesmiddelen behandeld om zo de geneeskrachtige werking ervan te testen. Meer dan duizend proefpersonen werden onvrijwillig blootgesteld aan deze experimenten: velen van hen zijn omgekomen na onmenselijk te hebben geleden. Anderen zijn blijvend invalide geworden. De beklaagden Karl Brandt, Handloser, Rostock, Gebhardt, Blome, Rudolf Brandt, Mrugowsky, Poppendick en Sievers worden beschuldigd van deze misdaden.'

Die opsomming van afschuwelijke beschuldigingen had de rechtszaal letterlijk doen verstijven. Taylor deed net of hij ineens merkte hoeveel angst hij zijn publiek aanjoeg. Hij zag op uit zijn papieren, keek om zich heen en fixeerde zijn blik vervolgens op de beklaagden. Iedereen voelde de vijandigheid tussen de nazi-artsen en de hoofdaanklager. De strijd op leven en dood was begonnen. Wie schuldig werd bevonden, zou aan de galg eindigen.

'4. Gas-experimenten. Staat u mij toe dat ik mijn strafpredicatie iets uitdiep,' rechter Beals knikte, 'om de gang van zaken van de vervolging door de nazi's beter te kunnen illustreren. Bij verschillende gelegenheden tussen september 1939 en april 1945 werden ten behoeve van de Wehrmacht gas-experimenten uitgevoerd in de concentratiekampen Sachsenhausen en Natzweiler. Het doel was het vaststellen van het effect van mosterdgas. De gevangenen werden met opzet verwond, waarna deze verwondingen met gas werden geïnfecteerd. In andere gevallen werden de proefpersonen gedwongen om het gas te inhaleren of in vloeibare vorm in te nemen. In weer andere gevallen werd het gas met een naald geïnjecteerd. Een rapport uit 1941 vermeldt wat er gebeurde als het experiment werd uitgevoerd op de armen van een gevangene. Ik citeer: "In de meeste gevallen zwellen de armen disproportioneel op en lijden de proefpersonen ondraaglijke pijn." Volgens de beklaagden was het doel van deze onmenselijke experimenten de beste behandelmethode vinden voor door mosterdgas veroorzaakte verwondingen. In 1944 werden de experimenten gecoördineerd in een algemeen onderzoeksproject van de Duitse strijdmacht voor de chemische oorlog. Hitler zelf gaf beklaagde Karl Brandt in een verordening van maart 1944 de opdracht om met gas een verband te leggen tussen medisch onderzoek en oorlog. Beklaagde Rudolf Brandt zond kopieën van deze verordening naar Sievers en Grawitz, eveneens beklaagden, en stuurde Hitlers verzoek aan hen door, waarop zij meteen met Karl Brandt in overleg gingen om het bevel zo spoedig mogelijk op te volgen. Later rapporteerde Sievers, die beschikte over uitgebreide kennis van de in de verschillende concentratiekampen uitgevoerde gas-experimenten, de details weer aan Karl Brandt. Een beter bewijs van het oogluikend toestaan en het samenzweringsgedrag dat de beklaagden vertoonden tegen elke menselijke wet en tegen dezelfde medische ethiek die hen zou moeten voortdrijven, is er niet. De beklaagden Karl Brandt, Handloser, Blome, Rostock, Gebhardt, Rudolf Brandt en Sievers worden derhalve beschuldigd van deze misdaden.

5. Zeewater-experimenten. Ik geef enkele voorbeelden. De experimenten met zeewater werden uitgevoerd in Dachau in opdracht van de Duitse luchtmacht en de Duitse marine en hadden als doel een methode te ontwikkelen om het zoute water uit de oceaan drinkbaar te maken. In mei 1944 hebben verschillende ontmoetingen plaatsgevonden waarbij afgevaardigden van de Luftwaffe, de Kriegsmarine en het bedrijf IG Farben alsook de beschuldigden Becker-Freyseng en Schäfer aanwezig waren. Allen gingen akkoord met het als volgt uitvoeren van de experimenten. De proefpersonen werden slechts gevoed met het noodrantsoen na schipbreuken en werden in vier groepen verdeeld. Eén groep kreeg helemaal geen water. De tweede groep kreeg alleen zeewater te drinken. De derde groep kreeg water dat met de Berka-methode

was behandeld, waardoor de smaak veranderde maar het zoutgehalte niet minder was. De vierde groep kreeg ontzilt water.

Aangezien men verwachtte dat de proefpersonen zouden sterven of ernstige gezondheidsproblemen zouden krijgen, werd besloten om Himmler, de leider van de ss, te vragen wie als proefkonijn kon worden gebruikt. Ik citeer uit de brief die beklaagde Schröder in juni 1944 aan Himmler schreef: "De Luftwaffe heeft twee methodes ontwikkeld om zeewater drinkbaar te maken. De eerste destilleert het zout en maakt het water goed drinkbaar. De tweede verandert alleen de smaak van het zeewater. Medisch gezien kan het experimenteren met de tweede methode problemen opleveren, aangezien het toedienen van de geconcentreerde zoutoplossing bij mensen symptomen van vergiftiging opwekt. Toch is het nodig om de piloten of zeelieden die dagenlang in het water hebben gelegen te redden, en daarom moeten deze specifieke experimenten worden uitgevoerd. We hebben veertig kerngezonde proefpersonen nodig die ongeveer vier weken tot onze beschikking staan. Gezien het belang van de oplossing van dit probleem voor onze strijdkrachten zou ik u, Rijksminister, bijzonder dankbaar zijn als u mijn verzoek inwilligt."

Himmler stuurde de brief door aan Grawitz, de hoofdarts van de ss, die beklaagde Gebhardt en andere officieren van de Schutzstaffel om advies vroeg. Hierna volgde een weerzinwekkend, voor de nazifunctionarissen typerend gesprek over de rassenkwestie. Sommigen suggereerden zieke of Joodse gevangenen, terwijl anderen gebruik wilden maken van zigeuners. Grawitz merkte op dat experimenten met zigeuners resultaten zouden opleveren die niet op Arische mensen van toepassing zouden zijn. Uiteindelijk gaf Himmler instructies dat alleen zigeuners zouden worden gebruikt. De experimenten startten in juli 1944 en werden uitgevoerd door beklaagde Beiglböck. De proefpersonen moesten ondraaglijk lijden en werden getroffen door ijlende koorts en spasmen. Velen van hen overleefden het niet. De beklaagden Karl

Brandt, Handloser, Rostock, Schröder, Gebhardt, Rudolf Brandt, Mrugowsky, Poppendick, Sievers, Becker-Freyseng, Schäfer en Beiglböck worden beschuldigd van deze misdaden.'

Hedy voelde een wanhopige drang om op te staan en weg te lopen.

Om zich heen zag ze de mannen van de staf van de krijgsraad, achter zich hoorde ze de toeschouwers, een paar meter voor zich zag ze het team van de verdediging. Ze voelde zich als in een gevangenis. Ze realiseerde zich plotseling dat ze vanaf nu voor haar werk maandenlang dit soort horrorverhalen zou moeten lezen, bestuderen en rubriceren. Ze rilde.

'Kom, we gaan!'

Ze had het heel zachtjes gezegd, maar de hele aanklagerstafel draaide zich om en keek naar haar. Eva gebaarde dat ze haar mond moest houden.

'We gaan pas weg als de zitting is afgelopen.'

Ook McHaney keek geïrriteerd hun kant op. Hedy moest haar mond houden.

Niemand luisterde naar haar. Niemand begreep haar.

Ontsnappen uit deze nachtmerrie was onmogelijk.

'6. Experimenten met sulfonamiden. Edelachtbare, ook nu zou ik graag de aanklachten kort willen schetsen en er pas tijdens het debat dieper op ingaan. Van juli 1942 tot september 1943 werden in het concentratiekamp Ravensbrück experimenten uitgevoerd om het effect van sulfonamiden te testen voor de Duitse strijdmachten. De proefpersonen werden met opzet verwond en geïnfecteerd met onder andere streptokok- en tetanusbacteriën. De bloedsomloop werd stopgezet door de aderen aan weerskanten van de wond af te klemmen om een situatie te creëren zoals op het slagveld. De infecties werden verergerd door hout- en glassplinters in de wond in te brengen, waarna deze met sulfonamiden en andere middelen werd behandeld. Veel proefpersonen zijn na ondraaglijke pijnen overleden, anderen hielden er blijvende verwondingen aan over. De beklaagden Karl Brandt, Handloser, Rostock, Schröder, Genzken, Gebhardt, Blome, Rudolf Brandt, Mrugowsky, Poppendick, Becker-Freyseng, Oberheuser en Fischer worden beschuldigd van deze misdaden.

7. Bot-, spier- en zenuwregeneratie en bottransplantaties. Van september 1942 tot december 1943 werden in Ravensbrück andere experimenten uitgevoerd, opnieuw ten behoeve van de Wehrmacht. Het doel was de vernieuwing van botten, spieren en zenuwen te bestuderen en te onderzoeken hoe bottransplantaties verschilden van persoon tot persoon. Grote stukken bot, spieren en zenuwen werden bij de proefpersonen verwijderd, zonder dat zij daar toestemming voor hadden gegeven. Het resultaat van deze operaties was dat de proefpersonen helse pijn leden en voor de rest van hun leven verminkt en invalide waren. De beklaagden Karl Brandt, Handloser, Rostock, Gebhardt, Rudolf Brandt, Oberheuser en Fischer worden beschuldigd van deze misdaden.'

'Mag ik iets zeggen, edelachtbare?'

Iedereen keek naar de beklaagdenbank. Een van de advocaten was opgestaan.

'Wie bent u?'

'Advocaat Pelckmann, raadsman van beklaagde Schäfer.'

Rechter Beals nam hem twijfelend op. Hij besloot hem het woord te geven.

'Ik hoop dat u iets zinnigs te zeggen hebt.'

'Zeker, edelachtbare. Ik wil graag bezwaar aantekenen tegen de aanklacht. De aanklacht schaadt in mijn ogen de rechten van mijn cliënt aangezien ze ingaat tegen verordening nummer 7 die een paar weken geleden door de militaire regering van de Verenigde Staten in het bezette Duitsland is aangekondigd. De verordening is getiteld "Organisatie en bevoegdheden van militaire tribunalen" en…'

'Meneer de advocaat! Ik weet heel goed waar die verordening over gaat, aangezien dit hele tribunaal erop is gebaseerd. Kom alstublieft ter zake!'

'Goed dan. Beschikking nummer 7 stelt in artikel 4 dat de aanklager verplicht is "de aanklachten duidelijk, beknopt en met voldoende bijzonderheden uiteen te zetten zodat de beklaagden begrijpen welke verantwoordelijkheden hen ten laste worden gelegd." Naar mijn mening is wat mijn cliënt dokter Schäfer betreft niet aan deze voorwaarden voldaan.'

'Waarom niet?'

Hedy luisterde niet naar het antwoord.

Gelukkig voor haar werd het publiek afgeleid door de discussie tussen voorzitter Beals en advocaat Pelckmann, waardoor de grimmige sfeer in de zaal wat werd verlicht.

Ze stond op, gebaarde naar Eva dat ze elkaar later zouden zien, en verliet de rechtszaal.

Niemand merkte dat ze wegging.

Terwijl ze de trappen van het gerechtshof afliep, kon ze zich alleen maar obsessief afvragen: hoe had dit alles kunnen gebeuren?

# 7

Eva stond de volgende ochtend vroeg op om op tijd op het gerechtshof te zijn. Ze zag haar vriendin nog aangekleed op bed liggen. Ze begreep dat ze heel laat was thuisgekomen en dat ze behoefte had om wat langer te blijven liggen, maar ze konden het zich niet permitteren.

Ze schudde haar heen en weer en toen Hedy niet reageerde, schudde ze nog harder.

Hedy kreunde wat.

'Opstaan! We moeten naar het gerechtshof. Anders vilt McHaney ons levend.'

Hedy gaf geen antwoord. Eva schudde haar nog een paar keer.

'Laat me met rust!'

Eva barstte los.

'Wil je je baan kwijtraken voor je eraan bent begonnen? Hoe ga je dan je ouders zoeken?'

Hedy deed haar ogen open.

'Bemoei je met je eigen zaken!'

Eva greep het laken, waardoor Hedy van het bed rolde.

'Kom op!'

Terwijl ze zich haastig aankleedden, vertelde Eva hoe aanklager Taylor verder was gegaan met de aanklacht nadat het bezwaar van advocaat Pelckmann in de processtukken was opgenomen.

'Je hebt de experimenten met geelzuchtbesmetting, sterilisatie, vlektyfus, vergif, brandwonden en tuberculose gemist. En als klapstuk de aanklachten over euthanasie en het produceren van skeletten. Skeletten van Joden natuurlijk. Misschien is het maar beter dat je weg bent gegaan...'

Die nieuwe opsomming van wreedheden gaf Hedy weer dat angstige, verstikkende gevoel dat ze de vorige dag aan de aanklagerstafel had gevoeld. Ze schudde met haar hoofd om de spoken weg te jagen.

'Waar was je vannacht trouwens?'

Hedy gaf geen antwoord, waarop haar vriendin glimlachte.

'Kapitein Williams?'

Hedy stopte met het dichtknopen van haar uniform en bekeek zichzelf kritisch in de spiegel. Ze zag twee kringen onder haar ogen die haar niets bevielen en probeerde zich te herinneren waar ze de afgelopen uren was geweest voordat ze op haar bed was neergevallen, maar ze wist het niet meer. Ze keek haar vriendin aan en spreidde haar handen.

'Misschien was het Williams, misschien ook niet...'

Eva lachte en sleurde haar mee de hotelkamer uit.

'Kom op! Vandaag is onze laatste dag in Neurenberg!'

Nog geen halfuur later zaten ze netjes aan de aanklagerstafel in de rechtszaal.

Rondom hen gonsde de zaal van de drukte, net als de dag ervoor. Na slechts een paar minuten kwam het college binnen en begon het verhoor. Beals vroeg opnieuw aan de secretaris om te verifiëren dat alle beklaagden aanwezig waren en richtte het woord vervolgens tot hen en hun verdedigers.

'Ik vraag de beschuldigden nu om zich schuldig of niet schuldig te verklaren aan de beschuldigingen die tegen hen zijn uitgesproken. Als ik zijn naam noem zal elke beklaagde opstaan en in de microfoon spreken. Er is geen ruimte voor redevoeringen of andersoortige discussies. De beklaagde hoeft zich alleen maar schuldig of onschuldig te verklaren aan de hem ten laste gelegde beschuldigingen. Karl Brandt!'

Hedy keek in het materiaal dat ze van McHaney hadden gekregen. Karl Brandt was het kopstuk van de groep. Een hoge ss-officier, minister van Gezondheidszorg van het Derde Rijk, persoonlijke lijfarts van Hitler. Ze bedacht walgend dat al die experimenten die de dag ervoor door Taylor waren opgesomd en beschreven, waren uitgevoerd in Brandts naam.

De man die opstond was iets over de veertig. Hij leek vermagerd en getekend door de gevangenis.

'Karl Brandt, wordt u in dit proces bijgestaan door een advocaat?'

'Ja.'

'Hoe pleit u op de algemene en specifieke aanklachten en de persoonlijke aansprakelijkheden die u ten laste zijn gelegd?'

'Onschuldig!'

'Gaat u zitten. Siegfried Handloser, wordt u in dit proces bijgestaan door een advocaat?'

Handloser was hoofd van de medische dienst van de ss en verantwoordelijk voor de gezondheidstoestand van de Duitse strijdkrachten.

'Nee, ik heb geen advocaat.'

'Wenst u dat het tribunaal een advocaat voor u benoemt?'

'Ik verwacht morgen of overmorgen antwoord te krijgen van een advocaat die ik heb geraadpleegd.'

'Hoe wilt u pleiten op de aanklacht? Schuldig of onschuldig?'

'Onschuldig!'

'Gaat u zitten. Karl Gebhardt, wordt u in dit proces bijgestaan door een advocaat?'

'Ja.'

Gebhardt was de persoonlijke arts van Himmler, voorzitter van de Duitse chirurgen en, ironisch genoeg, hoofd van het Duitse Rode Kruis. Hedy herinnerde zich dat Oberheuser onder hem had gewerkt in het militaire ziekenhuis in Hohenlychen.

'Hoe pleit u op de aansprakelijkheden die u door de krijgsraad ten laste worden gelegd? Pleit u schuldig of onschuldig?'

'Onschuldig!'
'Gaat u zitten.'
Zo ging rechter Beals in een paar minuten alle beklaagden af.
Behalve Handloser hadden ze allemaal een advocaat.
En allemaal, Handloser incluis, pleitten ze onschuldig.
Ook Herta Oberheuser.
Hedy zag hoe ze opstond en de vragen van het gerechtshof rustig en zeker beantwoordde.
Niet alleen pleitte ze onschuldig, ze was ervan overtuigd dat ze onschuldig wás.
Die starheid, die koppige overtuiging, dat totale onvermogen om van gedachten te veranderen, maakten Hedy bitter. Opnieuw voelde ze woede bij zich omhoog kruipen.
Ze was er klaar voor.
De wedstrijd ging beginnen en zij was klaar om mee te spelen.
Diezelfde avond kregen Hedy en Eva van McHaney hun laatste instructies en vertrokken ze uit Neurenberg.
De volgende dag, een mistige novemberdag in 1946, kwamen ze aan in Berlijn.

# 8

Hedy deed in het donker haar ogen open. Ze kon niet meer slapen. Maar het was nog vroeg, zei ze tegen zichzelf. Ze stak haar hand uit naar het nachtkastje en knipte het licht aan.

Hun eerste werkdag, tien voor half zes. Opstaan en zich klaar gaan maken had niet zo veel zin. Ze werden pas om negen uur bij het documentatiecentrum verwacht. In de kamer aan de andere kant van de gang lag Eva nog te slapen, dat wist ze zeker. Lieve, dierbare vriendin. Ze benijdde haar om haar kalmte, om hoe zij de dingen vol ijver en ook vol vertrouwen aanpakte. En om haar diepe, droomloze slaap.

Ze deed het licht uit en ging op haar zij liggen. Ze probeerde zich te ontspannen. Ze probeerde aan iets leuks te denken. Een avond met vrienden in Neurenberg, tussen al die jonge levenslustige mensen, allemaal blij dat ze de oorlog hadden overleefd en zo doordrongen van het feit dat zij de winnaars waren, de heersers van de wereld. Allemaal hadden ze het echte leven nog even in de ijskast gezet: teruggaan naar huis, weer gaan studeren, weer gaan werken, weer verantwoordelijkheden hebben. Ja, dat moest ze toegeven: nu het gevaar was geweken, leefde men alsof ze op vakantie waren, zonder zich voorlopig druk te maken over hun verplichtingen en hoe ze zichzelf moesten onderhouden. Ze zag de geïnteresseerde blik van een onderofficier weer voor zich en huiverde van genot. Lachend was ze met Eva naar de bar van het café van het Carlton gelopen. Hij was in gesprek met zijn collega's, maar raakte afgeleid toen hij haar had opgemerkt, gezien en bekeken. Beoordeeld. Hij had duidelijk iets aan haar gezien dat hem aansprak. Een vriend had er meteen een grapje over gemaakt en ervoor gezorgd dat zij ook kon horen dat hij vond dat zijn kameraad smaak had.

Opnieuw glimlachte Hedy in het donker. Ze krulde zich lui op onder de deken en het zware dekbed. Ze voelde hoe haar lichaam spontaan op het verzoek van haar zintuigen reageerde, in die kleine warme schuilplaats. Ze fantaseerde over de handen van die mooie, sterke man die naar haar verlangden, haar betastten en streelden.

Er was zo weinig voor nodig om gelukkig te zijn...

Ze staakte haar overpeinzingen, strekte haar benen en rekte zich uit. Ook die beweging was aangenaam, hoewel de rand van het bed koud was aan haar voeten. Ze dacht aan hoe ijskoud het buiten moest zijn, aan de mist die opsteeg uit de omliggende bossen en nu het huis stilletjes omhulde. En alsof ze, door aan buiten te denken, een oproep had gedaan, hoorde ze nu plotseling de geluiden van het bos.

Het was een eufemisme om het Berlijnse Dahlem, waar hun gemeubileerde appartement stond, een buitenwijk te noemen. Ze bevonden zich aan de rand van een weids groen gebied dat was bezaaid met lieflijke meertjes.

Omdat het binnen zo stil was, hoorde Hedy dat de natuur eerder ontwaakte dan de mensen. Het begon met de laatste roep van een nachtvogel. Toen even niets, rust, stilte. Of toch: daar klonk een ander geluid, schuchter, ver weg, onzeker. Ze spitste haar oren. Ze begon te tellen, één, twee, drie, vier... en hoorde opnieuw het getjilp van een bijzondere vogel. En dit keer niet meer in zijn eentje: een andere kleine vogel, zo stelde ze het zich voor, gaf antwoord.

Ze kon zich niet langer beheersen. Ze stond op, trok haar pantoffels aan, liep naar de woonkamer en deed een van de twee ramen open. Meteen werd ze door de kou overvallen, maar daar was ze op voorbereid. Wat haar wel verraste, was dat het nog zo donker was. Haar ogen zochten het licht maar namen het nog niet waar. Waarom waren de vogels dan al aan het zingen? Ze kon ze nu beter horen, onzichtbaar in het dichte bos. Het waren er nog maar weinig, maar ze waren elkaar tot steun, op verschillende plekken in die onbestemde zwarte massa. Ook zij zagen het ochtendlicht natuurlijk nog niet. Maar ze riepen het op, ze vroegen erom.

Terwijl ze begon te bibberen van de kou werd ze plotseling droevig. Ze voelde dat ze niet zo sterk was als die schepseltjes. Ergens diep binnenin haar wortelde de angst dat het nooit meer licht zou worden en die angst zou nooit verdwijnen. Zelfs niet overdag, zelfs niet als ze ergens volledig in opging. Daarom kon ze geen plannen maken voor de toekomst, daarom kon ze niet verder kijken dan de dingen die ze op die dag zelf moest doen. En daarom deed ze dat ook niet.

Ze moest zo hard niezen dat haar hele lichaam schokte, alsof ze een klein, verkleumd vogeltje was. Ze deed een stap naar achteren en sloot het raam. Ze wreef over haar schouders om warm te worden en nieste nog een keer. Uitstekend, dacht ze glimlachend, je op je eerste werkdag ziek moeten melden…

Ze wilde naar haar kamer lopen, draaide zich om en gilde van schrik.

'Ah!'

De schaduw die haar in het donker had verrast, omhelsde haar en moest lachen om haar geschreeuw.

'Ik ben het maar! Goedemorgen!'

Eva sliep kennelijk toch niet zo diep en ongestoord als Hedy dacht.

Ze deden het licht aan.

'Heb ik je wakker gemaakt?'

'Nee, ik lag na te denken. Ik probeerde me voor te stellen wat we vandaag gaan doen, als alles goed gaat…'

Samen maakten ze het ontbijt klaar terwijl ze kletsten over hun avonturen in Neurenberg en zich een voorstelling van hun nieuwe collega's probeerden te maken.

Om acht uur hoorden ze dat er een sleutel in de voordeur werd omgedraaid. Ze verroerden zich niet. Een lang, slank meisje dat ze allebei zelfs zo vroeg in de ochtend heel mooi vonden, kwam bibberend, met rode wangen en glanzende ogen van de kou de keuken binnen en koesterde zich in het warme huis. Het was Blackie, het Duitse meisje dat door het Amerikaanse leger als hun huishoudster was aangesteld. Ze was even oud als Hedy.

'Goedemorgen.'

'Goedemorgen, Blackie. Is het koud buiten?'

Het waren hun eerste dagen samen. Tussen hen in stond een beklemmende muur van ontzag en wantrouwen. Die muur beviel Hedy niets.

'Ga zitten, drink een kop koffie met ons. Ik wil je wat zeggen.'

Het meisje knikte ernstig. Toen ze de warme wollen muts van haar hoofd trok, overspoelde de glans van haar gouden haar de hele kamer. Ze trok haar dikke jas uit en ging zitten.

Hedy gaf haar een dampende mok, ging ook zitten en glimlachte.

'Luister. We hebben je al gezegd dat niemand ons ooit heeft gevraagd of we wel een huishoudster wilden. Wij dachten dat we het gewoon zelf zouden regelen, zoals we altijd hebben gedaan. Maar vandaag is onze eerste werkdag bij het documentatiecentrum en we weten niet hoe druk we het gaan krijgen en wat onze werktijden zullen zijn. Daarom kan jouw hulp ons goed van pas komen. En jij wordt voor je diensten betaald, toch?'

'Ja, en… ik kan het goed gebruiken.'

'Goed, dan zijn we het erover eens, we accepteren je hulp. Maar onder één voorwaarde.'

Blackie verstijfde. Hedy schonk er geen aandacht aan. Ze wierp Eva een blik toe, die glimlachend knikte. Ze hadden het besproken, ze waren het eens.

'We willen niet dat je hier tot 's avonds blijft. Je gaat 's middags al naar huis en zo kun je die colleges aan de universiteit volgen waar je het over had. Akkoord?'

Het was geen voorstel, dat begreep het Duitse meisje meteen. 'Dank je wel, maar…'

'Maak je geen zorgen om je loon,' mengde Eva zich in het gesprek. 'We zullen altijd verklaren dat je je werk hebt gedaan. De mensa van het leger is hier vlakbij: wij eten daar 's avonds, dat gaat prima. Zo zien we na een dag werken wat mensen in plaats van dat we ons hier binnen opsluiten, snap je? Geen enkel probleem dus.'

Ze stonden op en schudden elkaar de hand. Toen maakten de twee archiefonderzoekers zich op om de deur uit te gaan. Ze groetten Blackie, die nu ontspannen glimlachte, en gingen de straat op, klaar voor het onbekende.

Het was nog steeds koud, maar er scheen een voorzichtig zonnetje. Hedy vond dat de vogeltjes van de zonsopgang gelijk hadden. Nu was het haar beurt om met hart en ziel een lofzang op het licht aan te heffen en de verleiding van de droefheid te weerstaan.

Terwijl ze langs de weg gingen staan om aan een van de langsrijdende militairen een lift te vragen, vroeg ze zich af of ze Eva over deze gedachten moest vertellen. Maar haar vriendin was met haar hoofd al bij wat hen stond te wachten, dus liet ze het maar zo. Ze probeerde zich te concentreren en zich op haar taak voor te bereiden.

# 9

Het documentatiecentrum stond onder bewaking van het leger. Soldaten in oorlogstenue hielden toezicht bij de ingang en patrouilleerden in de omgeving tot in de bossen die het kleine, lage gebouw omgaven.

Samen met tientallen andere jonge onderzoekers gingen Hedy en Eva in de rij staan, terwijl ze zich afvroegen of dat kleine gebouwtje echt het hele archief kon bevatten waarover was gesproken.

'Het archief is ondergronds,' vertelde een jongen, blij dat hij zijn nieuwe collega's van dienst kon zijn. 'Uit angst voor de bombardementen borgen de nazi's hun waardevolste zaken veilig op. Ze hebben er dus zelf voor gezorgd dat de bewijzen van hun misdaden zo goed bewaard zijn gebleven. Wat een volk!'

Toen ze aan de beurt waren, lieten ze hun pasje van het Office of Chief of Counsel for War Crimes zien en liepen achter de anderen aan.

Hun ondergrondse werkplek was te bereiken via een lange trap of met de lift. Ze liepen de trap af tot in een grote, nauwelijks verwarmde ruimte zonder ramen, waar ze werden verwelkomd door zwak, troosteloos kunstlicht.

Wat het eerst opviel, was de chaos. Er stonden ellenlange rijen overvolle boekenkasten, maar in de gangpaden lagen overal wanordelijke stapels dossiers verspreid. Zo ver het oog reikte, zagen ze papieren: ze bedekten de hele vloer en ook de rijen tafels die een soort raadpleegafdeling afbakenden. Ook de paar stoelen die daar stonden waren bedolven onder documenten. Veel papieren waren zelfs op de grond gevallen.

Toen iedereen er was, stonden er minstens honderd onderzoekers besluiteloos in het rond te kijken. Iemand ging op de documenten op de grond staan en merkte het niet eens. Anderen raapten de papieren bezorgd op en keken er onzeker naar, alsof ze een tekst in een onbekende taal lazen.

Een officier kwam binnen in gezelschap van een adjudant en vroeg ieders aandacht. Vol vertrouwen gingen ze om hem heen staan. Hij keek rond en bestudeerde ze ernstig, zonder te glimlachen. Het werd stiller en Hedy hoorde hem tegen zijn ondergeschikte fluisteren: 'Wat zijn ze nog jong zeg…'

Toen sprak hij luider en op autoritaire toon.

'Mijn naam is kolonel Helms, van het leger van de Verenigde Staten. Het is mijn verantwoordelijkheid dat jullie hier veilig zijn en rustig kunnen werken. Als jullie niet voor problemen zorgen, doe ik dat ook niet.'

Hedy vroeg zich af over welke problemen die man het had. En waarom moest het op die toon?

'Zoals jullie zien, zijn de documenten waarmee jullie moeten werken een chaos, want de omstandigheden van het transport ervan weken nogal af van die van een normale archiefverzameling. Maar let op: deze ogenschijnlijke chaos rechtvaardigt niet dat iemand van jullie ook maar één van deze papieren meeneemt of verdonkeremaant. Om misbruik te voorkomen, worden jullie bij de uitgang streng gecontroleerd. Elke ontvreemding van een bewijsstuk wordt beschouwd als misdrijf en zal volgens de militaire wetgeving worden bestraft. Ook het verergeren van de chaos om het onderzoek te dwarsbomen zal zwaarwegende verdenkingen op jullie laden. Doe je werk daarom rustig en systematisch. Is dat duidelijk?'

De onderzoekers waren nu geïntimideerd. Helms leek die houding een paar seconden lang te taxeren, toen groette hij met een hoofdknik en liep naar de lift.

'Voor wie houdt hij ons?' zei Eva zodra de officier uit het zicht was verdwenen.

Hedy was woedend.

'Hij vertelt ons net dat we er zomaar van kunnen worden beschuldigd dat we documenten hebben laten verdwijnen, of dat we ze door elkaar hebben gegooid...'

Ze keken om zich heen.

'... maar als je het mij vraagt, ligt alles hier sowieso al door elkaar. Wil hij ons misschien de schuld geven omdat zijn mannen hun werk zo slecht hebben gedaan?'

De meest vastberaden onderzoekers schudden de onaangename sensatie die de welkomstspeech van de kolonel had veroorzaakt snel van zich af, pakten het eerste het beste dossier dat binnen handbereik lag, ruimden behoedzaam een hoek van een van de tafels vrij en begonnen het bovenste papier te lezen.

Hedy en Eva besloten hun voorbeeld te volgen en samen aan de slag te gaan. Ze liepen naar een boekenkast en lazen de naam van een dossier: MINISTERIE VAN ECONOMISCHE PROGRAMMERING VAN HET DERDE RIJK. Een andere: REICHSSICHERHEITSHAUPTAMT.

Voor het artsenproces moesten ze zich concentreren op de dossiers die betrekking hadden op het gezondheidszorgsysteem en op wetenschappelijk onderzoek. Dus gingen ze verder, terwijl ze de dossiers die voor hun proces niet interessant leken opzijlegden.

Ze liepen langs de boekenkasten en hoopten snel iets te vinden dat met hun zaak te maken had. Toen hoorden ze hun collega's die al aan het lezen waren ongerust overleggen.

'Deze documenten gaan niet over de organisatie die staat vermeld op de voorkant van het dossier. Deze papieren hebben er niets mee te maken, ze horen zelfs bij een heel andere organisatie...'

De spreker probeerde de aandacht van zijn collega's te trekken.

Het groepje dat zich vormde constateerde dat het dossier inderdaad papieren bevatte over uiteenlopende onderwerpen en over organisaties die zelfs niet met elkaar samenwerkten en totaal verschillende specialisaties hadden.

Er ontstond een verhitte discussie die werd gevoed door haastig andere, lukraak erbij gepakte dossiers te raadplegen.

Terwijl iedereen begon te beseffen dat de chaos nog veel groter was dan het op het eerste gezicht leek, trok een andere onderzoeker de aandacht:

'Kijk eens, jongens. Dit is nog veel erger...'

De anderen kwamen nieuwsgierig dichterbij. Het meisje liet een document zien.

'Dit is de eerste pagina van een rapport uit een concentratiekamp, gericht aan de hoofdcommandant van de ss, aan Himmler dus. Het gaat over gevangenen en de gezondheidstoestand in het kamp. Dit is ongetwijfeld een interessant document, maar de andere pagina's ervan ontbreken.'

Hedy kwam dichterbij om het beter te kunnen zien. Ze pakte het vel papier dat haar collega vasthield en begon het haastig door te kijken.

Het was waar. De uit het concentratiekamp Dachau afkomstige tekst was verstuurd op 30 januari 1942 en de afzender was niet zomaar iemand: ss-Obersturmbannführer Martin Weiss, de hoofdcommandant van het kamp. Maar het was alleen de eerste pagina. De andere pagina's waren van het ijzeren nietje dat alles bij elkaar hield gescheurd.

'Heb je al goed in de rest van het dossier gekeken?' vroeg ze haar collega.

Het meisje knikte.

'Ik kan wel nog een keer kijken. Help je me even?'

Ze gingen aan de slag. Ze bekeken de papieren in hetzelfde dossier één voor één, maar de missende pagina's vonden ze niet.

Het was onmogelijk om te achterhalen wat commandant Weiss op 30 januari 1942 aan Himmler had geschreven, na de aanhef en een paar algemene berichten over het kamp. Onder aan de enige beschikbare pagina meldde Weiss een paar noodgevallen op het gebied van de gezondheidszorg van de gevangenen en introduceerde hij maatregelen om de problemen effectief aan te pakken. Maar wat die maatregelen die hij aan de hoogste baas van de SS voorstelde dan inhielden, was onmogelijk te achterhalen.

Zo gingen ze de hele dag verder. Ze probeerden uit alle macht om systematisch te werk te gaan en toch enkele dossiers te vinden die volledig waren, of in ieder geval volediger dan de rest. Tot ieders grote opluchting vonden ze er een paar. Maar er waren ook onvolledige documenten, en documenten waarmee was geknoeid. Sommige dossiers waren haastig, maar effectief gecensureerd.

Ze werkten allemaal zo geconcentreerd dat velen zelfs vergaten te eten. Slechts een handjevol mensen had er überhaupt aan gedacht om wat te eten mee te nemen en die deelden het met de rest van de groep voordat ze weer aan het werk gingen in het nauwelijks toereikende licht in die ondergrondse ruimte, onder begeleiding van het doffe gerommel van het ventilatiesysteem dat tijdens het vergelijken en opzoeken op de achtergrond te horen was.

Tegen de avond keek Hedy op tijdens het lezen van een saaie correspondentie tussen een officier van de Generale Staf en een leverancier van levensmiddelen voor het leger. Ze zag alleen maar chaos en moeheid om zich heen: tientallen jongens en meisjes zoals zij, zonder jasjes, die er uitgewrongen uitzagen en probeerden de stukjes van een afschuwelijke puzzel in elkaar te passen.

Ze liep naar Eva, die gebogen zat over een al bekeken dossier waar niets interessants in stond en nu een ander papier aan het lezen was.

'Iets bruikbaars?'

'Ja, een document dat geen waarde heeft voor ons proces, maar wel voor dat tegen de industriëlen, denk ik. Een militaire levering van Krupp die in 1937 is besteld, toen de oorlog nog ver weg was en Duitsland nog deed alsof het vrede wilde...'

Eva's toon was onverschillig, maar Hedy was haast jaloers op die eerste vondst.

'Je weet wat je met dat document moet doen, toch?'

'Ja, ik plak er een gele memo op en leg het op die tafel daar rechts zodat het opvalt; dan kunnen onze collega's van het proces tegen de industriëlen ermee aan de slag.'

Hedy draaide zich om en keek naar de tafel waar haar vriendin het over had. Er lagen een paar documenten klaar die van elkaar te onderscheiden waren door het systeem van de verschillend gekleurde memoblaadjes. Geen van die dossiers had te maken met het artsenproces, waar groene memo's voor werden gebruikt. Ze slaakte een diepe zucht en ging verder met het lezen van een vel papier dat ze al een tijdje in haar hand had zonder te kunnen beoordelen of het belangrijk was of niet.

Een uur later verscheen er bij de lift een soldaat, die iedereen toeschreeuwde:

'Het is al laat, jongens. Over een kwartier gaan de lichten uit. Ga naar huis, de papieren blijven hier, die vind je morgen wel weer!'

Ze liepen allemaal de buitenlucht in en verdwenen in verschillende richtingen, moe en ietwat ontmoedigd.

Hedy was boos.

'Ik zou wel eens een hartig woordje met die kolonel Helms willen spreken! Hoezo, verbieden dat we chaos veroorzaken of documenten laten verdwijnen. Dat heeft iemand anders al gedaan en het lijkt erop dat hij ons de schuld wil geven!'

Eva probeerde haar te kalmeren.

'Je hebt gelijk, maar je zult zien dat het gewoon een kwestie van aanpakken is. Er zijn duizenden documenten, ze kunnen niet alles hebben laten verdwijnen. En wat die chaos betreft, tja, daarom zijn we hier juist. Je zult zien dat we met lezen, opzijleggen, collega's informeren en opnieuw indelen snel resultaat boeken.'

Hedy keek haar sceptisch aan. Maar Eva liet zich niet ontmoedigen.

'Ik geloof erin,' hield ze vol. 'Morgen hebben we bovendien een voordeel: we weten al wat ons te wachten staat en kunnen systematischer te werk gaan.'

'Goed, goed. Laten we dan in ieder geval zorgen voor een goede nachtrust,' besloot Hedy.

Het was niet verkeerd om op het optimisme van haar vriendin te vertrouwen. Maar ze was niet alleen maar moe: ze maakte zich ook zorgen. Zoals gepland aten ze in de Amerikaanse legermensa die het dichtst bij Dahlem lag. Maar de jonge onderzoekster vond het goede humeur, de grappen en de aandacht van de soldaten en officieren minder interessant dan ze had verwacht. En minder effectief om haar van haar gedachten af te leiden.

# 10

In de dagen daarna deed iedereen zijn best om systematisch te werk te gaan en resultaten te boeken. Af en toe lukte dat ook: een meisje uit Freiburg vond de eerste pagina terug van een interessant document. Tot nu toe hadden ze alleen het tweede en derde deel in bezit gehad, waardoor het onmogelijk was met zekerheid vast te stellen wie de tekst aan wie had geschreven. Bij Hedy en Eva was Hedy degene die een belangrijke ontdekking deed.

'Gevonden!'

Buiten zichzelf van vreugde zwaaide ze twee aan elkaar geniete getypte velletjes onder de neus van haar vriendin, als een soldaat die zijn wapenbroeder zijn bewijs van definitief verlof laat zien.

'Echt? Wat is het? Waar gaat het over? Heeft het te maken met het artsenproces? Laat zien!'

Hedy gaf haar het document niet, maar begon het hardop voor te lezen. Enkele collega's waren door haar enthousiasme nieuwsgierig geworden en kwamen dichterbij.

Berlijn, 28 maart 1941

Victor Brack
ss-Oberführer

Aan de ss-Reichsführer en het hoofd van de Duitse politie, Berlijn sw 11, Prinz-Albrecht-Strasse 8

H.H.

'De naam van de geadresseerde is met de hand geschreven, met die twee letters,' merkte Hedy tussen het voorlezen door op. 'H.H. Daarmee wordt vast Heinrich Himmler bedoeld: hij was hoofdcommandant van de ss en van de politie.'

'Hij is het, zeker weten,' bevestigde haar vriendin opgewonden. 'Lees verder.'

STAATSGEHEIM

Geachte Reichsführer,
Hierbij stuur ik u te uwer informatie de resultaten van ons onderzoek over de mogelijkheid tot sterilisatie of castratie met gebruik van röntgenstralen. Ik verzoek om instructies aangaande verdere stappen, theoretisch of praktisch, die in deze zaak gezet moeten worden.
Heil Hitler!

'Bracks handtekening staat eronder en hij heeft hem zelf geplaatst...'

Hedy stikte van de spanning.

'... en de bijlage zit erbij. Het document is compleet!'

Het groepje onderzoekers dat op het bericht van die ontdekking was afgekomen was nu zienderogen gegroeid.

'Wat staat erin?' vroeg iemand.

'Ja, lees voor. We willen het horen!'

Hedy liet zich niet lang smeken.

'Ik vertaal het uit de losse pols, goed? Er staan medische termen in die ik beter zal moeten nakijken.'

De experimenten op dit gebied zijn afgerond. Onderstaande resultaten kunnen als definitief en wetenschappelijk onderbouwd beschouwd worden: mensen kunnen permanent onvruchtbaar worden gemaakt, door te worden blootgesteld aan röntgenstralen in een zodanig hoge dosering dat dit leidt tot castratie met alle consequenties vandien. Een hoge dosering röntgenstraling vernietigt namelijk de interne secretie van respectievelijk de eierstokken of testikels. Lagere doseringen zullen de voortplantingsfunctie slechts tijdelijk stopzetten.

De consequenties waar ik naar verwees bestaan bijvoorbeeld uit het uitblijven van de menstruatie, vergelijkbaar met de overgang, veranderingen in beharing, in de stofwisseling et cetera. Met deze nadelen moet hoe dan ook rekening worden gehouden.

De dosering kan op verschillende manieren worden toegediend en de bestraling kan plaatsvinden zonder dat de persoon hiervan op de hoogte is. De minimale lokale dosis is 500-600 r voor mannen en voor vrouwen 300-350 r. Algemeen genomen zal een bestralingsperiode van twee minuten voor mannen en drie minuten voor vrouwen, op het hoogste voltage, met een dun filter en vanaf een korte afstand, voldoende moeten zijn.

Er is echter een nadeel dat niet kan worden vermeden: aangezien het onmogelijk is om de rest van het lichaam met lood te bedekken zonder dat de persoon hiervan op de hoogte is, zullen andere lichaamsweefsels schade oplopen en zullen zich stralingsziekten ontwikkelen met de zogenaamde 'Röntgenkater' tot gevolg...

'Ik weet niet precies wat het Duitse woord *Röntgenkater* inhoudt,' onderbrak Hedy zichzelf. 'Zal ik het aan een arts vragen?'

'Dat is niet nodig,' zei een meisje dat samen met de rest stond te luisteren. 'Dat document dat je hebt gevonden is ongetwijfeld relevant. Als we dat eenmaal hebben vastgesteld, hoeven we alleen maar een korte Engelse samenvatting te maken en alles naar Neurenberg te sturen. Daar wordt het vervolgens door deskundigen vertaald.'

'Lees nou verder,' zei iemand. 'Het is interessant.'

Hedy las verder.

Als de intensiteit van de röntgenstraling te hoog is, zal de eraan blootgestelde huid binnen een paar dagen of weken brandwonden in verschillende gradaties gaan vertonen, hetgeen per geval verschilt.

Een praktische manier om de behandeling te kunnen uitvoeren is bijvoorbeeld de betreffende personen naar een loket te laten komen, waar hun verzocht kan worden om enkele vragen te beantwoorden of formulieren in te vullen, waar ze ongeveer 2 tot 3 minuten mee bezig zijn. De ambtenaar achter het loket kan de apparatuur bedienen door op een knop te drukken, waardoor de twee benodigde kleppen simultaan worden geactiveerd. Met een tweekleppige installatie kunnen ongeveer 150-200 personen per dag worden gesteriliseerd. Met 20 van zulke installaties kan men 3000-4000 personen per dag behandelen. Volgens mijn inschatting is het niet mogelijk om dat aantal dagelijkse behandelingen te overstijgen.

Wat de kosten van een dergelijk apparaat betreft, kan ik slechts een schatting geven van 20.000-30.000 Reichsmark. Dan zijn er nog bijkomende kosten, bijvoorbeeld voor een nieuw gebouw met uitgebreide bescherming voor het dienstdoende personeel.

Samenvattend kan worden gesteld dat, gezien de huidige stand van zaken in de bestralingstechniek, een massasterilisatie met gebruik van röntgenstralen zeker tot de mogelijkheden behoort. Helaas lijkt het onmogelijk om deze operatie zo uit te voeren dat de betrokken personen zich niet vroeg of laat realiseren dat zij met röntgenstralen zijn gesteriliseerd of gecastreerd.

De tekst was afgelopen. Hedy keek op naar haar collega's, die zwijgend om haar heen stonden.

'Hier staat Bracks handtekening nog een keer,' mompelde ze. Ze keek om zich heen. Iemand glimlachte bedeesd. Ze staarden haar allemaal aan, alsof ze haar wilden steunen nadat ze van verre familie een brief met slecht nieuws had gekregen.

Ik zie vast heel bleek, dacht ze. Ze voelde zich dan ook niet zo goed.

'Ik heb een belangrijk bewijsstuk ontdekt,' zei ze. Ze zou tevreden moeten zijn. Maar ze kon het niet geloven.

'Goed gedaan!' zei iedereen. Terwijl ze in groepjes wegliepen gaven ze commentaar.

'Wat afschuwelijk!'

'Heb je het gehoord?'

'Kun je je dat voorstellen?'

Hedy ging aan het werk. Ze maakte een plekje vrij op een tafel, pakte een voorgedrukt vel papier van het Amerikaanse leger, adresseerde haar bericht aan James McHaney, de verantwoordelijke aanklager van het Militaire Tribunaal tegen de artsen, en begon haar samenvatting te schrijven.

Bij het herlezen van het document werd ze getroffen door de toon, de nauwkeurigheid en de vanzelfsprekendheid waarmee de twee correspondenten hun vorderingen bespraken. Brack drukte zich uit alsof Himmler en hij al eerder hadden gesproken over hoe dit doel bereikt kon worden, alsof het een specifieke taak betrof.

Ze was bijna klaar met het opstellen van haar korte tekstje – reeds uitgevoerde experimenten... conclusies... procedures... aantal te behandelen personen... consequenties... kosten... – toen ze zich realiseerde dat ze niet meer goed kon zien. Ze keek op naar de grote ruimte vol papieren en jonge mensen die aan het werk waren.

Ze kon niet zien omdat ze huilde.

Ik heb een belangrijk bewijsstuk ontdekt, zei ze opnieuw bij zichzelf. Ze dacht terug aan het moment in Neurenberg. Viktor Brack, kolonel bij de ss, hoofd van de administratieve dienst van de NSDAP en verbindingsofficier tussen de privékanselarij van de Führer en de ss, was verantwoordelijk geweest voor het euthanaseren van lichamelijk en geestelijk gehandicapten en uiteindelijk voor de massasterilisatie-experimenten die het pure Arische ras moesten beschermen. Hij had zonder aarzelen verklaard onschuldig te zijn. Ze had hem aangehoord en zijn vastbeslotenheid had haar zowel angst aangejaagd als geïmponeerd.

Nee, schoft. Je bent niet onschuldig. En ik heb het bewijs gevonden dat je het zwijgen zal opleggen!

Voor eeuwig, zei ze bij zichzelf. Ja, voor eeuwig. Het bewijs dat je ter dood zal veroordelen!

Toch kon ze niet ophouden met huilen.

## 11

Toen ze de volgende dag bij het documentatiecentrum aankwamen, viel hen meteen iets vreemds op. Een groot deel van de onderzoekers stond voor het gebouw. Soldaten liepen af en aan.

'Wat is er aan de hand?' vroegen ze, nadat ze bij de groep waren gaan staan.

Iedereen was bezorgd, maar enkelen waren opgewonden en boos.

'Niet te geloven! Ze blokkeren de ingang via de trap!'

Hedy maakte zich breed in de kleine menigte, deed een paar stappen naar voren en stond toen voor een kordon soldaten dat iedereen op afstand hield. Achter hen, net voorbij de ingang met de glazen deuren, was een groepje arbeiders te zien die ijverig bezig waren de toegang tot de trap dicht te metselen.

Ze kon haar ogen niet geloven en keek om zich heen, op zoek naar een verklaring.

'Maar… wordt het centrum gesloten? Wie heeft dat besluit dan genomen?'

Een soldaat glimlachte haar vriendelijk toe en gaf antwoord.

'Nee, niet alles wordt afgesloten. Alleen de ingang via de trap. De lift blijft toegankelijk, dat is immers de handigste toegang.'

'Maar waarom?'

'Veiligheidsredenen, zeggen ze. Bevel van kolonel Helms.'

Hedy bedankte de soldaat, die zichtbaar tevreden was dat hij haar van dienst had kunnen zijn, en liep terug om Eva op de hoogte te brengen. Die stond te praten met een collega met wie ze de hele vorige dag had samengewerkt, tot Hedy de brief van Brack had gevonden. Haar huisgenoot had kennelijk een vriend gemaakt die alles al wist.

'Heb je het gehoord?'

'Ja, Helms is bezorgd om onze veiligheid…'

De laatste onderzoekers die het nieuwtje nog niet hadden gehoord arriveerden na elkaar en werden op de hoogte gebracht.

Een meisje protesteerde tegen de militairen.

'Maar ik lijd aan claustrofobie! Jullie kunnen me niet dwingen om me in een lift op te sluiten!'

Iemand anders was verontwaardigd.

'Kom nou toch! Hoezo veiligheid! Als er brand uitbreekt, is de gevaarlijkste ontsnappingsroute juist via de lift. En wat als de stroom uitvalt?'

De soldaten zwegen. Op die vragen hadden ze duidelijk geen antwoord.

Hedy liep naar een van hen toe.

'Wie heeft de leiding over dit peloton? Vertel op!'

Ze klonk zo autoritair dat de jongen haar uniform van sergeant niet kon negeren.

'Sergeant Miller. Daar staat hij.'

De sergeant stond iets verderop en hield toezicht op zijn mannen die de boel bewaakten.

'Laat me erdoor, ik ga met hem praten.'

De soldaat aarzelde. Hedy wist dat ze moest aandringen.

'Vooruit! Ik ga alleen. Jullie zijn toch niet bang voor een vrouw!'

Hij wilde met zijn kameraad overleggen wat ze moesten doen, maar daardoor werd hij afgeleid. Met een flinke duw was Hedy hem voorbij. Ze verloor bijna haar evenwicht, maar haar woede over deze absurde situatie hield haar overeind. De soldaten gelastten haar om te blijven staan. Ze keek achterom, maar bleef doorlopen naar de aangewezen onderofficier en riep: 'Toe dan! Gaan jullie een sergeant van het leger van de Verenigde Staten in de rug schieten?'

Voordat iemand haar kon tegenhouden, was ze binnen gehoorsafstand van Miller gekomen.

'Sergeant! Van wie komt dit bevel?'

'Van kolonel Helms,' zei de ander zonder van zijn stuk te raken. 'En u moet net als de rest de bevelen in acht nemen en wachten tot het werk klaar is.'

Al snel stonden ze vlak tegenover elkaar. Hedy besefte dat al haar collega's de uitkomst van haar actie afwachtten en dat gaf haar moed.

'We willen nu met de kolonel spreken.'

'Juffrouw…'

'Laat ons met de kolonel spreken of we proberen de blokkade omver te werpen en dan moet u geweld gebruiken tegen een groep onderzoekers die persoonlijk door het tribunaal zijn geselecteerd!'

De man staarde haar lange tijd aan. Toen wendde hij zich tot een ondergeschikte.

'Jij daar! Ga de kolonel zoeken.'

De soldaat kwam meteen in beweging en verdween in het gebouw.

Hedy bedankte de sergeant en liep terug naar de anderen.

'Nu wachten we. Straks komt Helms en dan dreigen we alles aan Neurenberg te vertellen.'

De anderen bedankten haar en complimenteerden haar met haar vasthoudendheid.

Het wachten kalmeerde hen. Ook de soldaten van de wacht waren blij dat de spanning was gezakt.

Er ging een kwartier voorbij. Hedy staarde naar de ingang van het kleine gebouw. De soldaat die Helms moest gaan zoeken was daar naar binnen gegaan, alsof hij wist dat de officier daar was en dat hij meteen beschikbaar was. Maar de tijd verstreek, niemand kwam naar buiten en de arbeiders bleven bakstenen op elkaar stapelen alsof er niets aan de hand was.

'Stop de werkzaamheden!' riep Hedy. Ze keerde zich naar haar collega's.

'Help me, jongens! Stop de werkzaamheden!'

De anderen volgden haar voorbeeld en met zijn allen organiseerden ze een snel protest.

'Stop de werkzaamheden! Eerst moeten we kolonel Helms spreken!'

Ze begonnen tegen de opgestelde soldaten aan te duwen, maar zonder succes. Sergeant Miller stuurde een tweede soldaat het centrum in. Kort daarop kwamen ze allebei weer naar buiten en brachten rapport uit bij de sergeant.

Miller kwam naar het opstootje toe. Toen hij begon te praten, leek hij oprecht.

'Kolonel Helms is vanochtend vroeg vertrokken na zijn laatste instructies te hebben gegeven. Hij is naar het hoofdkwartier, in Berlijn, om verslag uit te brengen van de eerste successen van jullie onderzoek…'

'Ja, en om ervoor te zorgen dat we niet al te snel nog meer bewijzen vinden!' protesteerde iemand. Miller ging er niet op in.

'Jullie kunnen niets anders doen dan wachten. Spoedig zijn de werkzaamheden voltooid en dan kunnen jullie met de lift naar beneden om aan het werk te gaan. De kolonel komt vandaag nog terug en zal dan de situatie met jullie bespreken. Dat is alles wat ik jullie te zeggen heb.'

Hedy werd weer boos en keek om zich heen op zoek naar bijval.

'Ze proberen tijd te rekken! We kunnen ons er niet bij neerleggen! Laten we de blokkade omverwerpen!'

Maar de onderzoekers waren verdeeld en stonden te overleggen over wat ze moesten doen.

Ze voelde een hand op haar schouder. Ze draaide zich om, het was Eva. Naast haar stond de collega in wie ze zo veel vertrouwen had.

'Luister, Hedy. Op dit moment kunnen we met die soldaten alleen maar ruzie krijgen… we moeten orders afwachten.'

'We kunnen geen geweld gebruiken,' zei de collega. 'Daar zouden ze van kunnen profiteren door een onderzoek tegen ons te beginnen en zo ons werk stop te zetten.'

Hedy's ogen werden groot.

'Ons werk stopzetten? Wie zou dat willen doen? En waarom?'

Niemand wist een antwoord. Binnen enkele seconden had de lijdzaamheid zich van iedereen meester gemaakt.

Ruim een uur bleven ze machteloos staan, terwijl de arbeiders hun werk afmaakten. Daarna namen ze in kleine groepjes de lift naar beneden terwijl ze stomverbaasd commentaar uitwisselden.

Hedy probeerde aan het werk te gaan. Ze controleerde of het document dat ze de vorige dag had gevonden naar Neurenberg was gestuurd. Ze werd weer boos toen een soldaat, die was aangesteld om te helpen met de verzendingen, haar vertelde dat hij van kolonel Helms het bevel had gekregen om het materiaal niet elke dag naar Neurenberg te sturen, maar pas als er een dossier van minstens vijftien belangrijke documenten was verzameld.

'Daarom hebben we nog niets verstuurd,' legde de man uit. 'We hebben er minder dan tien.'

Ze overwoog of het zin had om haar woede te koelen op die jongen die zo nauwkeurig absurde bevelen opvolgde. Met moeite hield ze zich in en ging verder met lezen.

Al snel had ze ondraaglijke hoofdpijn. Ze vertelde het aan Eva, verontschuldigde zich, zei dat ze de spanning die was ontstaan niet aankon en dat ze die dag onmogelijk verder kon werken. Ze zouden elkaar thuis wel zien.

Ze liep de buitenlucht in. Alleen. Ze liep weg onder het wakend oog van de soldaten die toch niet waren vertrokken.

Nu gaan ze vragen waar ik heen ga en waarom ik niet verder werk, dacht ze. Ze voelde zich in de gaten gehouden, als een doelwit. Maar we verlenen toch een noodzakelijke dienst? Ze zouden ons moeten steunen en waar mogelijk moeten helpen!'

Niemand leek echter op haar te letten.

Het was een grijze, koude dag. Het kon elk moment gaan regenen. Hedy knoopte haar militaire jas stevig dicht en maakte een wandeling langs de bosrand, hoewel ze niet de goede schoenen aanhad. Ze had zin om wraak te nemen, maar de kou en de aanhoudende hoofdpijn dreven haar naar huis.

Al snel kreeg ze een lift. De soldaat achter het stuur van de jeep die haar oppikte begreep niet waarom dat mooie meisje naast hem zo stug deed. Hun rit duurde precies zo lang als nodig.

Nog in gedachten verzonken liep Hedy het appartement binnen en stond daar oog in oog met Blackie.

Ze was het mooie Duitse meisje dat bij hen schoonmaakte helemaal vergeten. Blackie was verrast haar thuis te zien en glimlachte.

'Geen werk vandaag?'

Nog rillend van de kou trok Hedy haar jas uit. Ik word ziek, dacht ze. Schoften!

'Is er iets aan de hand?' De jonge Duitse toonde zich bezorgd.

'Nee, er is niets aan de hand. Ik heb hoofdpijn, ik ben naar huis gegaan om wat te rusten. Eva is nog aan het werk.'

'Goed, je kamer is schoon. Je kunt gaan liggen als je wilt.'

Deze kalmte, zorgzaamheid en doeltreffendheid irriteerden Hedy meer dan als ze de huishoudster op luieren had betrapt.

'Jij vindt het allemaal heel gewoon, hè?'

De vraag werd op een koele toon gesteld. Maar zelfs Hedy, die de woorden had uitgesproken, was verrast te horen hoeveel frustratie er doorklonk in haar stem. Ze voelde zich zwak, kwetsbaar, machteloos.

Blackie begreep het niet.

'Hoe bedoel je, allemaal heel gewoon?'

'Ik bedoel dat je gewoon je dagelijkse leven weer oppakt alsof er niets gebeurd is. Of niet soms?'

Het meisje keek weg. Ze had haar haren haastig opgebonden in een paardenstaart die paste bij een werkdag. Maar ook zo was het prachtig, overwon het de kou en de grauwheid en symboliseerde het leven en vreugde.

'Wat bedoel je?'

'Ik bedoel dat jij hier rustig staat te poetsen terwijl wij daar proberen om jullie gewetens schoon te poetsen, als we daar tenminste de kans toe krijgen…'

'Ik…'

'Jij wat? Jij hebt er niets mee te maken? Wilde je dat zeggen?'

'Ik heb niet…'

'Waar woonde je tijdens de oorlog? Nou? Zeg op! Waar woonde je?'

'Hier, in Berlijn. Mijn familie komt hiervandaan.'

'In Berlijn. En hoe was Berlijn in die jaren?'

'Het was… een hel. We waren elke dag doodsbang en 's nachts nog meer, vanwege de bombardementen.'

'Dus jullie waren bang? Prachtig. En dus? Hebben jullie je beklaagd? Geprotesteerd tegen jullie regering door wie jullie in die situatie terecht waren gekomen?'

Blackie zweeg. Hedy was duidelijk woedend en ze begreep niet waarom.

'Geef antwoord! Studeerde je toen al aan de universiteit?'

'Ja,' antwoordde ze bijna beschaamd. 'Ik studeerde al.'

'Dus 's ochtends ging je gewoon naar buiten met je boeken onder je arm, alsof er niets aan de hand was?'

Het meisje knikte.

'Ga zitten!' beval Hedy. 'Ik wil je iets laten zien.'

Ze liep weg en kwam terug met een vel papier in haar hand.

'Lees dit!'

Blackie begon te lezen.

Meteen nadat ze de samenvatting voor het openbaar ministerie in Neurenberg had geschreven, had Hedy besloten dat ze zelf een kopie van Bracks brief wilde hebben. Daarom had ze de volledige tekst van de brief van de naziofficier aan Himmler voor zichzelf overgeschreven, in het Duits.

Blackie las alles in stilte. Ze gaf geen commentaar.

'Wat vind je ervan?' spoorde Hedy haar aan.

'Ik weet het niet... ik weet niet wat ik ervan moet denken.'

'Geweldig! Jij studeert, iets dat ik nooit heb kunnen doen, en je weet niet wat je ervan moet denken?'

Stilte.

'Weet je waarom ik nooit heb kunnen studeren? Ik ben net zo Duits als jij, net zo intelligent als jij, maar ik ben Joods. Dat is alles. En weet je wie dat heeft besloten?'

'De nazi's.'

'Inderdaad, mensen zoals de beul die deze brief heeft geschreven nadat hij de experimenten waar hij zo deskundig over spreekt had uitgevoerd. Op mensen zoals ik! En door dit soort mensen lieten jullie je land besturen!'

Blackie boog het hoofd en liet haar schouders hangen. Hedy wilde niets liever dan het volledige gewicht van haar woede op die schouders laden. Ze wist wat er met haar aan de hand was: ze was zojuist begonnen met haar oorlog tegen de gruwel die haar leven had verwoest en ze gaf zich er met hart en ziel aan over. En kijk, het eerste obstakel van de dag, dat misschien niets verdachts had en de rechtvaardigheid helemaal niet in de weg wilde staan, maakte haar razend.

Ze ging aan de andere kant van de tafel zitten. Ook zij keek naar de grond. Ze wist niet of ze elk moment kon gaan gillen en zich moest afreageren op haar leeftijdgenoot of dat ze al bereid was om excuus te vragen.

Ze hield zich in.

'Zat je vader in het leger?'

Blackie zag eruit of ze er ieder moment vandoor kon gaan. In plaats daarvan gaf ze antwoord.

'Ja, bij de reservetroepen. Tot het laatste jaar van de oorlog. Toen is hij overgeplaatst naar de actieve dienst. Hij is naar het oostfront gegaan.'

'En is hij... teruggekomen?'

'Nee. Hij is nog niet terug. Ik heb nog niets van hem gehoord.'

Gevangen door de Russen, in het gunstigste geval. Hedy dacht aan de vrouw in de trein naar Freiburg. Die haar was aangevlogen vanwege haar Amerikaanse uniform en die ze had toegewenst dat haar man in Rusland onder de grond lag.

Ze zocht in zichzelf naar die woede. Die was er. Ongeschonden. Die dag nog heviger dan anders. Ze wilde ze allemaal vernietigen. Nu meer dan ooit.

Ze keek op naar Blackie. Een mooi meisje, onweerstaanbaar mooi. Elegant en fleurig tegelijk. Sterk. Maar nu zat ze daar zwijgend alsof ze haar vonnis afwachtte.

Het was stil om hen heen. Rust zonder troost.

Hedy stond op.

'Sorry, ik ga slapen. Of in ieder geval in het donker liggen. Dan zal ik me beter voelen. Morgen ga ik weer aan het werk.'

Ook Blackie stond op.

'Zal ik verdergaan met schoonmaken? Stoor ik je niet?'

'Nee, dank je. Je stoort me niet. Je mag wel iets eerder ophouden. En doe de deur zachtjes dicht als je weggaat.'

## 12

Ook de volgende dagen liet Helms zich niet zien. Iedereen overwon zijn weerstand en ging volgens de door de kolonel opgelegde voorwaarden aan het werk. Het seizoen veranderde, langs de hemel dreven donkere wolken die werden voortgejaagd door ijskoude windvlagen. Dankzij het ventilatiesysteem was er in de ondergrondse ruimte genoeg frisse lucht, maar de onderzoekers moesten aan het idee wennen dat het daar beneden binnenkort erg koud zou worden. Sommigen waren al verkouden geworden en maakten bezwaar, in de hoop dat iemand zich met het verwarmen van de ruimte zou gaan bezighouden. Een soldaat, die vast een rotavond had gehad, antwoordde droog dat ze in het archief wel wat papier konden verbranden, er was toch meer dan genoeg. Ze vroegen hem waarom hij zo minachtend deed, maar hij bond niet in.

'Dat hele gedoe met die processen is gewoon een farce. We steken tijd en geld in onderscheid maken tussen wie er meer en wie er minder schuld heeft. De nazi's moeten gewoon allemaal tegen de muur, punt uit. Het zijn er duizenden: hoe eerder we beginnen, hoe beter. Kijk naar wat de Russen hebben gedaan. Die weten van aanpakken als het gaat om misdadigers opruimen…'

Andere soldaten zeiden dat ze het roerend met hun kameraad eens waren. Een onderofficier kwam tussenbeide. Hij beloofde vaag dat hij de eisen van de onderzoekers aan Helms zou doorgeven.

Ondertussen moest er daar beneden gewoon gewerkt worden.

Na haar eerste ontdekking wist Hedy wat de enige manier was om systematisch naar meer bewijsstukken te zoeken: ze moest alles lezen, alle dossiers, en proberen opnieuw orde te scheppen in de over totaal verschillende documenten verspreide aantekeningen en die vervolgens met elkaar in verband brengen op basis van inhoud, stijl en tekstvorm: een brief, een officieel rapport, een statistisch onderzoek, een verzoek om nieuwe bevelen, enzovoort.

Langzamaan begon haar zwijgzame, nauwkeurige werkmethode vruchten af te werpen. Als een onderzoeker een belangrijk document aantrof, liet hij het aan zijn collega's zien om hun mening te vragen over het belang van de tekst en indien nodig of ze wilden helpen de ontbrekende delen op te sporen.

In de daaropvolgende dagen las Hedy dingen die haar de adem benamen.

[…] Als de Jood ter dood is gebracht wordt zijn hoofd, dat op geen enkele manier mag zijn beschadigd, door de medewerker van de romp gescheiden en worden de twee delen doorgestuurd naar hun bestemming in een hermetisch afgesloten vat met bewaarvloeistof, dat speciaal voor dit doel is ontworpen. Eenmaal in het laboratorium kunnen verschillende onderzoeken worden uitgevoerd: vergelijkende testen en anatomische onderzoeken op de schedel, op rassenclassificatie gebaseerde onderzoeken naar de vorm van de schedel, de vorm en grootte van de hersenen, enzovoort. Voor deze onderzoeken wordt gebruikgemaakt van foto's, metingen en andere verzamelde data van het hoofd. De nieuwe rijksuniversiteit van Straatsburg zal waarschijnlijk de meest geschikte plaats zijn om dit onderzoek te realiseren en een adequate collectie van zodanig verkregen schedels op te bouwen.

[…] een afdoende dosis van de stof in kwestie kan aan het

voedsel worden toegevoegd zonder de gevangenen hiervan op de hoogte te stellen, op basis van reeds opgedane ervaringen bij een groot aantal patiënten. Meer of minder heftige weigeringsreacties en het optreden van meer of minder ernstige symptomen worden regelmatig door de gevangenen zelf toegeschreven aan de normale leefomstandigheden in gevangenschap en leiden slechts in enkele gevallen tot de dood van de zwakste patiënten...

[...] In twee gevallen stopte de ademhaling tegelijk met de hartactiviteit. Het ging hier om gevallen waarbij specifiek werd opgemerkt dat de patiënten met hun hals en de achterkant van het hoofd in het ijskoude water lagen. In alle andere gevallen bleven de patiënten tot twintig minuten langer dooraemen. Dit was deels een 'normale, zeer vertraagde ademhaling' en deels een toenemende ademnood, die uiteindelijk leidde tot verstikking...

[...] Twintig personen hebben experimenten met vaccins van ingewanden van luizen volgens de Weigl-methode ondergaan. Om het effect van de immunisering te testen, werd een van tyfusluizen afkomstige infectie geïnjecteerd. Vervolgens dienden de gebruikte luizen en hun kooien meteen te worden verbrand, aangezien in Buchenwald een tyfusepidemie zou ontstaan als de luizen zouden ontsnappen...

[...] We hebben zojuist vijftien personen met besmette luizen geïnjecteerd (om de besmettelijkheid van de epidemie te kunnen controleren zijn vijf van deze personen geïmmuniseerd en tien niet), waarbij we zorgden voor de isolatie van de bij het experiment betrokken patiënten en de vernietiging van de kooien.

[...] onze conclusie is dat het infecteren met geïnfecteerde tyfusluizen een te groot risico is voor de andere gevangenen en voor het kamppersoneel in het bijzonder.

Op een dag werd ze misselijk na het lezen van de zoveelste gruweldaad. Ze realiseerde zich dat ze nooit had verwacht dat ze van dit werk zou moeten overgeven. Maar op dat moment gebeurde het, ze kon het niet voorkomen.

Eva schoot haar met zakdoekjes te hulp, zowel om de vloer schoon te maken als om haar te helpen haar decorum terug te vinden. Hedy trilde en bleef maar zoekend om zich heen kijken, alsof ze bang was dat een vijand die daar op de loer lag haar zou bespringen.

'Het gaat je verstand te boven! Ik kan het niet!'

Eva bleef kalm.

'Je moet tegen jezelf blijven herhalen waarom we dit doen. Dat helpt.'

Maar het kleine meisje uit Kippenheim schudde haar hoofd, gekweld door pijn.

'Je hebt gelijk. Maar ik bedacht ineens dat mijn ouders deze… deze dingen misschien wel hebben moeten ondergaan. Ik zag mijn vader zo sterven en mijn moeder ziek worden en lijden terwijl een van die monsters haar reactie stond vast te leggen.'

Die nacht had ze haar eerste nachtmerrie. In een kamer was een groep vrouwen bijeengebracht. Ze kende niemand, maar baande zich een weg tussen hen door alsof ze op zoek was naar een bekende. Ze zou de naam van die persoon kunnen uitspreken zodat diegene naar voren kon komen, laten weten dat ze er was. Maar ze kreeg geen woord over haar lippen. Nog erger: toen ze de naam wilde uitspreken, realiseerde ze zich dat ze hem was vergeten. De vrouwen staarden haar zwijgend aan. Ze hadden allemaal een lijdzame uitdrukking op hun gezicht. Eén vrouw begon aan haar arm te krabben, steeds harder. Ze liet de wond zien waar ze zo'n last van had. Het was een lange, bloedende snee. Hedy zag dat er meteen iets aan gedaan moest worden en ging op zoek naar hulp, maar om haar heen waren alleen maar al die vrouwen. Opnieuw keek ze naar de gewonde vrouw, die haar ineens bij haar naam noemde: 'Hedy…'. Toen begreep ze wie die vrouw was en ze gilde, gilde…

Ze werd wakker in de koude kamer en rilde van het zweet dat van haar lijf en voorhoofd gutste.

Ze probeerde zich de droom te herinneren en vooral erachter te komen wie de vrouw was die haar had geroepen.

Was het haar moeder?

Ze sloot haar ogen, maar zag niets.

De duisternis van buiten drong bij haar binnen en voerde alles weg.

Ze dacht dat ze echt had gegild, niet alleen in haar droom. Maar Eva lag rustig te slapen in de kamer ernaast.

Ze ging naar de keuken om een glas water te drinken. Maar toen ze het wilde doorslikken merkte ze dat haar maag dichtzat, geblokkeerd. Ze had nog nooit zoiets gevoeld. Haar borst en rug deden pijn. Ze moest gaan zitten.

'Ik ga dood!'

Ze stond snel op en wilde naar de kamer van haar vriendin lopen.

Het glas gleed uit haar hand en viel met een explosieve knal in duizend stukjes uiteen. Ze schrok ervan, maar het deed haar ook goed: het schudde haar wakker, uit het verdriet en uit de nachtmerrie die doorging in de realiteit en niet meer te stoppen leek.

Ze deed het licht aan en ruimde alles voorzichtig op.

'Ik ga het redden,' zei ze tegen zichzelf. 'Ik ga het redden.'

De volgende ochtend viel het Eva op dat Hedy bleek zag.

'Weet je zeker dat het gaat?'

'Nee, ik weet het niet zeker. Maar als ik me gewonnen geef zonder ook maar te proberen de eindstreep te halen, zal ik dat mezelf nooit vergeven.'

'Je zou even rust kunnen nemen.'

'Nee, laten we gaan.'

Ze gingen zelfs eerder de deur uit dan gewoonlijk. Het lukte

Eva maar nauwelijks om haar vriendin bij te houden, die tijdens het liften stug bleef doorlopen langs de kant van de weg alsof ze de afstand nog sneller wilde afleggen.

# 13

Een paar dagen later vond ze haar tweede belangrijke bewijsstuk.

Op 22 november 1944 had Ernst-Robert Grawitz, hoofdarts van het Derde Rijk voor de ss en bovendien hoofd van het Duitse Rode Kruis, die uiteindelijk zelfmoord zou plegen, een brief aan Heinrich Himmler geschreven. Hierin verwees Grawitz expliciet naar Himmlers bevel van 15 mei 1944 tot de experimenten met gas waar Hitler zelf om had gevraagd.

In de brief citeerde hij mensen die nu beklaagden waren in het proces. Het was maar een korte tekst, dus begon Hedy meteen te vertalen in plaats van een samenvatting te maken.

> Het hoofd van de technische dienst van de ss, Gruppenführer Schwab, heeft mij afgelopen september verzocht om twee artsen te leveren voor de experimenten met N-substantie die in die periode in opdracht van de Führer zouden worden uitgevoerd. Het voornaamste doel van deze experimenten was vaststellen of N-substantie al dan niet gebruikt kan worden voor een chemische oorlog.
>
> Hiervoor heb ik twee mensen beschikbaar gesteld: mijn beste patholoog, ss-Hauptsturmführer professor dokter Sachs, en ss-Hauptsturmführer professor Plötner, die als arts in het Ahnenerbe Instituut heeft gewerkt.
>
> Uit de resultaten van de experimenten van 25 september

1. Hedy Wachenheimer in augustus 1938, veertien jaar oud. In mei 1939 vluchtte ze in haar eentje naar Engeland, terwijl haar ouders in Duitsland achterbleven.

2. Augustus 1937. Oma Lina (vooraan in het midden) viert haar vijfenzeventigste verjaardag. Hedy is hier dertien jaar oud en staat rechts in de donkere jurk met witte strik. Haar ouders, Hugo Wachenheimer en Ella Wachenheimer-Eichel, hier zevenenveertig en drieënveertig jaar oud, staan geheel links.

3. Hedy's familie in concentratiekamp Gurs in Frankrijk. Alle Joden uit Baden en de Palts werden op 22 oktober 1940 naar dit kamp gedeporteerd. Mannen en vrouwen werden van elkaar gescheiden, maar mochten elkaar aanvankelijk één keer per maand een uur lang ontmoeten.

4. Hedy's oma in kamp Gurs. Hedy vond deze foto in de archieven van het Holocaust Museum in Washington en herkende haar oma Lina.

5. De voor- en achterzijde van de laatste briefkaart die Hedy van haar moeder kreeg, gedateerd 4 september 1942.

6. 'Lieve Hedi, ik ben op weg naar het oosten. Vanuit Montauban neem ik innig afscheid van je. Je liefhebbende moeder.' In haar biografie vertelt Hedy over dit laatste levensteken: 'Ik ontving een briefkaart met het poststempel van Montauban in Frankrijk, gedateerd op 4 september 1942, die door mijn moeder met trillende hand was geschreven. Waarschijnlijk wist mijn moeder al wat haar te wachten stond toen ze schreef dat ze op weg was naar het oosten. Aangezien Montauban in het noorden grensde aan concentratiekamp Rivesaltes, denk ik dat ze de briefkaart uit de trein heeft gegooid en dat een onbekende hem heeft gevonden en gepost. Die persoon ben ik eeuwig dankbaar.'

7-8. Neurenberg voor en na de oorlog. Deze stad was een van de bolwerken van het naziregime en werd daarom door de geallieerden zwaar gebombardeerd. In deze stad werden in 1935 de door Hitler gewenste rassenwetten uitgevaardigd. Ook werd hier de jaarlijkse Rijkspartijdag georganiseerd.

9. Berlijn, 10 november 1938. Een in de Kristallnacht verwoeste Joodse winkel. Honderden vandalen en brandstichters vernielden duizenden winkels en bijna alle synagogen in Duitsland, Oostenrijk en Tsjechoslowakije zonder dat de autoriteiten en de brandweer ingrepen.

10. De synagoge in Berlijn na de Kristallnacht.

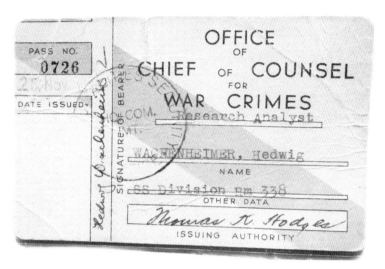

11. Hedy Wachenheimers identificatiepasje. Hiermee kreeg ze toegang tot het paleis van justitie in Neurenberg en het documentatiecentrum in Berlijn. Op het pasje is te lezen dat ze werkzaam is als archiefonderzoeker voor het Office of Chief of Counsel for War Crimes.

12. Een van de twee aanklagerstafels tijdens het artsenproces. Rechts vooraan met gekruiste benen zit Telford Taylor, het hoofd van de raad voor oorlogsmisdaden. Hedy zit achterin aan het hoofd van de tafel met haar handen op haar knieën en luistert via de hoofdtelefoon naar de simultaanvertaling.

13. Het paleis van justitie in Neurenberg, waar de processen tegen de nazifunctionarissen en nazimisdadigers plaatsvonden.

14. Bovenaanzicht van de cellen waarin de beklaagden van het proces voor oorlogsmisdaden en misdaden tegen de menselijkheid werden vastgehouden (Robert Kempner, US Holocaust Memorial Museum, Washington).

15. De drieëntwintig beklaagden in het artsenproces. Voor hen zitten de advocaten van de verdediging. Het proces begon op 9 december 1946 en duurde tot 20 augustus 1947.

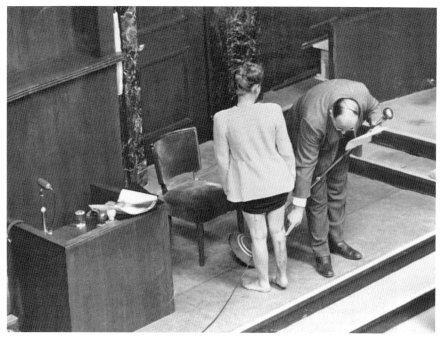

16. Neurenberg. Na haar getuigenverklaring toont Jadwiga Dzido de verwondingen die ze heeft overgehouden aan de operatie van 22 november 1942 in concentratiekamp Ravensbrück.

17. Amerikaanse soldaten ordenen stapels documenten die door de onderzoekers over de oorlogsmisdaden zijn verzameld en die tijdens het internationale militaire tribunaal in Neurenberg als bewijs zullen dienen. Op deze foto zien we het resultaat van maandenlang zoeken en ordenen in de archieven: de documenten werden door onderzoekers als Hedy Epstein vaak incompleet, door de war gegooid, verspreid over de grond of verdeeld over verschillende ordners aangetroffen.

18. Gerhard Rose, hoofd van de afdeling tropengeneeskunde bij het Robert Koch Instituut in Berlijn en officier bij de Luftwaffe. Hij werd gearresteerd toen hij op het punt stond naar Amerika te vertrekken om daar verder onderzoek te doen.

19. Herta Oberheuser, geboren in 1911, in 1937 afgestudeerd als arts en gespecialiseerd in dermatologie. In 1935 werd ze lid van de nationaalsocialistische partij. Vanaf 1940 werkte ze als medisch assistente in concentratiekamp Ravensbrück. Ze was de enige vrouwelijke beklaagde in het artsenproces.

20. Herta Oberheuser in de getuigenbank. Haar verdedigingstactiek bestond tijdens het proces uit het pertinent ontkennen van elke beschuldiging. Volgens haar kon ze niet worden gestraft omdat ze slechts bevelen van haar meerderen had opgevolgd. Ze was een van de meest onverstoorbare beklaagden tijdens het hele proces.

21. Telford Taylor, in 1932 afgestudeerd in de rechten aan Harvard University, werd tijdens de oorlog kolonel bij de Amerikaanse inlichtingendienst. In oktober 1946 werd hij hoofd van de raad voor oorlogsmisdaden en vervolgens hoofdaanklager in het artsenproces en de daaropvolgende processen in Neurenberg. In 1992 verscheen zijn boek *The Anatomy of the Nuremberg Trials: A Personal Memoir*.

22. Wolfram Sievers, oorspronkelijk bibliothecaris, was een ss-kolonel, hoofd van een stichting voor rassenerfelijkheidsonderzoek en directeur van het Instituut voor Militair Wetenschappelijk Onderzoek. Hij verzamelde bovendien schedels en skeletten. Na het artsenproces werd hij ter dood veroordeeld en op 2 juni 1948 opgehangen.

23. Karl Brandt, luitenant-generaal van de Waffen-ss. Hij was rijkscommissaris voor de gezondheidszorg van het Derde Rijk en was Hitlers persoonlijke lijfarts. In 1932 werd hij lid van de partij en van het genootschap van Duitse nationaalsocialistische medici. In opdracht van Hitler startte hij het euthanasieprogramma van Duitse gehandicapten. Tijdens de oorlog speelde hij een doorslaggevende rol bij het coördineren van medische experimenten op gevangenen in de concentratiekampen.

24. Frits Fischer, majoor bij de Waffen-ss. Hij was de medische assistent van Karl Gebhardt in het sanatorium Hohenlychen dat samenwerkte met kamp Ravensbrück.

25. Rudolf Brandt, vriend en persoonlijke assistent van Heinrich Himmler. In 1932 sloot hij zich aan bij de nazipartij en het jaar daarna bij de ss. Hij was verbindingsofficier bij het ministerie van Binnenlandse Zaken en selecteerde de gevangen voor de medische experimenten.

26. Karl Gebhardt, persoonlijke lijfarts van Himmler en professor orthopedische chirurgie aan de universiteit van Berlijn. Tijdens de oorlog was hij directeur van het sanatorium in Hohenlychen, waar hij chirurgische en experimentele operaties uitvoerde op voornamelijk vrouwelijke gevangenen. Hij probeerde met Himmler te ontsnappen maar werd op 22 mei 1945 samen met hem gearresteerd.

27. Viktor Brack, kolonel bij de ss. Hij fungeerde als verbindingsofficier tussen de *Privatkanzlei* van Hitler en de ss. Hitler gaf de privékanselarij opdracht om ingrepen uit te voeren ten behoeve van rassenzuivering, euthanasie van gehandicapten en massasterilisatie. Viktor Brack had de leiding over deze programma's, die in het opperste geheim werden uitgevoerd.

28. Karl Brandt getuigt tijdens het artsenproces.

29. Waldemar Hoven, kamparts van concentratiekamp Buchenwald. In 1943 werd hij door de nazi's zelf gearresteerd omdat hij enkele ss-officieren zou hebben gedood die moesten getuigen in de corruptiezaak tegen kampcommandant Karl Otto Koch en zijn vrouw. Hoven zelf werd achttien maanden lang in Buchenwald gevangen gehouden en vervolgens vrijgelaten. Tijdens het artsenproces werd hij schuldig bevonden aan het ter dood brengen van een groot aantal Russische oorlogsgevangenen door hen fenolinjecties toe te dienen.

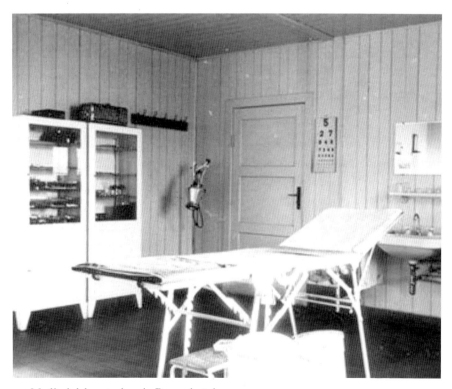

30. Medisch laboratorium in Ravensbrück.

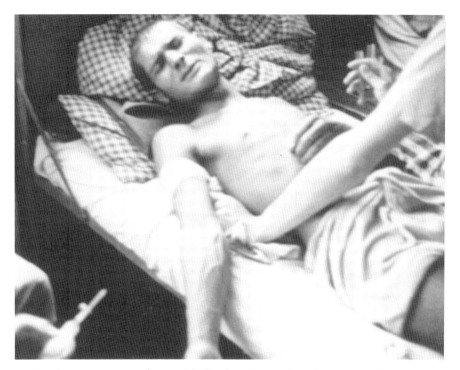

31. Een Roma-gevangene fungeert in Dachau als proefkonijn voor experimenten met zeewater. Het doel hiervan was een manier te vinden om zeewater drinkbaar te maken, wat nuttig kon zijn voor Duitse piloten om te overleven als ze in zee terechtkwamen.

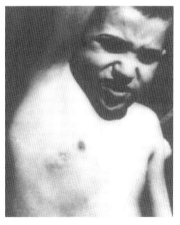

32. Een Joods kind toont het litteken dat hij heeft overgehouden aan het verwijderen van de lymfeklieren als gevolg van het onderzoek naar tuberculose in het kamp Neuengamme.

33. Profiel van een overlevende van de medische experimenten in Buchenwald.

34. April 2014. Hedy Epstein bezoekt het dorp Kippenheim, waar ze woonde als kind. Hedy is tot haar dood in 2016 veel blijven reizen. Ze heeft in Duitsland nog vaak gesproken met studenten en deelgenomen aan ontmoetingen die werden georganiseerd door culturele centra met als thema de Holocaust, de Neurenbergse processen (Hedy was een van de langstlevende medewerkers) en het zich inzetten voor de mensenrechten en burgerrechten in de hele wereld. Op deze foto zien we haar terwijl er een documentaire over haar en haar buitengewone leven werd gemaakt.

35. April 2014. Hedy Epstein met auteurs Luca Crippa en Maurizio Onnis voor haar ouderlijk huis in Kippenheim.

1944 blijkt dat er voor het definitief vaststellen van de fysiologische effecten van N-substantie op en door de menselijke huid heen meer experimenten moeten worden uitgevoerd. Hiervoor zijn vijf gevangenen nodig. Het is hoogst onwaarschijnlijk dat deze experimenten blijvende schade veroorzaken.

Overeenkomstig uw opdracht van 15 mei 1944 heb ik SS-Gruppenführer professor Gebhardt, SS-Gruppenführer Glücks en SS-Oberführer Panzinger om hun mening gevraagd.

Dit zijn hun antwoorden:

1. SS-Gruppenführer professor Gebhardt.

'Ik keur het plan uiteraard goed en stel voor de experimenten onder de directe supervisie van de rijksarts van de SS en de politie te laten plaatsvinden.'

2. SS-Gruppenführer Glücks.

'Ik heb uw brief van 7 november met het verzoek om vijf gevangenen te leveren voor de experimenten met N-substantie in goede orde ontvangen.

Voor dit doel heb ik vijf gevangenen uit het concentratiekamp Sachsenhausen geselecteerd. Deze gevangenen zijn ter dood veroordeeld en kunnen daarom voor bovengenoemde experimenten worden gebruikt.'

3. SS-Oberführer Panzinger.

'Vanuit de Kriminalpolizei gezien zijn de experimenten die u van plan bent uit te voeren zeer welkom. Er zijn derhalve geen bezwaren tegen het uitleveren van gevangenen voor de behandeling.

Mochten politieke gevangenen in overweging worden genomen, dient het hoofd van kantoor IV, SS-Gruppenführer Müller, nog te worden geconsulteerd, maar ook hij zal ongetwijfeld zijn goedkeuring geven.'

Op basis van bovenstaande meningen vraag ik eerbiedig

uw toestemming om met de nieuwe experimenten te beginnen.

Heil Hitler!

Toen ze klaar was, dacht Hedy na over de mentaliteit van deze mensen met al hun precisie en dat respect voor regeltjes, vakkennis en functies. Zonder het te willen had Grawitz – die niet was gearresteerd omdat hij zichzelf en zijn gezin in de bunker had opgeblazen – een nauwkeurige getuigenverklaring achtergelaten over de mate waarin de verschillende functionarissen betrokken waren bij een van de talloze nazimisdaden die beetje bij beetje aan het licht kwamen.

Hij zegt dat er meer experimenten nodig zijn, mijmerde Hedy, maar hij legt niet uit waarom. Hoe waren die eerdere experimenten verlopen? Waren de menselijke proefkonijnen dood of hadden ze blijvend letsel opgelopen en wist men nog niet precies hoe dat kwam?

Ook de data verbaasden haar. In november 1944 was de oorlog voor de nazi's definitief verloren. De Russen bevonden zich al op Duits grondgebied en de Amerikanen, Engelsen en Fransen ook. Wat had het nog voor nut om je zo te misdragen? Om door te gaan alsof niets op het punt stond te veranderen? Waarom deden ze niet wat ze konden om de sporen van al hun misdaden uit te wissen, nu daar nog tijd voor was?

Haar vrienden lazen het document en gaven haar ook dit keer veel complimenten.

Hedy voelde zich aangemoedigd en gesteund. De anderen vroegen haar steeds vaker om haar raad of mening; ze voelde steeds meer dat ze op de goede plek zat en bijdroeg aan het achterhalen van de waarheid.

'Denk je nog veel aan wraak?' vroeg Eva die avond.

Ze hadden besloten om eens wat ontspanning op te zoeken. Hun collega Hermann, op wie Eva een oogje had, had hen uitgenodigd voor een concert in een klein, half verwoest theater in een wijk in Oost-Berlijn.

Hedy haalde haar schouders op.

'Ik weet het niet. Ik kan niet ontkennen dat ik me beter voel nu ik eindelijk geen slachtoffer meer ben, maar dader.'

'Dus het doet je goed.'

'Ja... het doet me goed. Maar er gebeurt ook nog iets anders. Dit werk bezoedelt me, snap je? Het sijpelt als vergif bij me naar binnen. Eerst haatte ik de Duitsers omdat ze Hitler en zijn trawanten alles hebben laten doen wat ze maar wilden. Sterker nog, omdat zij zelf, en met enthousiasme ook nog, hebben gedaan wat Hitler van ze verlangde. Maar toen stond ik ver van hen af, hun wereld was mijlenver van de mijne, ik beoordeelde hen van buitenaf. Nu zit ik ermiddenin – op de goede manier, maar ik zit er wel middenin.'

Het concert viel tegen. Ze hadden een avondje jazz verwacht, maar Hermann hield van klassieke muziek en had een van de eerste zeldzame avonden ontdekt waarop de Duitsers weer in het openbaar klassiek zouden opvoeren.

In het midden van het kleine zaaltje, met haastig opgehangen lange gordijnen die een half ingestorte muur moesten verdoezelen, speelde een jonge pianist dansen van Chopin voor een aandachtig publiek van geallieerde officieren en een paar Russen.

Hedy vroeg waarom de pianist, een Duitser, niet een paar beroemde sonates van Beethoven speelde. Hermann keek haar verbijsterd aan.

'Beethoven? Hoe verzin je het? Het zal nog lang duren voordat we deze mensen toestaan om hun Beethoven te spelen. Al die heldhaftige onstuimigheid! Dan halen ze zich weer van alles in hun hoofd...'

Hij vertelde over het strenge Amerikaanse plan voor de denazificatie van Duitsland.

'Denazificatie?'

'Ja. De Amerikanen willen de gevaarlijkste misdadigers opsporen en straffen. Vervolgens willen ze de partijleden en partijgezinden uit alle openbare functies weren en de culturele afwijkingen corrigeren die zo'n vruchtbare bodem voor Hitlers denkbeelden zijn geweest. Het zal even duren, maar er zal een nieuw, vrij, democratisch Duitsland uit geboren worden.'

Het enthousiasme van haar kameraad sprak Hedy wel aan, maar overtuigd was ze nog niet.

'Denk je echt dat dat mogelijk is? Een heel volk corrigeren?'

'Hedy overdrijft,' mengde Eva zich in het gesprek. 'Voor haar zijn alle Duitsers net zo veel nazi als dat ze Duitser zijn.'

'Werkelijk?' Haar collega was verbaasd. 'Wat wil jij dan, ze allemaal straffen? Vind je niet dat ze al genoeg moeten lijden?'

'Ze hebben ons Joden nog veel meer laten lijden,' zei Hedy verontwaardigd. 'Denk aan al die volken die ze hebben veroverd. Ja, ik denk wel eens dat ze allemaal gestraft moeten worden.'

Hij dacht even na.

'Dan ben je het dus met de Russen eens.'

'De Russen? Hoezo?'

'Omdat er gezegd wordt dat de Russen het zich aan niets hebben laten ontbreken sinds ze Duitsland zijn binnengevallen: plunderingen, standrechtelijke executies, brandstichtingen en verkrachtingen. Ik hoop nog dat het niet waar blijkt te zijn of dat het in ieder geval overdreven is. Zeker omdat een fanatieke Amerikaanse officier rondbazuint dat de Russen onze volgende vijand zijn. Sommigen beweren zelfs dat het niet veilig is om in je eentje door de Russische sector in Berlijn te lopen, vooral niet voor vrouwen…'

'Gelukkig ben jij er!' fluisterde Eva, en klampte zich stevig vast aan de goedgebouwde jongeman.

'Gelukkig hebben we onze uniformen,' antwoordde hij praktisch. Daar maakte Hedy uit op dat hij de geruchten begon te geloven. Ze keek om zich heen. De Sovjetofficieren zaten aandachtig te luisteren, sommige hadden hun ogen dicht om zich beter te kunnen concentreren. Eentje was met zijn hoofd op zijn borst gezakt in slaap gevallen. Ze dacht dat ze hem hoorde snurken, ook al zat hij ver weg.

Stel dat ze wraak zouden nemen? vroeg ze zich opnieuw af. Ze stelde voor hoe woedende Russische soldaten onder aansporing van hun officieren Kippenheim binnenvielen, de burgemeester gevangennamen en hem samen met zijn gezin op het plein vermoordden. Vervolgens werden alle mensen bij elkaar gebracht en moest iedereen zijn bezittingen inleveren. Ze misbruikten de vrouwen, vooral de jongere, en zaaiden dood en verderf. Voor eeuwig.

Vond ze het fijn om over deze dingen te fantaseren? Misschien wel.

Ze schrok op uit haar gedachten. De lieflijke muziek was vol heimwee. De componist zocht vrede voor zijn gekwelde ziel.

De drie onderzoekers luisterden echter niet. Ze bleven zachtjes doorpraten, waarbij ze af en toe werden berispt door iemand die van het concert wilde genieten en zich wilde laten meevoeren door de noten van de grote Poolse musicus, die tot in perfectie werden gespeeld door een Duitse pianist.

# 14

Duisternis en stilte. De stroom was uitgevallen. Ineens zaten ze daar met zijn allen zonder licht en ventilatie.

'Helms!' schreeuwde iemand. En daarmee was de beschuldiging gemaakt.

De rokers maakten licht met hun aanstekers.

'Pas op jongens, als er een papiertje vlam vat sterven we hier allemaal als in een gaskamer.'

Net als veel anderen kreeg Hedy het benauwd.

In groepjes gingen ze om de vlammetjes heen staan, allemaal met minstens één vel papier in de hand.

'Het zal wel snel worden gerepareerd, toch? Ze zullen ons niet lang in deze situatie willen laten zitten…'

Twee jongens bonsden schreeuwend op de liftdeuren.

'Sergeant! Verdomme! We kunnen er niet uit!'

Een andere manier om te protesteren en te vragen of ze haast wilden maken bij het herstellen van de stroom was er niet.

De mensen met aanstekers brandden al snel hun vingers. Ze moesten de aanstekers om beurten vasthouden. Na een kwartier begon het koud te worden. Iedereen ging op een stapel papieren zitten en dwong zichzelf kalm te blijven.

'De stroom is in Berlijn al bijna een jaar niet uitgevallen!'

'Echt waar? Nou inderdaad, we zijn hier al meer dan een maand en het is nog niet eerder gebeurd.'

Ze vertelden elkaar in welk deel van de stad ze woonden. Toen bleek dat de stroom 's avonds inderdaad wel eens korte tijd uitviel, maar alleen in de sectoren die door de Sovjets werden bestuurd.

'Dat is de verklaring, Helms is onschuldig! De Russen hebben ons onverwacht de oorlog verklaard. Hier beneden zitten we veilig als ze straks bommen gaan gooien.'

Er werd nerveus gelachen. Daarna had niemand meer zin om grappen te maken.

'Denk je dat de Russen zoiets zouden doen?' verbrak een vrouwenstem de stilte. Het was Hedy, die hier serieus over nadacht.

'Het is niet echt een geheim dat we steeds meer met ze overhoop liggen,' antwoordde een collega die kennelijk goed geïnformeerd was. 'Het bevalt ze niet dat wij de helft van Duitsland en de helft van Berlijn bezetten. Ze willen het hele land besturen, ongehinderd schoon schip maken en het communisme met geweld invoeren. In Polen en Hongarije zijn ze daar al mee bezig. Er wordt niet veel over gesproken om ons niet meteen tegen de haren in te strijken, maar dit is niet makkelijk geheim te houden…'

'Inderdaad, kijk maar naar Oost-Berlijn. Daar zijn de leefomstandigheden al veel slechter dan bij ons of in de Engelse en Franse sector. De soldaten vallen de burgers lastig, 's nachts beroven ze voorbijgangers. En de officieren staan het toe. Zelfs ons wordt het afgeraden om alleen en zonder uniform de straat op te gaan. Een kennis van mij werd bij een controlepost gedwongen om zijn fototoestel af te geven en heeft het nooit meer teruggekregen.'

Hedy dacht na in het halfdonker. Russen, Amerikanen, Engelsen en Fransen. Nog steeds argwaan, nog steeds haat.

Toen klonk een ongeruste stem boven de anderen uit.

'Luister eens, ik moet jullie iets vertellen…'

'Wat dan?'

'Nou, terwijl wij elkaar hier verhaaltjes over de Sovjets zitten te vertellen, heb ik iets over kolonel Helms ontdekt dat ik maar niet kan vergeten. Dan denk ik weer aan de toegang bij de trap die hij heeft laten dichtmetselen. En dan vandaag die geschiedenis met de stroom die uitvalt, net op het moment dat we belangrijke documenten aan het ontdekken zijn…'

'Maar wat heeft Helms daarmee te maken?'

Iedereen keek naar de onderzoeker die had gesproken.

'Ik weet het al een week, maar heb niets gezegd om geen problemen te veroorzaken. Weet je, Helms is een Amerikaanse officier, maar hij is geboren in Duitsland. Twintig jaar geleden is hij naar de Verenigde Staten geëmigreerd. Daar is hij getrouwd en zijn militaire carrière begonnen. Tijdens de oorlog werkte hij als verbindingsofficier dus hij heeft zelf niet echt gevochten, en ze zeggen dat dat was omdat zijn familie hier nog woonde. En dat zijn broer een hoge Duitse legerofficier was.'

Dit bericht verraste iedereen totaal.

'Maar dan is hij ons echt slecht gezind! Hij wil ons onderzoek saboteren!'

'Hij wil niet dat de wandaden van de Duitsers aan het licht komen!'

'Hij heeft de pik op ons omdat we allemaal Joden zijn.'

Opnieuw was het stil. Iedereen dacht na over die laatste bewering.

Het was waar. Of het nu uit vrije verkiezing of uit noodzaak was, de groep onderzoekers in Dahlem bestond volledig uit Duitse of Oostenrijkse Joden die op verschillende manieren aan de naziverolging waren ontsnapt. Ze wisten het wel, maar hadden er nooit over gesproken. Ze hadden het als een onvermijdelijke omstandigheid beschouwd: alle Joden die er kans toe hadden gezien waren gevlucht of hadden hun kinderen naar Engeland en de Verenigde Staten laten ontsnappen. Daarom spraken ze beide talen goed. En nu zaten ze allemaal hier beneden, een groep jonge Joodse mensen die in een Duitse bunker gevangen werden gehouden door duisternis en kou.

Hedy sloot haar ogen en probeerde er niet aan te denken. Maar het idee dat ze voor altijd vervolgd zouden blijven worden, kon ze moeilijk van zich afzetten.

Ze bleven nog twee uur lang zo zitten. Hun adem begon zich in stoomwolkjes af te tekenen. Iemand nieste. Ze werden zo kwaad dat sommigen van hen luidkeels speculeerden over andere vijandige bemoeienissen van Helms.

'Ik denk dat er 's nachts iemand hier beneden komt kijken hoeveel vooruitgang we boeken. En als diegene de chaos kan vergroten, zal hij dat zeker niet laten.'

'Nou, ik sluit niet uit dat diegene zelf ook op zoek is naar bewijzen, maar dan om ze te laten verdwijnen.'

Dit was bij verschillende andere mensen ook al opgekomen. Een meisje zwoer dat een dossier, dat ze 's avonds toen ze naar huis ging had laten liggen zodat ze er de volgende ochtend verder aan kon werken, niet meer op dezelfde plek lag. Ze had het wel teruggevonden, maar de papieren lagen in een andere volgorde dan eerst.

'Weet je dat zeker? Echt heel zeker?'

Hedy ging niet over één nacht ijs.

'Ik vrees van wel. Op dat moment heb ik er niet zo op gelet. Ik dacht dat iemand van jullie wat eerder was begonnen dan ik en mijn documenten had verplaatst, en er toen misschien ook even vluchtig naar had gekeken. Alles welbeschouwd staat mijn naam er natuurlijk ook niet op.'

'Maar je weet het dus niet zeker.'

'Nee, ik weet het niet zeker.'

Maar andere mensen koesterden dezelfde verdenkingen en lieten zich niet zo gemakkelijk overhalen om het erbij te laten.

Hedy kreeg een idee.

'We moeten om de beurt de wacht houden. Twee mensen brengen hier beneden de nacht door.'

'Dat kan,' antwoordde Hermann. 'Maar voor zoiets moeten we eigenlijk Helms om toestemming vragen. En dat kunnen we onmogelijk doen zonder dat hij erachter komt dat we zwaarwegende verdenkingen tegen hem of zijn mannen koesteren.'

'Een goede manier om zijn reactie te peilen,' zei Hedy terwijl ze opstond. 'Ik ga er wel heen, als jullie me machtigen om uit naam van iedereen te spreken. Ik zal het diplomatiek aanpakken. Ik kan bijvoorbeeld zeggen dat we ons onderzoek willen bespoedigen, dat de proceszittingen weer gaan beginnen en dat we ook 's nachts willen werken, minder intensief maar zonder onderbrekingen. Wat vinden jullie ervan?'

Aandachtig nam iedereen haar op. In dat halfduister leek ze meer dan ooit een klein meisje, maar haar ogen glansden vastberaden. Ze gaven haar toestemming om met Helms te gaan praten.

Het elektrische licht en de verwarmde lucht traden pas aan het eind van de dag weer in werking.

Buiten vroegen ze de bewaking om uitleg.

'De centrale leverde geen stroom meer.' Sergeant Miller, die altijd dienst leek te hebben, zocht duidelijk gegeneerd naar een verklaring. 'Het is een zelfstandige aansluiting van het leger, dus niet afhankelijk van het stadsnetwerk. Ik heb al om opheldering gevraagd. Het zal niet meer gebeuren.'

Hedy richtte zich vastberaden tot de sergeant.

'Ik wil graag uit naam van iedereen hier de kolonel spreken.'

'Waarover?'

'Over bepaalde aanpassingen die we op ons werk willen invoeren.'

De sergeant aarzelde. Ze bleef hem aankijken. Ook de anderen wachtten het antwoord af. Hij hield het kort.

'Ik zal het doorgeven. Gaan jullie nu allemaal maar naar huis. Prettige avond.'

De volgende dag deelde Miller Hedy mee dat de kolonel niet beschikbaar was voor wat voor gesprek dan ook. Ze drong aan, maar de militair wist ook niet meer wat hij haar moest vertellen.

'Schrijf de kolonel een brief, dan zal ik hem bij hem bezorgen.'

Ze schreef een brief en gaf hem aan de sergeant. Ze wachtte een paar dagen af en kreeg geen antwoord. Dus schreef ze aan James McHaney en stuurde de enveloppe waar ze op had geschreven VERTROUWELIJK – URGENT met een Berlijns transport naar Neurenberg in plaats van met het transport van de Dahlemse bewakingsdienst.

# 15

'Zijn jullie klaar?'

Het geronk van de twee draaiende motoren overstemde alles. De piloot, een vrolijke jongen die Hedy meteen schaamteloos begon te versieren zodra hij haar in het vliegtuig zag stappen, moest schreeuwen om zich verstaanbaar te maken.

De vier passagiers, Eva, Hermann, Hedy en een militair die op missie was – hij was de enige die officieel in het vliegtuig hoorde te zitten – knikten allemaal weinig overtuigd.

Hedy was opgewonden en kon het nog niet echt geloven. Het ging dus echt gebeuren: het was vrijdagavond, het was al donker en ze vertrokken vanuit Berlijn in de richting van Parijs. Om twaalf uur 's middags op dezelfde dag, dus slechts een paar uur eerder, had Hermann ze overgehaald om met hem mee te gaan op dit onverwachte reisje.

'Weg met die lange gezichten. Vandaag is er weer stroom en we zijn aan het werk. Maar morgen is het zaterdag, we moeten iets leuks gaan doen… en ik heb een fantastisch idee.'

Eva's nieuwsgierigheid was meteen gewekt. Inmiddels vond ze bijna alles wat Hermann deed geweldig.

'Wat dan? Weer een pianoconcert in Berlijn?'

'Nee. Vanavond gaan we naar Parijs, morgen slenteren we wat door de stad en 's avonds gaan we naar de opera. Ze voeren *De Italiaanse in Algiers* van Rossini op. Die muziek verjaagt alle treurigheid, zei Stendhal altijd als hij ernaar ging luisteren in het operatheater in Milaan.'

'Hee, wacht eens even...'

Eva's ogen straalden al, maar Hedy was voorzichtiger.

'Hoe bedoel je, "vanavond gaan we naar Parijs"? Met het vliegtuig?'

Herman moest lachen om haar ongeruste toon.

'Inderdaad. Ik heb alles geregeld. We moeten om acht uur op vliegveld Tempelhof zijn. Een vriend van mij is piloot. Hij moet met zijn tweemotorig vliegtuig een koerier van het leger naar Parijs brengen en heeft plaats voor drie extra passagiers. Zondagochtend vliegt hij weer terug naar Berlijn. Niemand merkt het, we reizen gratis, we logeren op dezelfde basis als hij, dus laten we daar onze pasjes zien en zeggen dat we voor het tribunaal op missie zijn. Het wordt een fantastisch weekend!'

Het leek eenvoudig. Niet volgens de regels, maar wel eenvoudig.

'Nou, gaan jullie dan maar.'

Hedy wilde niet bij Eva en Hermann het vijfde wiel aan de wagen zijn.

'Wat krijgen we nou!' protesteerden de anderen. 'We gaan niet zonder jou hoor!'

Dus zaten ze nu hier en ontdekten hoe tochtig het in een militair vliegtuig is vlak voordat het op een heldere decemberavond opstijgt van de donkere startbaan, op weg naar *la ville lumière...*

Het opstijgen ging goed. De piloot bleef vrolijk doorpraten. Het idee van het clandestiene tripje sprak hem kennelijk wel aan.

'Ik ben eigenlijk altijd beschikbaar!' schreeuwde hij om Hedy's aandacht te trekken, die achter hem zat en zich aan haar ongemakkelijke stoeltje vastklampte. 'Ik moet vaak in mijn eentje vliegen om documenten of kisten met materieel te vervoeren. Soms vind ik iemand die het leuk vindt om een reisje te maken naar Amsterdam, Londen, Wenen, Parijs... maar de meesten zijn bang dat het uitkomt, niet iedereen is zo dapper als jullie!'

Eva tikte Hedy op de schouder en knipoogde in de richting van de piloot. Ze suggereerde dat Hedy moest antwoorden en vriendschap moest sluiten, aangezien hij kennelijk zo in haar was geïnteresseerd.

Hedy glimlachte naar haar vriendin. De piloot was inderdaad best leuk. Hij had ze meteen laten weten dat ook hij tot zondagochtend niets beters had te doen dan door Parijs te struinen en, waarom ook niet, te gaan luisteren naar de opera van die mysterieuze Italiaanse meneer van wie hij nog nooit had gehoord.

Hedy vond dat ze eigenlijk wel wat mocht ontspannen. Een paar uur niet denken aan het zware onderzoekswerk en het antwoord op haar protestbrief aan Helms, dat steeds maar niet kwam.

Ondertussen gaf de piloot het niet op.

'Wilt u misschien naast me komen zitten, juffrouw? Vanaf hier kunt u het beter zien en het uitzicht op de lichtjes van Berlijn is er de laatste maanden flink op vooruitgegaan…'

Hedy maakte haar veiligheidsgordel los en wilde opstaan.

'… misschien kan ik u de beginselen van het vak leren, dan kunt u het vliegtuig de volgende keer besturen. Ik ken een Australisch meisje, ze is niet zo leuk als u maar wel al erg goed. In haar land is met het vliegtuig van de ene stad naar de andere gaan net zo gewoon als bij ons in Philadelphia een taxi pakken…'

Plotseling stokte de woordenstroom van de jongeman.

Hedy was net naast hem gaan zitten en draaide zich naar hem toe om naar hem te glimlachen. Meteen zag ze dat er iets niet in orde was. De piloot keek gespannen langs haar heen naar de rechtervleugel buiten in het donker.

'Verdomme,' fluisterde hij.

Hedy schrok. Ze had nog geen woord gezegd, wat kon ze verkeerd hebben gedaan? Maar de piloot keek niet naar haar, hij tuurde naar het bedieningspaneel voor zich en bleef maar schelden.

'Godverdomme! Klotevliegtuig!'

Hermann kwam als eerste bij van de verbazing.

'Wat is er aan de hand?'

Het leek eindeloos te duren voordat de piloot antwoord gaf. Hedy keek naar hem. Hij was een beslissing aan het nemen. Ondertussen merkte iedereen dat ze hoogte verloren.

'De rechtermotor is uitgevallen,' kondigde de piloot aan.

'Gewoon uitgevallen, verdomme! Zoiets is me nog nooit overkomen behalve als ik vanaf de grond door een Duitser met de luchtafweer werd beschoten…'

Hedy probeerde haar angst de baas te worden.

'Gaan we terug?'

Stilte.

'Zeg eens wat! Gaan we terug? We kunnen het wel halen met maar één motor, toch?'

De piloot staarde nu panisch naar de hendels.

'De tweede motor werkt ook nog maar op halve kracht,' zei hij angstig. 'Ik kan proberen om een noodlanding te maken, maar we zijn te zwaar…'

'Dus?'

De jongeman durfde Hedy niet recht aan te kijken. Hij keek om naar Hermann en de soldaat die op missie was.

'Jullie moeten met de parachutes naar beneden springen! Nu! Help de dames bij de sprong en ga er dan zelf achteraan!'

Iedereen raakte in paniek. Hermann en de militair vonden de parachutes achter in de cabine en begonnen er onhandig mee te prutsen. De piloot zag dat hij ze tot actie moest dwingen.

'Kom op, het is heel simpel. Je springt uit het vliegtuig, je telt tot tien en je trekt aan het koordje rechts van je. Zo land je ongedeerd op de grond!'

'Maar we…'

'Christus, opschieten zeg ik!'

Eva deed als eerste de parachute om.

Hedy zat nog steeds duizelig op haar stoel naar adem te happen. Ze besefte dat ze elk moment een paniekaanval kon krijgen. Ik red het niet, zei ze bij zichzelf.

Ik red het niet…

De piloot pakte haar arm in een stalen greep.

'U moet nu in actie komen, juffrouw. Over een paar minuten storten we misschien wel neer!'

Overdreef hij nu om haar over te halen om te springen?

'Kan ik niet… bij jou blijven?' stamelde ze.

Ondertussen was Eva achter haar komen staan en bond haar de parachute om. 'Kom Hedy, heb vertrouwen, laten we gaan!'

De piloot had haar nog steeds bij haar arm vast en tilde haar bijna op van haar stoel.

'Springen, nu meteen!'

Nu ze eenmaal rechtop stond met de parachute stevig omgegespt had Hedy het trillen van haar handen en de rest van haar lichaam niet meer onder controle. Ze keek om zich heen op zoek naar hulp, maar iedereen dacht aan zichzelf en bereidde zich voor op de sprong.

Hermann en de soldaat maakten samen de deur open. Een verschrikkelijke wind woei de cabine binnen.

'Springen!' schreeuwde de piloot. 'Kom op! Niet nadenken!'

Eva probeerde Hedy's hand te pakken.

'Kom…'

Ze deden een paar stappen in de richting van het donker, naar de vage lichtjes beneden. Maar Hedy bleef ineens staan. 'Ga jij maar… ik kom achter je aan.'

Ze probeerde te kalmeren maar dat was onmogelijk.

Eva liep naar de uitgang.

En sprong.

Hermann greep Hedy, die als uit steen gehouwen stond, en dwong haar om voor de leegte te gaan staan. Ze viel bijna flauw maar hield zich instinctief aan het vliegtuig vast om met al haar kracht weerstand te bieden tegen die waanzin.

Hij zei niets meer en duwde haar met geweld naar buiten.

Ineens was het heel erg stil en schrikbarend koud.

Ik val, dacht ze. De grond leek heel ver weg. Ze was verlamd van angst en moest zichzelf dwingen om te ademen. Ik moet tellen! herinnerde ze zich. 'Maar van welke hoogte ben ik gesprongen?

Onder haar zag ze Eva's parachute opengaan. Ze trok instinctief aan het koordje. Na een ruk zat het hele tuigje ineens veel strakker rond haar lichaam, wat pijn deed aan haar rug.

Toen viel ze flauw.

# 16

Ze lag languit op de ijskoude aarde. Iemand gaf haar zachte tikjes in haar gezicht. Er stonden nog meer mensen om haar heen. Ze schreeuwden opgewonden, lachten, trokken de aandacht van andere mensen die in het donker aan kwamen rennen.

Ze bewoog haar hoofd heen en weer. Ze wilde laten weten dat ze bij kennis was, dat ze haar niet meer hoefden te slaan of tegen haar te schreeuwen. Bovendien verstond ze er geen woord van.

Ik leef nog maar ik ben gewond aan mijn hoofd, ik ben nog bewusteloos… dacht ze, aangezien ze niet begreep wat er gebeurde.

De persoon hield op met haar te slaan, gaf haar een stevige knuffel en begon wat rustiger en liever tegen haar te praten. Kennelijk droeg hij zijn vrienden op om niet meer te praten en haar bij te laten komen, want het werd stil om haar heen.

Het waren Russen, realiseerde Hedy zich eindelijk.

'Hé!' riep ze en verbrak hiermee de plotselinge stilte die bijna nog verstikkender was dan de opwinding van vlak ervoor. Iedereen om haar heen lachte hartelijk.

Ze waren minstens met zijn twaalven. Ze hielpen haar om overeind te gaan zitten. Ze draaide haar hoofd, maar het deed niet bijzonder veel pijn.

Nu herinnerde ze zich hoe de aarde, de huizen en de bomen in haar verwarde toestand op haar af waren gekomen. Toen het weiland, zwart, onmogelijk in te schatten hoe ver weg het was. Ze had tegen de duizelingen gevochten, geprobeerd om weer contact met de werkelijkheid te krijgen. Dankzij een instinct waarvan ze niet eens wist dat ze het bezat, had ze vlak voordat ze op de grond landde haar benen licht gebogen, daarna was ze gaan rollen en bijna opnieuw flauwgevallen. Nu zat ze hier, omgeven door een vrolijke groep praatgrage Russen.

Toen ze zuchtte, merkte ze dat haar borst en rug pijn deden als ze haar longen volledig met lucht probeerde te vullen. Misschien was ze gewond, maar heel ernstig leek het niet.

Ik heb het gered! besloot ze ten slotte.

De mensen beschenen haar met een zaklantaarn. Ze zag hun glimlachende gezichten; ze leken haar gedachten te lezen en feliciteerden haar. Al die vrolijkheid werkte op de een of andere manier aanstekelijk. Ze begon te beseffen dat ze ernstig gevaar had gelopen en het had overleefd.

'Eva,' zei ze zodra ze haar stem had teruggevonden. 'Eva!' herhaalde ze tegen de mannen.

De Rus die haar had geholpen bij bewustzijn te komen maande zijn kameraden opnieuw tot stilte. Ook hij begon 'Eva!' te roepen, alsof het een begroeting was.

Eén van hen begreep het.

'Eva! *Da! Da!*' Ze hielpen haar overeind, bevrijdden haar uit de parachute en keken of ze kon lopen. Ze brachten haar naar de rand van het weiland waarin ze was geland. Daar, zo'n honderd meter verderop, verlichtten andere soldaten met hun zaklampen takken en bladeren terwijl ze hun makkers die in de boom klommen aanspoorden.

Ze gingen onder de boom staan. Aan een grote tak boven hun hoofd hing Eva, geschrokken maar ongedeerd.

'Eva!' schreeuwden de soldaten die Hedy hadden geholpen en met haar mee waren gelopen. Iedereen barstte weer in lachen uit.

Zowel Eva als Hermann, die ook een paar meter boven de

grond was gestrand, had hulp nodig. De soldaat die met hen samen reisde was zonder problemen een stuk verderop geland.

Terwijl ze elkaar omhelsden, arriveerde er een militaire vrachtwagen. Samen met een paar van hun redders stapten ze in. Ze werden in dekens gewikkeld tegen de snijdende kou en reden weg over de modderige straat.

Iedereen sloeg Hermann en de Amerikaanse soldaat op de schouders, maakte grappen, wees op de twee meisjes en feliciteerde ze weer.

Al snel bereikten ze een militaire basis, volledig omgeven door prikkeldraad en andere versperringen. Ze werden naar binnen gebracht en in een grote, verlichte zaal onthaald. Daar werden ze opgewacht door het halve garnizoen en raakten meegesleept in de feeststemming van die soldaten.

Er kwam hete thee, nog meer dekens en koekjes. Toen flessen en glazen met een doorzichtige vloeistof. In de overtuiging dat er water in zat, pakte Hedy een glas en dronk het gretig leeg. Meteen kreeg ze een hoestbui alsof iemand haar probeerde te wurgen: de wodka liep haar mond en neus weer uit en brandde in haar keel.

Iedereen om haar heen werd weer onweerstaanbaar vrolijk.

Toen kwam er een officier, ook zeer in zijn schik met de situatie. Hij sprak een paar woorden in het Engels: 'Welkom! Vlucht mislukt maar iedereen veilig! Welkom!'

'We zijn bij de grote vijand thuis!' merkte Hermann op. Maar hij lachte erbij: een vriendelijker en feestelijker sfeer was niet denkbaar.

Ze hadden een geweldige avond. De Russen dronken in een flink tempo door. Ze zongen en dansten en gebaarden naar de gasten die uit de hemel waren komen vallen dat ze mee moesten doen. De twee meisjes kregen veel aandacht maar niemand viel ze lastig, zelfs de dronken mannen niet.

'Ze lijken niet zo wreed als je altijd hoort…' zei Eva toen ze eenmaal aan de omgeving en de omstandigheden gewend waren.

'Laten we zeggen dat ze ons niet kunnen beroven omdat we niets bij ons hebben. Maar morgenochtend gaan ze ons martelen om ons de geheimen van onze Berlijnse sector te ontfutselen...'

Zo bleven ze de hele avond lang grappen maken.

Toen ze eenmaal in schone comfortabele veldbedden lagen, bedacht Hedy dat er een ongeluk voor nodig was geweest om haar te dwingen kennis te maken met hun bondgenoten. Het was moeilijk om de afschuwelijke geruchten over wraakzucht te rijmen met deze mensen en hun aanstekelijke hoffelijkheid.

Het was nauwelijks te geloven dat de oorlog nog niet echt was afgelopen.

In de pikdonkere kamer draaide ze zich naar Eva toe.

'Nou, we wilden wat afleiding van ons werk, dat is wel gelukt.'

Eva antwoordde niet. Toen Hedy haar hoorde snurken, herinnerde ze zich dat haar vriendin iets rustiger was begonnen met drinken dan zij, maar er daarna niet meer mee was gestopt.

# 17

McHaneys antwoord op haar brief was oppervlakkig. Steeds opnieuw las Hedy de korte boodschap die na tien dagen wachten op haar verblijfadres in Dahlem werd bezorgd in plaats van bij het archief. Uit zijn moeite om geen ruchtbaarheid te geven aan haar correspondentie met een van de grootste verantwoordelijken van de procesaanklagers bleek duidelijk dat hij besefte hoe belangrijk haar twijfels en verdenkingen waren. Maar in het bericht stond niets over optreden tegen kolonel Helms. Er werd alleen bevestigd dat het documentatiecentrum onder surveillance stond van het Amerikaanse leger en dat al hun werk daarom onder bescherming van het ministerie van Defensie in Washington viel.

McHaney wilde hen gewoon aansporen om te roeien met de riemen die ze hadden, dacht Hedy. Hij sloot af met haar en haar collega's te bedanken voor de interessante ontdekkingen tot nu toe die belangrijke bewijsstukken hadden opgeleverd. Kortom, houd vol en blijf zoeken, ongeacht de omstandigheden.

Ze gaven het ook zeker niet op. Het was nu volop winter. Eva en zij gingen 's ochtends in dikke truien naar buiten. Ze hadden altijd een rugzak met een extra trui, kaarsen en aanstekers bij zich: de stroom was nog een paar keer uitgevallen en als dat gebeurde werkten ze in de kou bij kaarslicht gewoon door, stevig ingepakt als Eskimo's.

'En?'

Eva was nieuwsgierig naar wat McHaney had teruggeschreven.
'Hier, lees maar. We zullen het zelf moeten regelen…'
Haar vriendin las het bericht en zuchtte.
'Laten we maar hopen dat we niet ziek worden.'
'Ik denk dat we moeten hopen dat we zo veel mogelijk bewijsstukken vinden. Die schoften proberen op een of andere manier met zo min mogelijk schade hun huid te redden en één van ons is een handlanger van ze.'
'Denk je dat echt?'
'Ja. We kunnen het niet bewijzen, maar ik denk dat het waar is. Ook McHaney moet inmiddels wel inzien dat we hier niet zo rustig kunnen werken als eigenlijk zou moeten. Dat heb ik tenminste bereikt.'
Ze gingen naar buiten en bereidden zich voor op een nieuwe werkdag.
Een paar uur later vond Hedy het derde belangrijke document sinds ze begonnen was met het onderzoek. Voor het eerst vond ze een spoor van dokter Oberheuser, in een document dat betrekking had op de experimenten met sulfonamiden die werden uitgevoerd in het concentratiekamp Ravensbrück en in de kliniek in Hohenlychen.

> Aan dokter Ernst-Robert Grawitz, hoofd medische dienst van de ss
>
> ss-Sturmbannführer dokter Fritz Fischer, medisch assistent van professor Gebhardt in de kliniek van Hohenlychen
> Dokter Gebhardt heeft mij op de hoogte gebracht van de uitkomst van zijn recente besprekingen met u aangaande de experimenten die wij uitvoeren met het gebruik van sulfonamiden bij diepe en ernstige wonden. In het bijzonder heeft hij me de opdracht medegedeeld om door te gaan met de experimenten waarbij we moeten trachten in de wonden infecties te

creëren die overeenkomsten vertonen met infecties zoals die zich kunnen voordoen aan een oorlogsfront.

Met dit oogmerk heb ik toestemming gevraagd om met een nieuwe serie experimenten te beginnen, waarbij gebruik zal worden gemaakt van ter dood veroordeelde Poolse vrouwelijke gevangenen in Ravensbrück.

Daarnaast heb ik contact gelegd met het Hygiene-Institut van de ss om te bepalen wat de beste procedure is voor het simuleren van infecties als gevolg van oorlogswonden. Op grond van deze correspondentie en van een vergadering in Hohenlychen over dit onderwerp onder voorzitterschap van dokter Gebhardt, is besloten om minuscule houtsplinters met bacterieculturen in de wond in te brengen, om de vuile korst die gewoonlijk op een oorlogswond ontstaat na te bootsen.

Op dit moment lopen er drie series experimenten. Bij elk van de drie zijn tien proefpersonen betrokken: groep één krijgt bacterieculturen en houtsplinters, groep twee bacterieculturen en glassplinters en groep krijgt drie bacterieculturen en in een later stadium pas vuile hout- en glassplinters.

Tijdens het lezen van het document dacht Hedy aan dokter Oberheuser. Zij was daar ook geweest, om bij de experimenten te assisteren en om voor en na de operaties de gezondheidstoestand van de vrouwen die die martelingen moesten ondergaan te controleren. Ze zag haar voor zich als een kille vrouw die bevelen van bovenaf uitvoerde, maar die ook voortdurend contact had met de patiënten.

Voor jou waren het geen nummers, zei ze bij zichzelf. Voor jou waren het gezichten, vertrokken van pijn en ontreddering, gezichten vol angst voor het ergste dat nog zou kunnen gebeuren. Jij praatte met ze, je vertelde ze leugens om ze rustig te houden. Of je dreigde hen te schrappen van de lijst vrouwen die mochten genezen en ze in plaats daarvan te noteren op een lijst zieke vrouwen van wie enkel de lange lijdensweg werd vastgelegd…

'Iets gevonden?'

Hermann haalde haar uit haar fantasieën.

'Hier, lees maar.'

Haar vriend las het aandachtig.

'Goed gedaan! McHaney zal dolblij zijn.'

Maar Hedy kon nog niet juichen.

'Dit is niet genoeg. Ik wil ook nog het antwoord van Grawitz op deze brief vinden. Hij moet zijn goedkeuring geven omdat ze volgens zijn beleidslijn handelen, hij moet interesse tonen voor de resultaten, misschien wel het bevel geven voor andere experimenten…'

'En denk je dat het volgende deel van de correspondentie in dezelfde ordner zit als waarin je dit hebt gevonden?'

Hedy glimlachte sluw.

'Niet in dezelfde ordner nee, zoals gewoonlijk. Ik weet zeker dat degene die de documenten door de war heeft gegooid dat systematisch heeft gedaan, maar door de omstandigheden werd beperkt. We weten inmiddels dat hij niet alle gevoelige documenten kon laten verdwijnen. Hij heeft een paar documenten uit het archief verwijderd, maar dat is slechts een gedeelte, want om ze allemaal weg te halen zou hij veel meer tijd nodig hebben gehad en bovendien zou hij dat onmogelijk onopgemerkt hebben kunnen doen. Dus heeft hij de documenten opgesplitst of papieren die bij elkaar hoorden van elkaar gescheiden. Hierbij heeft hij zijn best gedaan om ze in ordners te stoppen die over iets totaal anders gaan. En hij had haast. Dus ga ik eerst binnen een paar meter van de plek waar ik dit heb gevonden kijken in ordners die niets te maken hebben met de gezondheidszorg.'

'Maar… doe je het zo omdat je denkt dat het stelen van die documenten en het creëren van die chaos… dat dat hier heeft plaatsgevonden?'

Hermann was er stil van.

'Ja. De documenten zijn verzameld door squadrons soldaten die ze alleen maar zo snel mogelijk in vrachtwagens wilden gooien om ze naar Berlijn te sturen. Ze hoefden nergens op te letten, behalve dat de ordners werden ingeladen zoals ze waren aangetroffen. Ik denk niet dat een infiltrant die het onderzoek wilde dwarsbomen in dat stadium ook maar iets voor elkaar had kunnen krijgen: ook dat zou heel erg op zijn gevallen. Nee, het vuile werk is hier gedaan, in de paar dagen voordat wij kwamen. Diegene heeft enorm zijn best gedaan om niet te veel in het oog te lopen.'

'En daarom moeten wij nu boeten,' besloot Hermann. 'Ze doen het omdat ze hebben gezien dat wij ondanks al hun moeite alsnog binnen afzienbare tijd belangrijk materiaal vinden.'

'Juist. Afgelopen week hebben we vier hele dagen in het donker zitten werken, toch?'

'Ja.'

'Goed. Je zult zien dat het volgende week nog erger wordt.'

'Wil je Helms nog steeds de oorlog verklaren?'

'Oorlog weet ik niet. Maar als ik Grawitz' antwoord op deze brief vind, stuur ik de bewijsstukken niet naar Neurenberg. Dan ga ik ze persoonlijk brengen.'

Hedy werkte door, zo hard als ze kon. Die avond had ze nog niets gevonden, maar voordat ze naar huis ging haalde ze uit haar jaszak een lang, gekleurd lint waarmee ze een hele plank van de kast waar ze mee bezig was geweest afzette. Als iemand vroeg waarom ze dat deed, gaf ze met luide stem antwoord, zodat iedereen het kon horen. Ze wilde er zeker van zijn dat alle papieren van dat deel van het archief de volgende dag precies in dezelfde volgorde lagen als toen ze eraan was begonnen.

De volgende ochtend tegen twaalf uur vond ze in de kou en bij kaarslicht – de stroom was weer uitgevallen – het officiële rapport van een bezoek van Grawitz aan Ravensbrück, dat twee weken na de datum van de brief van Fischer had plaatsgevonden.

Na kennis te hebben genomen van het rapport van dokter Fischer met daarin de resultaten van de recente experimenten heeft dokter Grawitz vastgesteld dat de omstandigheden waarin de experimenten zijn uitgevoerd nog niet genoeg lijken op de omstandigheden die zich gewoonlijk voordoen aan het front. Hij heeft geïnformeerd naar het aantal slachtoffers van de experimenten en was teleurgesteld toen hij van dokter Fischer vernam dat tot dat moment niemand was overleden, waaruit hij opmaakte dat de experimenten niet volgens zijn instructies waren uitgevoerd. Aangezien het testen van het effect van sulfonamiden op projectielwonden het voornaamste doel van de experimenten was, verklaarde Grawitz dat het naar zijn mening nodig is om patiënten daadwerkelijk projectielwonden of verwondingen met dezelfde eigenschappen toe te brengen: gescheurd weefsel en het onderbreken van de bloedsomloop in het betreffende lichaamsgebied. Hij heeft opdracht gegeven om de experimenten in die richting voort te zetten.

Die avond verliet Hedy voor het eerst de bunker met de twee meest recent gevonden documenten in haar tas. Niemand fouilleerde haar, ondanks Helms' waarschuwingen. Ze kon dus gewoon met een papier in haar tas weglopen. Kennelijk kan het niemand iets schelen dat iemand van ons misschien een verrader is en dat hij de documenten niet zoekt om mee te werken aan het proces, maar om ze te stelen, dacht ze.

Dat was wat ze wilde aantonen.

Twee dagen later, een week voor Kerstmis, vertrok ze zonder dat iemand het wist op eigen houtje met de twee bewijsstukken naar Neurenberg.

# 18

Neurenberg was er in die maanden niet echt op vooruitgegaan. Net als de vorige winter bedekte de ijzige sneeuw rijkelijk de zwartgeblakerde puinhopen en de plaatsen waar alweer werd gebouwd.

Mensen stonden nog steeds in de rij voor hun eerste levensbehoeften: brood, brandhout dat uit de verwoeste huizen werd gehaald, dekens en warme kleren die werden aangeboden door het militaire bestuur van de geallieerden. Toch zag Hedy nieuw leven in de straten van de stad. De voorbijgangers waren niet meer voornamelijk mensen die doelloos en verlamd door angst en ellende rondliepen. De mensen die stevig doorstapten waren nu in de meerderheid.

De strijd om te overleven was duidelijk nog in volle gang, maar de strijd om een beter leven was nu ook begonnen. Die werd gestreden door kleine of grote kansen aan te pakken: een incidenteel baantje, een voorraadje voedsel tegen voordelige prijzen, familie of vrienden die een handje hielpen.

'Wij helpen ze ook steeds meer,' zei McHaney toen Hedy vertelde wat haar was opgevallen. 'Het zal ons veel geld kosten, maar we kunnen en moeten absoluut ons steentje bijdragen aan de wederopbouw van dit land.'

Ze keken uit het raam van McHaneys kantoor naar het plein. Ook dit uitzicht was hetzelfde als een paar maanden geleden, maar er waren nu beslist meer militaire vrachtwagens dan tanks of militaire jeeps.

'Laten we eerlijk zijn. Nu onze verhouding met de Russen verstart, wordt het steeds duidelijker dat we Duitsland spoedig nodig zullen hebben als vriend in plaats van een land dat we in de gaten moeten houden omdat het vol zit met mensen die van afschuwelijke misdaden worden verdacht. In het hoofdproces stonden de Russen aan onze kant, maar het komt niet in ze op om in het door hun bezette deel van Duitsland net zulke processen te voeren als dat wij doen.'

Afwachtend keek hij zijn gast aan en rondde zijn redenering af.

'Er moet in ieder geval nog veel werk worden verricht om de ergste excessen van het nazisme aan het licht te brengen, maar voor gerechtigheid is steeds minder tijd en over wraak willen we het echt niet meer hebben.'

Hedy luisterde aandachtig. Graag zou ze vanuit haar gevoel op die overwegingen reageren, maar haar meerdere op stang jagen had niet veel zin als ze haar doel wilde bereiken. Dus zweeg ze en wachtte tot zij mocht zeggen hoe ze erover dacht.

McHaney raadde haar gedachten.

'U bent het niet eens met wat ik zeg, of heb ik het mis? U en uw collega's doen in Dahlem nuttig werk. Het is duidelijk te zien dat jullie er waarde aan hechten om alles in goede banen te laten verlopen. En we maken inderdaad vorderingen met goede vooruitzichten. Ik zeg alleen maar dat we rekening moeten houden met de omstandigheden waarin we ons bewegen.'

Hij ging zitten.

'Goed, vertelt u mij eens waarom u mij komt bezoeken.'

Dit was het moment. Ze haalde de enveloppe met de twee archiefdocumenten uit haar militaire rugzak en gaf hem aan McHaney.

'Ik ben gekomen om u deze documenten persoonlijk te overhandigen.'

McHaney pakte de enveloppe aan, maakte hem open, keek even naar de papieren die waren geadresseerd aan het bestuur van het Derde Rijk en van de ss en las de vertaling die Hedy van de teksten had gemaakt.

'Dit zijn belangrijke documenten,' constateerde hij. 'Maar waarom komt u me die persoonlijk brengen? De correspondentie tussen ons en Berlijn functioneert prima.'

Hedy liet zich niet van haar stuk brengen.

'Ik heb ze zelf gebracht en niemand van mijn voornemen op de hoogte gesteld zodat u zult beseffen dat iedereen – iemand van ons, van de onderzoekers of van het bewakingspersoneel – op elk willekeurig moment documenten uit het archief kan ontvreemden en ermee kan doen wat hij wil: ze vernietigen, ze verkopen aan mensen die belang hebben bij de verdediging van de beklaagden zoals vrienden of familie, of ze in de toekomst, na de processen, als chanteermiddel gebruiken…'

Met een zucht leunde de coördinator van de aanklager achterover in zijn stoel en sloeg zijn armen over elkaar.

'Dus u wilt me duidelijk maken dat bewijsstukken verdonkeremaand kunnen worden?'

'Ja meneer.'

'Maar dat wil niet zeggen dat dat ook daadwerkelijk is gebeurd.'

'Natuurlijk niet, maar…'

'Maar?'

'Maar wij denken… ik bedoel, ik denk… dat er in Dahlem vreemde dingen gebeuren. Ten eerste dat waar ik u over heb geschreven in mijn brief. Ik denk dat belangrijke documenten aan de rechterlijke macht worden onttrokken, zodat we niet genoeg bewijzen zullen hebben om de mensen die terechtstaan te veroordelen. Maar ik denk ook dat er bewijzen kunnen verdwijnen tegen mensen die we nog niet hebben aangemerkt als verdachte en die er op dit moment van profiteren dat niemand op ze let.'

Dit zei Hedy allemaal in één adem; zo had ze het geoefend

tijdens de reis en toen ze zat te wachten tot ze bij haar meerdere werd aangekondigd. Ze was gekomen om alarm te slaan en zou niet opgeven tot haar taak was volbracht.

McHaney had haar laten uitpraten. Zijn antwoord klonk ernstig.

'Laten we beginnen bij uw brief, die gelukkig vertrouwelijk is behandeld. Er stonden zwaarwegende beschuldigingen in tegen een uitstekende legerofficier van de Verenigde Staten. Daarom heb ik u persoonlijk geantwoord, om aan u te bevestigen onder welke autoriteit we ons werk uitvoeren...'

'Dat begrijp ik, maar...'

'Nee juffrouw, u begrijpt het niet. Maar omdat ik zie hoe alert, toegewijd en bekwaam u bent, zal ik het duidelijker uitleggen.'

Hedy viel stil en de officier kon doorgaan zonder te worden onderbroken.

'We introduceren rechtvaardigheid in een land dat twaalf jaar lang is geregeerd en bestuurd door een troep misdadigers. Een land dat met dat gezag een dodelijk verdrag heeft gesloten: terreur, sociale controle, minderheden onderdrukken en militarisme in ruil voor stabiliteit, werk, welvaart en macht. Velen, de meerderheid in ieder geval, hebben van dit stilzwijgende verdrag geprofiteerd. Maar nu zijn wij er en wij hebben die vorige overeenkomst weten te vervangen door een nieuw verdrag: rechtspraak, democratie, het respecteren van de rechten van iedereen in ruil voor verzoening, vrede, economische groei, werk, orde en welzijn. Het tribunaal in Neurenberg maakt deel uit van deze ontwikkeling, een belangrijk en onmisbaar deel, maar toch slechts een deel. Als we een bepaald aantal mensen dat zich heeft vuilgemaakt aan de zwaarste misdaden exemplair kunnen straffen, zullen we een grote stap in de richting van de democratie hebben gezet. Maar ondertussen zijn er andere uitdagingen: we kunnen een heel volk niet al te lang laten leven onder de dreiging van wraak zonder onderscheid en zelfs niet onder die van genadeloze rechtvaardigheid. Begrijpt u?'

'Ik begrijp het, meneer. Maar misleidingen en oponthoud moeten vermeden worden.'

'Dat moet inderdaad, maar niet door conflicten te creëren met het Duitse volk of met de afdelingen van ons bestuur die er steeds meer van overtuigd raken dat we zo snel mogelijk met Duitsland moeten gaan samenwerken en die de pleiters voor een allesvernietigende wraak tot zwijgen willen brengen. Onze processen bevinden zich in het evenwicht tussen deze standpunten; als we zo veel mogelijk resultaat willen boeken moeten we standvastig, maar ook voorzichtig en gewiekst handelen.'

'Daarom… ben ik ook hier,' bevestigde het meisje verlegen.

'Dat waardeer ik. En ik hoop dat u onze inspanningen waardeert. Voor het onderzoek en de archiefanalyse hebben we bijna uitsluitend gevluchte Joden uitgekozen die net als u Duitsland en Oostenrijk zijn ontvlucht en pas na de oorlog weer zijn teruggekeerd. Was u dat opgevallen?'

'Ja.'

'Dat hebben we gedaan om verzekerd te zijn van jullie loyaliteit. Tegelijkertijd kunnen we niet te veel aandacht op deze bijzondere groep vestigen om niet de indruk te wekken dat het tribunaal wordt gemotiveerd door pure anti-Duitse wraakgevoelens van Joden. Vindt u ook niet?'

Hedy wist niet wat ze moest antwoorden.

'Een soortgelijke overweging geldt ook voor de keuze van kolonel Helms als bewaker van ons archief. Het gaat hier om een officier die zijn sporen heeft verdiend op het slagveld, maar die tegelijkertijd bekendstaat als een man die Duitsland, zijn geboorteland, een toekomst wil bieden. Lijkt u dat geen correcte keuze, vanuit een politiek standpunt gezien?'

'Niet als het lijkt of Helms, om krediet krijgen bij de Duitsers, ons… tegenwerkt. En misschien nog wel erger.'

McHaney leunde naar voren.

'Ik heb het over doelgerichte keuzes die tot nu toe grotendeels doeltreffend zijn. Jullie zijn daar nu een paar maanden en vinden precies de bewijzen die jullie moesten zoeken. U komt echter met antwoorden als "het lijkt wel of" en "misschien". Luister goed, we moeten roeien met de riemen die we hebben en ons niet wijsmaken dat alles werkt zoals wij willen.'

Hedy keek naar de grond. Haar hart en hoofd liepen over van emoties en tegenstrijdige gedachten. Politiek en rechtvaardigheid, vanuit dat standpunt had ze de zaak nooit bekeken.

Hij gaf haar geen tijd om haar gedachten te ordenen.

'Ik wil graag met een laatste overweging afsluiten. Om bij het artsenproces te blijven: we hebben drieëntwintig belangrijke beklaagden. Grawitz, die in feite hun opperleider was, heeft zich aan de rechtspraak onttrokken door in Hitlers bunker zelfmoord te plegen, maar alle anderen zijn goede vertegenwoordigers van het geweld, het machtsmisbruik en het gebrek aan respect voor het menselijk leven waaraan het naziregime zich schuldig heeft gemaakt. Ik weet dat we meer zouden kunnen doen en dat het allemaal beter kan en dat we meer mensen zouden kunnen aanklagen. Misschien wel veel meer. Maar dat is niet mogelijk, dit is geen eindeloze zoektocht naar nieuwe schuldigen of naar een exorbitant aantal bewijzen tegen de beklaagden die we al hebben. Het is voldoende om degenen die we in onze netten hebben gevangen op hun aansprakelijkheid te veroordelen. Zo kunnen we de boodschap overbrengen die we voor geen enkele politieke beschouwing opzij willen zetten. Zijn we het eens?'

Die reeks argumenten overtuigde Hedy nog niet helemaal, maar ze knikte toch maar.

'Ja meneer, ik begrijp het.'

McHaney glimlachte weer. Een brede, krachtige, geruststellende glimlach.

'Houd moed, juffrouw! U hoort bij de mensen die goed werk verrichten. Dankzij u hebben we een essentieel bewijs tegen Brack en zijn medeplichtigen, een brief van Grawitz waardoor de betrokkenheid van Gebhardt, Glücks en Panzinger onomstotelijk vaststaat, en dan die documenten over de experimenten met sulfonamiden die bewijzen dat Fischer schuldig is. Los van de moeilijkheden waar u tegenaan loopt, lijkt me dit geen magere vangst.'

'Dank u wel.'

'Vergeet niet dat Oberheuser, onze vrouwelijke arts, betrokken is bij de zaak van de experimenten met sulfonamiden en de experimenten met de regeneratie van botten, spieren en zenuwen. Hebt u nog niets over haar gevonden?'

'Nee meneer, helemaal niets.'

'Dat is niet zo mooi. Juist vanwege haar meer ondergeschikte positie lopen we het risico dat het haar lukt om met het gebruikelijke argument dat ze alleen maar bevelen opvolgde vrijuit te gaan. Gaat u daarmee aan de slag? Stuurt u me iets over dit onderwerp?'

Hedy voelde zich moe, alsof ze helemaal opnieuw moest beginnen.

'Ja meneer. Ik ga ermee aan de slag.'

'Goed. Voor vandaag zijn we klaar met deze zaken. Maar ik wil u twee dingen vragen. Ten eerste: ook al wil ik niet meegaan in uw verdenkingen vraag ik u toch om me op vertrouwelijke wijze op de hoogte te brengen van feiten die u opvallen over het onderzoek of de uitvoering van het proces. Waarmee we bij de tweede vraag komen. Blijf nog een week of wat hier, woon een paar zittingen bij, dan kunt u zich een beeld vormen van de vorderingen die we met de beklaagden maken en dan laat u me weten wat u ervan vindt, goed?'

'Dank u, ik…'

'U hoeft me niet te bedanken. Ik draai eromheen om niet openlijk te hoeven toegeven dat ik mensen als u nodig heb. Maar ik wil u ook in de gaten houden, om te voorkomen dat u in de problemen komt. Is dat duidelijk?'

'Duidelijk.'

McHaney ontspande zich.

'In ieder geval heeft uw instinct u juist nu hierheen gevoerd. Volgende week en in de eerste weken van januari kunt u in de rechtszaal zien hoe de aanklager Oberheusers verdediging de eerste stoot toebrengt. U mag aan mijn staftafel zitten. Weet u waarom?'

De aanklager was zichtbaar tevreden. Hedy begon nieuwsgierig te worden.'

'Ik heb geen idee…'

De man glimlachte weer breeduit.

'Omdat we twee getuigen hebben van de chirurgische ingrepen van die misdadigers in Ravensbrück. De eerste is een Poolse vrouw genaamd Jadwiga Dzido. Ze heeft een afschuwelijk litteken op haar been, dat ze in de zaal zal laten zien, waardoor ze niet meer goed kan lopen. Ze zal vertellen over wat haar allemaal is aangedaan en ze zal Oberheuser waarschijnlijk identificeren.'

Zijn voldaanheid werkte aanstekelijk.

'Dus Oberheuser kan het schudden,' concludeerde Hedy.

Hij werd weer ernstig.

'Dat hoop ik heel erg. We zullen zien welke indruk na deze getuigenis bij de jury blijft hangen. In januari zal dokter Zofia Mączka getuigen, zij is een radiologe die ook in Ravensbrück gevangen heeft gezeten. Het zijn belangrijke getuigen, maar misschien is het niet genoeg. Het is zelfs zeer waarschijnlijk dat de echte strijd tegen Oberheuser nu pas begint. Na die getuigenissen weet iedereen dat ze daar was en wat haar werkzaamheden waren, of in ieder geval een deel daarvan. Maar we hebben meer bewijzen en getuigenissen nodig over de mate van haar autonomie en of ze de mogelijkheid had om zich aan bevelen te onttrekken of ze in ieder geval zo menslievend mogelijk uit te voeren. Kom op 22 december en in januari maar naar de rechtszaal, dan bepalen we onze positie.'

Hedy beloofde aanwezig te zullen zijn en dat ze ook bij andere gelegenheden naar de rechtszaal zou komen. Ze bedankte hem nogmaals voor het vertrouwen en stond op om te vertrekken. Ze was moe en had behoefte om alleen te zijn, om haar gedachten te ordenen.

McHaney was echter nog niet klaar.

'Nog één ding, juffrouw Wachenheimer. Ik weet dat u twee maanden geleden nog geen duidelijke berichten over het lot van uw ouders had ontvangen. Is dat nog steeds zo?'

Hedy verbleekte en beet op haar lip. Dit onderwerp maakte haar overstuur en verlamde haar.

McHaney keek haar lange tijd aan. Toen ging hij verder, met een stem waarin respect doorklonk:

'Mijn excuses als ik me ermee bemoei, maar dat sta ik mezelf toe omdat ik denk dat ik u kan helpen. Wilt u dat we bij de bevoegde bureaus van de Russische bezettingszone een onderzoek in gang zetten? Het onbegrip tussen ons en de Russen groeit met de dag, maar het is nog niet zo ernstig dat we in een dergelijk geval niet kunnen samenwerken. U weet dat het mogelijk is dat uw ouders misschien... naar het oosten zijn getransporteerd.'

'Nee.' Hedy was kortaf. 'Nee, dank u wel. Als... als het proces is afgerond, zal ik mijn zoektocht naar mijn ouders hervatten.'

McHaneys zekerheid was op slag verdwenen.

'Natuurlijk, u moet doen wat u goed acht. Er is tijd verstreken, maar...'

'Ik heb een brief van mijn ouders waarin staat dat ze zelf van zich zullen laten horen... over een poosje.'

Hedy zei er niet bij dat die brief inmiddels vijf jaar oud was. Maar de 'lange tijd' waar haar moeder over had geschreven, was nog niet helemaal voorbij. Dat moest wel de verklaring zijn, herhaalde ze elke keer als een stemmetje in haar hoofd vroeg wat er met haar ouders was gebeurd.

Ze bedankte McHaney, die haar warm en vaderlijk groette.

'We zien elkaar dus in de rechtszaal, akkoord?'

'Ja, meneer. En nogmaals bedankt.'

Buiten zag Neurenberg er in het winterlicht wit en ijzig uit. Doelloos liep ze door de straten en werd ingehaald door mensen die zich haastten naar hun kleine en grote dagelijkse doelen. Ze voelde zich eenzaam, zonder oriëntatiepunt. De gedachte aan haar ouders was weer terug, allesoverheersend en bijna bedreigend. Doen alsof ze nooit hadden bestaan of alsof ze nog in een ver onbereikbaar land waren was duidelijk niet de oplossing. En nu had ze dat gesprek met McHaney gehad waar ze zo lang op had gewacht en dat ze zo kundig had voorbereid. Ook deze man van de wet leek haar ondanks zijn inzet en goede wil in de steek te laten.

Hij heeft niet persoonlijk geleden onder de nazi's, zei ze bij zichzelf, daarom kan hij het niet begrijpen. Niemand van hen kan begrijpen wat het betekent om dat dreigende gevoel van onderdrukking niet van je af te kunnen schudden. Zij hebben geen nachtmerries. En daarom kunnen ze zich met politiek bezighouden!

Ze liep nog een heel stuk verder, stuurloos in een zee van mensen die door prille hoop werden voortgedreven. Toen kwam ze weer tot zichzelf. Ze moest voorbijgangers de weg vragen naar de straat van haar hotel en kreeg van hen een brede glimlach die ze nooit had gezien als ze haar Amerikaanse uniform droeg.

Het proces is de 22$^e$, dacht ze terwijl ze snel terugliep en zich weer wat zekerder voelde. Ze bedacht ook dat haar taak nog niet volbracht was, hoe ze er in Washington of Moskou ook over dachten.

# 19

Met een schok schrok ze wakker.

Het was opnieuw gebeurd, maar nu heviger dan ooit.

In het donker probeerde ze zichzelf te vertellen dat het gelukkig niet waar was, dat het maar een nachtmerrie was geweest. Die troostrijke gedachte zou haar moeten doen zuchten van verlichting.

Het tegendeel was waar. Het benauwende besef dat alles wat ze in haar droom had gezien wel eens echt gebeurd zou kunnen zijn, of iets nog ergers, bleef steeds langer hangen.

Ze sloot haar ogen. De hevige en levensechte beelden waren er weer. Dit keer wist ze zeker dat ze haar moeder had herkend. Ze lag op haar buik op een onderzoekstafel in een poliklinische behandelkamer. Ze beefde en huilde als een klein kind. Die breekbaarheid en kwetsbaarheid maakten haar gek; zelfs terwijl ze nog aan het dromen was, wilde ze gillen en een eind maken aan wat daar gebeurde. Niemand, ook haar moeder zelf niet, leek haar te kunnen zien. Die smeekte om genade, maar de vrouw die bij haar in de witte kamer was luisterde niet eens, die ging door met haar voorbereidingen. Ze stond met haar rug naar haar toe en was druk bezig iets te doen op een tafel met instrumenten die Hedy niet herkende. Haar moeder lag ondertussen onbeweeglijk. Niemand hield haar vast, niemand sloeg haar, maar ze verzette zich niet. Ze gehoorzaamde aan een stille, onverbiddelijke macht. De vrouwelijke arts lachte zachtjes en draaide zich langzaam om. Het was Oberheuser. In haar hand had ze een roestig mes. Tergend langzaam liep ze ermee in de richting van de gevangene. Hedy wilde opnieuw gillen: 'Sta dan toch op! Geef haar een klap! Pak haar, er is hier verder niemand!' Ineens huilde en kermde de vrouw niet meer. Had ze het bewustzijn verloren? Was ze in slaap gevallen?

Het roestige mes naderde haar witte huid en sneed in haar rug, helemaal tot aan haar borst...

Hedy ging overeind zitten. Ze staarde naar de duisternis, maar die was niet donker genoeg om die kwellende beelden te laten vervagen. Ze deed het licht aan en keek op de kleine wekker op het nachtkastje. Het was vier uur 's ochtends.

Het was kerst 1946.

De avond ervoor was ze naar een feest van nieuwe collega's in Neurenberg geweest. Je maakte snel vrienden op die plekken met al die mensen die ver van huis waren en voor wie de toekomst nog onzeker was.

Het feest was leuk geweest, zoals verwacht, met de boom, de muziek, de lichtjes en de gekleurde ballen, kaarsen en de bos maretak waaronder je iemand moest kussen.

Twee dagen eerder had ze in het tribunaal de getuigenis van Jadwiga Dzido bijgewoond. Vanaf dat moment had ze nergens anders meer aan kunnen denken. Steeds opnieuw zag ze in haar verbeelding het lange, lelijke litteken op de rechterkuit van het mooie meisje, dat daardoor nu onmiskenbaar mank liep.

Geen enkel kerstfeest kon haar van haar nachtmerries bevrijden, nu minder dan ooit.

Ze deed het licht uit en probeerde weer te gaan slapen, want ze was doodmoe. Maar ze was bang om weer te gaan dromen.

Ik stort in, dacht ze. Nee, dat is niet waar. Zo eenvoudig is het niet. Als ik in zou storten, zou ik in ieder geval de mogelijkheid hebben om me over te geven, om alles te laten zitten, om weg te gaan. Maar ik lijd en ben nog steeds hier...

Ze bleef nog een paar uur liggen sluimeren. Toen stond ze op, kleedde zich aan en ging moederziel alleen door de stad lopen die bezig was te ontwaken op haar tweede, koude kerst sinds de nederlaag.

## 20

Het bijwonen van de processen deed haar goed. De spook- en schrikbeelden werden er erger door maar konden nu tenminste beoordeeld, en verworpen en vernietigd worden. Ze putte kracht uit de andere mensen die met dezelfde honger naar gerechtigheid als zij iets concreets deden. Zo ontdekte Hedy in de eerste dagen van het nieuwe jaar dat alle obstakels die het onderzoek naar de waarheid dwarsboomden niet konden verhinderen dat de werkzaamheden in de rechtszaal gestaag vorderden. Ook kwam ze steeds meer te weten over de mensen over wie het ging.

Iedereen had in de kranten gelezen dat het proces enorm veel materiaal in beschouwing nam, waarbij klinkende namen betrokken waren van artsen en administratieve medewerkers van de nazileiding. Toch was het een indrukwekkende ervaring om de stemmen van die mensen in het echt te horen en ze te observeren; zo kwam ze weer in contact met de werkelijkheid in plaats van alleen maar naar een lijst met namen te kijken.

Op een ochtend had ze in de rechtszaal lang zitten staren naar Karl Brandt, Hitlers persoonlijke lijfarts, die zich tegenover de jury arrogant gedroeg. Hij was ervan overtuigd dat de Amerikanen het niet in hun hoofd zouden halen om hem op te hangen, dat had hij zelf gezegd. Of hij met die houding zijn aanklagers wilde provoceren of chanteren met eventuele belastende informatie was niet duidelijk.

Die dag bracht hij zijn tegenstanders in de rechtszaal opnieuw in een lastig parket.

'Hierbij verklaar ik dat ik, mocht ik ter dood veroordeeld worden, mijn lichaam ter beschikking stel voor medische experimenten die van nut zullen blijken voor de wetenschap en voor het welzijn van de mensheid.'

De voorzitter van het college, rechter Beals, kon zijn irritatie niet verbergen.

'De beklaagde wordt verzocht zich te onthouden van dergelijke onfatsoenlijke voorstellen, of ik laat hem uit de rechtszaal verwijderen. Gaat u door met uw verdediging zonder provocaties.'

De ss-officier gaf zich echter nog niet gewonnen.

Hedy herinnerde zich dat hij aan het begin van de zitting stellig had verklaard onschuldig te zijn. Nu leek hij van plan om als niets minder dan een held in de geschiedenisboeken te worden opgenomen.

'U kunt mij niet het recht onthouden mijn verdediging te voeren op de manier die ik de beste acht. Uit uw houding blijkt dat dit een politiek proces is, een rechtsgeding met als doel politieke vergelding ten koste van Duitsland!'

'Beklaagde Brandt...'

'Voor mij zal het geen schande zijn om het schavot te beklimmen. Zelfs dan zal ik als Duitse officier in hart en nieren nog de waarheid verkondigen. Mijn enige misdaad is dat ik mijn vaderland heb gediend, zoals anderen dat voor mij deden en na mij zullen doen!'

Rechter Beals verloor zijn geduld en gelastte dat de beklaagde uit de rechtszaal werd verwijderd. Hij besloot zelfs een korte pauze in te lassen om de spanning die plotseling in de rechtszaal was ontstaan te verlichten. Terwijl iedereen opstond en met vrienden en collega's praatte over wat er was gebeurd, zag Hedy dat de Duitse journalisten ijverig aantekeningen maakten. Karl Brandt had nog een laatste dag van glorie gehad en zou nu door een of andere nostalgische idioot tot voorbeeld worden gesteld.

Andere beklaagden wekten verbazing door bij het luisteren naar verschrikkelijke verklaringen van getuigen, die nog altijd beefden bij de herinnering aan hun wreedheden, geen enkele emotie te tonen.

De dag na het optreden van Hitlers persoonlijke arts was Hedy opnieuw in de rechtszaal. Dit keer staarde ze onafgebroken naar dokter Waldemar Hoven, de verantwoordelijke arts in het concentratiekamp Buchenwald. Een getuige die hem voor de jury had geïdentificeerd vertelde over een detail dat bij iedereen verontwaardiging opwekte, behalve bij Hoven zelf.

'Ik zal nooit vergeten hoe dokter Hoven de operatiekamer uitkwam nadat hij tientallen kampbewoners met bacillen van vreselijke ziektes had geïnfecteerd, een sigaret opstak en een Duitse melodie floot waarvan de tekst luidde: "En weer is er een mooie dag voorbij..." Wat een monster!'

Hovens advocaat waagde het tegen die verklaring bezwaar te maken.

'Dat is niet relevant! De getuige oordeelt en houdt zich niet bij de feiten!'

Hoven stemde tevreden in met het initiatief van zijn raadsman.

Maar er waren er ook bij die een inzinking nabij waren. Een paar dagen later raakte Hedy erg onder de indruk van de aanblik en het gedrag van Rudolf Brandt, die op geen enkele manier verwant was aan de machtige en trotse Karl Brandt. Hij was geen arts en had als hoofd van de administratieve dienst van Himmler op het ministerie van Binnenlandse Zaken van het Derde Rijk gewerkt.

Vaak was deze man niet eens in de rechtszaal aanwezig en Hedy zag dadelijk waarom. Hij was broodmager en zat constant te bibberen. Hij liep met onzekere stappen, alsof hij bang was dat hij elk moment kon vallen, en toen hij eenmaal op zijn plaats zat, gedroeg hij zich extreem zenuwachtig.

'Die man is ziek,' fluisterde de jonge onderzoekster tegen een van de assistenten van McHaney naast haar. Hij glimlachte sarcastisch.

'Rudolf Brandt? Welnee. Hij is alleen maar doodsbang voor wat hem misschien te wachten staat. En hij is niet alleen bang in de rechtszaal: in de gevangenis wil hij niet hetzelfde voedsel eten als de anderen en daarom krijgt hij een speciaal, door hemzelf samengesteld dieet. Maar hij lijdt veel, dat is waar. Hij lijkt in de afgelopen twee maanden wel een stuk kleiner geworden, kun je nagaan!'

'Hij wil graag verdwijnen,' zei Hedy.

'Dat zou kunnen. Maar dat zullen we niet toestaan. Hij beweert dat hij slechts administratieve werkzaamheden heeft uitgevoerd, dat hij maar een gewone ambtenaar was, maar uit een document dat een van uw collega's in Dahlem heeft gevonden blijkt dat hij veel macht had.'

Dat bericht deed Hedy goed. Hun moeite was dus niet voor niets.

'Voorlopig zit hij in ieder geval al een straf uit die de anderen ontlopen,' besloot de advocaat. 'Anders dan bijna alle andere beklaagden presenteert hij zich niet aan het publiek als de trotse Duitser die in alle omstandigheden zelfverzekerd blijft. Daarom haten zijn eigen collega's hem bijna nog meer dan wij en hopen ze dat hij snel zal sterven.'

Hedy dacht nog een tijdje na over die woorden, terwijl beklaagde Rudolf Brandt tijdens zijn verhoor eenlettergrepige antwoorden gaf. Wat een hel, dacht ze. Wat een vreselijke hel vol haat en angst…

Die dag verliet ze vol nieuwe energie het paleis van justitie. Ze kon niet wachten tot ze in Dahlem opnieuw op zoek kon gaan naar documenten en bewijsstukken. Ze besloot dat ze ook 's nachts zou gaan werken. Liever wakker blijven om te vechten dan steeds wakker te schrikken van nachtmerries.

Ze moest echter nog even geduld hebben. McHaney had haar gevraagd om mee te lopen met de advocaten in de gevangenissen en wat kleine klusjes voor hen te doen. Hij wilde de instructie over het functioneren van de machine waar ze zelf deel van uitmaakte voltooien.

Bovendien kwam de andere getuigenis tegen Oberheuser, waar de aanklager haar tijdens hun ontmoeting vlak voor kerst over had verteld, dichterbij.

Toen ze in het hotel aan tafel ging en wel weer trek had om iets te eten, moest ze weer aan de enige vrouwelijke beklaagde denken:

Het is moeilijk je in staat van beschuldiging te stellen, maar we geven het nog niet op.

# 21

Advocaat Schröder gaf Hedy een hand en maakte tegelijkertijd een lichte hoofdknik, die zowel blijk gaf van militaire discipline als van oude Duitse adel. Het intimideerde haar en maakte haar bang. De man sprak enkele beleefde woorden waarbij hij haar strak bleef aankijken, alsof hij goed wilde zien wie er dit keer kwam controleren of hij wel volgens de regels handelde. Hedy voelde zich alsof ze examen moest doen en betreurde het dat ze haar Amerikaanse uniform had moeten inleveren. Maar het reglement schreef voor dat haar werkzaamheden voor deze opdracht van civiele aard waren en zo moest het door de betrokken partijen ook worden beschouwd.

Schröder verdedigde Oberführer Joachim Mrugowsky, een arts van het 'Hygiene-Institut' van de ss die van het tribunaal toestemming had gekregen om op kosten van zijn raadsman een getuige te ontmoeten, een ss-officier die slechts tien dagen eerder in Beieren door de Engelsen was gevangengenomen en meteen naar Neurenberg was overgeplaatst.

'Goed, laten we eens kennismaken met die getuige die volgens de Engelsen doorslaggevend is.'

De toon van de advocaat was praktisch en autoritair en liet doorschemeren dat hij het meisje dat met hem meeliep beschouwde als een leerling die hij de bijzonderheden van het procedé moest bijbrengen. Hedy besefte dat ze inderdaad weinig ervaring had, maar McHaneys assistent, die haar had uitgelegd wat ze moest doen, had al haar vragen afgesneden met het antwoord: 'Je hoeft de regels voor een confrontatie tussen advocaat en getuige helemaal niet te kennen. Je mag op geen enkele manier interfereren. Jouw enige taak is erop letten dat er tussen de twee partijen geen documenten of goederen worden uitgewisseld. Alle papieren van de getuigen die bestemd zijn voor een advocaat en vice versa moeten via de censuur bij de ontvanger terechtkomen. En wat gesprekken over compensaties of het bezorgen van persoonlijke spullen betreft, ook dit soort leveringen mogen pas na schriftelijke toestemming van het tribunaal plaatsvinden. Verzeker je er dus van dat deze dingen niet gebeuren. Verder mag de advocaat tegen de getuige zeggen wat hij wil, dat is voor zijn eigen verantwoordelijkheid.'

Dus had Hedy haar bedenkingen laten varen en was zonder zich al te veel zorgen te maken naar de afspraak met Schröder gegaan. Nu voelde ze zich goed, geconcentreerd en klaar om haar plicht te doen. De vragen van de advocaat en zijn subtiele insinuaties dat ze incompetent was stoorden haar niet zo, ze vergat zelfs bezorgd te zijn over het feit dat alle advocaten van de aangeklaagde nazi's zelf ook lid waren geweest van de partij. Dit was een voorwaarde om de aangeklaagden het gevoel te geven dat ze konden rekenen op een eerlijk proces en Hedy, wier instinctieve afkeer van verklaarde nazi's altijd de overhand had, had daar wel begrip voor.

Na de kennismaking liepen de twee door de gangen van het paleis van justitie. De gevangenissen waarin de beklaagden ter bewaking en de getuigen ter bescherming waren ondergebracht, lagen naast het paleis; na een paar minuten lopen bereikten ze hun bestemming en identificeerden ze zich bij de bewaking.

In een kleine kamer met een tafel en drie stoelen zat een man van ongeveer veertig jaar in een eenvoudig kostuum op ze te wachten. Hij zag eruit als een gewone burger.

Schröder stelde zich tamelijk vriendelijk voor en vertelde de getuige dat hij een van de advocaten van de verdediging in het proces was. De man ontspande en schudde hem warm de hand.

Toen knikte de advocaat naar Hedy, die zich afzijdig hield.

'Dit is juffrouw Wachenheimer, zij zal aanwezig zijn bij ons gesprek.'

De getuige wierp een korte blik op het meisje en leek de summiere informatie die hij had ontvangen vluchtig te registeren. Hedy groette beleefd en ging zitten met de onschuldige blik van een beleefde toehoorster.

Het gesprek tussen de twee mannen ging meteen over de rechtszaak. De advocaat wilde weten onder welke omstandigheden de getuige door de Engelsen was aangehouden, waar hij van werd beschuldigd om in staat van arrest te kunnen worden gehouden en wat zijn functie binnen de ss was. Hij wilde inschatten hoe gevaarlijk de verklaring van de nieuwe getuige voor zijn cliënt zou kunnen zijn.

Alles verliep normaal, de conversatie vorderde zonder dat Hedy aanleiding had om alarm te slaan. Tot de advocaat de getuige om excuus vroeg.

'Ik realiseer me dat ik u eigenlijk een document moet tonen dat betrekking heeft op enkele voor mijn cliënt belastende omstandigheden, waarvan u op de hoogte zou kunnen zijn. Maar ik heb het niet bij me. Als u even geduld heeft, zal ik het in mijn kantoor gaan halen.'

De man bleef kalm.

'Ik heb alle tijd van de wereld, nietwaar?'

Schröder bedankte hem en stond op om weg te gaan. In gedachten verzonken keek hij even naar Hedy.

'Ik laat u achter in goed gezelschap,' zei hij beleefd, en vertrok.

Hedy zat net te denken dat ze goed moest opletten dat het document waar Schröder over had gesproken niet zonder censuur moest worden overgegeven, maar de advocaat was de deur nog niet uit of de getuige sprak haar dringend toe.

'De advocaat kan niets doen, maar u kunt me een enorme dienst bewijzen!'

Ze was verbijsterd. Toen realiseerde ze zich ineens dat de nazifunctionaris door Schröders haastige introductie misschien per ongeluk de indruk had gekregen dat zij zijn assistente was in plaats van een door de aanklager aangestelde waarnemer.

'Luister, ik...'

'Niets zeggen! Er is geen tijd te verliezen. Als Duitse vrouw moet u een landgenoot in moeilijkheden helpen!'

Ineens haalde de man een verzegelde enveloppe uit zijn binnenzak. Hij gaf Hedy de enveloppe en sprak haastig verder.

'Ik moet deze brief absoluut naar buiten zien te krijgen zonder dat hij wordt gecontroleerd. U hoeft hem alleen maar mee te nemen en vandaag nog te versturen alsof het een brief van u zelf is.'

Ze stak haar hand uit en nam de brief aan. Er stond een adres in Berlijn op en de naam van een Duitse man.

De getuige keek haar indringend aan. Hedy bedacht dat die enveloppe wel een heel belangrijk geheim moest bevatten. Hoe was het mogelijk dat die man haar zo vertrouwde?

Ze probeerde tijd te winnen maar hield de enveloppe ondertussen stevig vast.

'Ik word heel streng gecontroleerd, ziet u...'

'Dat begrijp ik,' onderbrak de officier haar opnieuw, op praktische toon. 'Ik heb ook aan een vergoeding gedacht...'

Haastig trok hij een ring van zijn rechterhand en gaf hem aan haar.

'Hier, dit is een diamanten ring. Stop hem samen met de enveloppe in uw tas, snel!'

Hedy deed de enveloppe en de ring in haar tas. Haar hart bonsde hevig en ze voelde dat ze bloosde, maar haar besluit was genomen.

'Wees gerust, ik zal doen wat u vraagt. Kalmeer nu, de advocaat komt zo terug en zou iets kunnen merken...'

Hij koelde meteen af en leek tevreden dat hij deze belangrijke kwestie zo snel had geregeld.

'Dank u wel. Ik was eigenlijk van plan om de advocaat om deze gunst te vragen. Ik weet van andere gearresteerde getuigen dat het niet moeilijk is om dergelijke gunsten voor elkaar te krijgen als je er iets tegenover kunt stellen. En de controles van de Amerikanen zijn niet zo streng. Maar het is veel minder gevaarlijk om het door u te laten doen. U bent jong en dat sieraad kan u zeer van pas komen...'

Hedy gaf een vaag antwoord en reageerde niet op de informatie die de man haar verschafte. Ze hoopte meer te weten te komen over die gunsten, waarvan hij goed op de hoogte leek te zijn. Maar de deur ging alweer open en de advocaat verscheen, zich nogmaals excuserend voor de korte wachttijd. Hij merkte dat de getuige en de onderzoekster in gesprek waren geraakt.

'Hoort u eens, deze charmante juffrouw staat niet aan uw kant. Ze is door de aanklager aangesteld om erop te letten dat er tussen u en mij geen compromitterend materiaal wordt uitgewisseld...'

De man werd bleek.

'Wat? U hebt me niet verteld... Ik dacht...'

'Wat is er aan de hand?'

De advocaat kreeg geen antwoord en wendde zich tot Hedy.

'Wat hebben jullie besproken?'

'Niets!' schreeuwde de gevangene. 'Ik dacht... ik heb deze juffrouw een persoonlijke brief toevertrouwd die ze me nu terug mag geven!'

De man stond op en strekte zijn hand dwingend naar Hedy uit. De eenvoudige burger was verdwenen, in zijn plaats stond een autoritaire nazi zonder enige scrupules.

'Geeft u mij die brief of ik beschuldig u ervan dat u zich met een ring hebt laten omkopen!'

Ook Hedy was opgestaan. Ze deed een stap achteruit, naar de uitgang.

'U doet maar wat u goeddunkt!' snauwde ze. 'U nam het initiatief, ik ben er alleen maar op ingegaan om te kijken waar u heen wilde. De brief zal bij de juiste bevoegde persoon worden afgegeven!'

Gelukkig stond ze dicht bij de deur. Toen de nazi plotseling een snelle beweging over de tafel heen maakte om haar aan te vallen, kon ze zichzelf redden door hard te gillen.

'Beveiliging! Beveiliging!'

Twee mannen van de militaire politie stonden in de gang.

'Wat is er aan de hand?'

'De gevangene probeert me aan te vallen!'

De man schoot de kamer uit terwijl de advocaat hem tevergeefs probeerde tegen te houden.

'Blijf staan! U maakt het alleen maar erger!'

'Teef! Hoer! Verraadster!'

De man werd overmeesterd en naar de cellen afgevoerd. Zelfs toen hij ver weg was, hoorde ze hem nog dreigen en schelden.

'Wat wilt u doen?' vroeg Schröder bezorgd.

'Maakt u zich geen zorgen, ik ken mijn plicht. Ik meld me vandaag nog bij aanklager McHaney en dan overhandig ik hem persoonlijk deze brief en deze kostbare ring.'

Ze liepen samen naar de kantoren. Hedy was nog steeds enorm geschrokken, maar werd ook steeds razender. De advocaat behandelde haar niet meer welwillend, maar met een soort bevreesd respect.

'Weet wel dat ik…'

Hedy bleef staan en viel hem in de rede.

'Maakt u zich geen zorgen. U hebt niets verkeerd gedaan. Maar de persoon tegen wie u zo beleefd deed is een misdadiger die iets smerigs heeft te verbergen! En als het uw plicht is om dit soort gespuis te verdedigen, kunt u mij op zijn minst gunnen dat ik tot mijn laatste adem tegen hun vrijlating zal vechten!'

Haar stem klonk luid. Vanuit de kantoren stak hier en daar

iemand zijn hoofd om de hoek van een deur om te kijken wat er aan de hand was. Schröder wilde antwoord geven maar hield zich in, groette opnieuw met dat typische adellijke officiersknikje en liep naar zijn kantoor.

## 22

'En deze?'
McHaney toonde de brief die Hedy hem had gegeven.
'En deze?'
Nu hield hij de ring omhoog.
'Hoe kan zo'n gevaarlijk individu met zo'n kostbaar sieraad onze gevangenis zijn binnengekomen?'
Geen van de bijeengeroepen medewerkers was in staat om antwoord te geven, zelfs niet kolonel Peterson van het commando van de Neurenbergse bezettingsmachten, dat was aangesteld om de veiligheid binnen het paleis van justitie te handhaven.
McHaney was furieus.
'Nu hebben we in plaats van geruchten eindelijk bewijs van wat de gevangenen onder uw toezicht allemaal voor elkaar krijgen!'
Tom Hardy, McHaneys hoofdassistent, schraapte zijn keel om de aandacht te trekken. Hedy zat kalmpjes wat achteraf als iemand die zijn steentje heeft bijgedragen. Ze wist al wat hij ging zeggen.
'Heren, ik moet hier helaas aan toevoegen dat er nog iets anders speelt. Het heeft me een paar dagen gekost om de kwestie uit te diepen, maar dit lijkt mij het juiste moment om ook deze situatie aan te pakken…'
Hedy zuchtte diep. Een paar uur eerder had Hardy haar mening gevraagd over de gebeurtenis die hij nu uit de doeken ging

doen. Ze had er wel schokkende geruchten over gehoord maar ze had niets kunnen bevestigen of ontkennen.

'De regel dat belangrijke beklaagden voor hun medewerking worden beloond door in het weekend hun familie te mogen bezoeken, geeft zoals ik al vreesde gelegenheid tot misbruik en mogelijke verstoringen van het uitvoeren van het proces.'

'Die regel was niet mijn idee!' verduidelijkte de kolonel haastig.

'Dat kan wel zijn,' antwoordde Hardy, 'maar juist door die bewering van u, die ik overigens niet kan weerleggen, kan ik kritisch zijn over de huidige situatie. Ik doel op het feit dat de strenge bewaking en de strikte naleving van de procedures, die de correcte uitvoering van het proces zouden moeten garanderen, in de loop der tijd onder invloed van verschillende factoren duidelijk steeds meer versoepelen. Als we proberen orde op zaken te stellen, ontdekken we inderdaad dat zelfs voor doorslaggevende beslissingen niemand duidelijk de verantwoordelijkheid draagt.'

'Ik wilde alleen maar zeggen…'

'Rustig maar, kolonel. Ik weet dat er heel veel verloop is geweest in de functie die u bekleedt. Maar weinig officieren van uw rang hechten belang aan bewaking bij een tribunaal waarvan niemand weet hoe lang het nog gaat duren, maar dat na het hoofdproces en na de executie van de belangrijkste naziofficieren beetje bij beetje de aandacht van het grote publiek zal verliezen. Daarom wil men zo spoedig mogelijk worden overgeplaatst en daarom zit u nu met minstens vier voorgangers van wie u instructies hebt geërfd zonder te weten wat de beweegredenen ervoor waren en die ons werk tot dit moment niet in de weg stonden. Maar nu is het tijd om orde op zaken te stellen en ik denk dat u alles in het werk zult stellen om ervoor te zorgen dat dat gebeurt. Is het niet zo?'

'Uiteraard.'

'Leg ons ondertussen uit over welk misbruik je het hebt,' liet McHaney van zich horen.

De aanklager was erg gespannen. Met een vleugje ironie dacht

Hedy terug aan slechts een paar weken geleden, toen hij zelf met politieke argumenten haar vrees over wat er in Dahlem met kolonel Helms aan de hand was van tafel had geveegd. Nu de corruptie en oppervlakkigheid zijn werk van dichterbij bedreigden, gedroeg McHaney zich als een arend die zijn jongen moest verdedigen.

Hardy ging verder met zijn verhaal.

'Het is mij bekend dat een van de beklaagden, dokter Weltz, vorig weekend op verlof is geweest. Toen hij zich volgens de regels die zondag om vijf uur weer meldde, wist de soldaat die bij de ingang de wacht hield niet met wie hij te maken had, ook omdat Weltz geen Engels spreekt en de soldaat geen Duits. Toen is Weltz de stad weer ingegaan, heeft gedineerd, de nacht in een pension doorgebracht en kwam zich de volgende ochtend op zijn dooie akkertje opnieuw melden. Nu mocht hij wel naar binnen. Toen heeft hij de bonnetjes van de kosten die hij heeft moeten maken doordat hij niet naar binnen mocht bij de directie gedeclareerd en zijn raadsman heeft ons meteen in verlegenheid gebracht door met klem te eisen dat we zijn cliënt de kosten vergoeden.'

McHaney keek naar de kolonel.

'Wist u dit?'

De officier spreidde zijn handen.

'Ik zal het nagaan. Ik neem aan dat hier sprake is geweest van een misverstand…'

'Ongetwijfeld…' hield McHaney aan, 'maar het bewijst wel dat u een wachtpost hebt opgesteld die niet op de hoogte was van de tijdstippen en de procedure rond het terugkeren van een beklaagde!'

De kolonel zweeg. Hij dacht na en klemde zijn kaken op elkaar. Hedy vond hem een hele knappe man en wenste bijna dat ze erbij kon zijn als hij over een paar minuten zijn woede op een ondergeschikte zou koelen.

De vergadering werd snel afgerond. McHaney dicteerde wat er moest gebeuren opdat de wachtdiensten hun werk beter zouden doen. Hij zei ook dat, als de kolonel vond dat hij weinig mankracht had of als de mannen slecht waren opgeleid, hijzelf en hoofdaanklager Taylor Washington rechtstreeks om hulp zouden vragen.

Dat dreigement had effect.

'Het is niet nodig om wie dan ook lastig te vallen,' benadrukte Peterson. 'In de stad heb ik genoeg mannen en ze zijn steeds minder nodig. Ik zal een groter aantal van hen bij het paleis van justitie inzetten en er zullen geen incidenten meer plaatsvinden.'

Iedereen liep naar buiten, Hedy als laatste. Ze was net bij de deur toen McHaney haar terugriep.

'Juffrouw?'

'Ja?'

'Dank u wel.'

'Ik deed gewoon mijn plicht.'

De aanklager keek haar even aan. Uiteindelijk glimlachte hij.

'Ik zie dat het een goed idee is geweest om u te vragen om een tijdje bij ons te blijven…'

'Ja meneer. Ik hoop dat de situatie verbetert… ook in Dahlem, als ik zo vrij mag zijn.'

Hij werd weer ernstig, leunde naar voren en keek haar recht in de ogen.

'Nadat dokter Mączka heeft getuigd gaat u meteen naar Dahlem. Daar hebben we mensen als u harder nodig. Als u me bewijzen geeft van het door u vermelde oponthoud in het onderzoek, zoals u hier heeft gedaan, beloof ik u dat ik net zo krachtig zal ingrijpen. Maar onthoud vooral dat we sowieso de tijd tegen ons hebben, dus hoe eerder we andere documenten en eventueel ook andere getuigen tegen onze beklaagden vinden, hoe eerder we dit ondanks de groeiende moeilijkheden succesvol kunnen afronden. Als we nu verzanden in alles rechtzetten en iedereen die ons niet meer gelooft proberen te overtuigen van wat we aan het doen zijn, overleven we het waarschijnlijk niet. Zijn we het eens?'

Hedy knikte. Dit keer zag ze in dat de aanklager gelijk had. Ze voelde dat ze aan dezelfde kant stonden, maar tegelijkertijd ook dat steeds meer mensen overal om hen heen deze bladzijde op de een of andere manier snel om wilden slaan.

## 23

Zofia Mączka was een nog jonge vrouw die vanaf het begin van het verhoor vastberadenheid en zelfbeheersing toonde.
'Gaat u zitten.'
Tom Hardy sprak haar vriendelijk en ernstig toe. Dat deed hij om het college en de toeschouwers duidelijk te maken dat ze een belangrijke verklaring te horen zouden krijgen.
'Waar woont u en wat is uw beroep?'
'Ik woon in Stockholm en ik ben arts. Ik ben gespecialiseerd in röntgenonderzoek.'
'Maar u bent Poolse, klopt dat?'
'Ja.'
'Waar en wanneer bent u afgestudeerd?'
'In 1936, in Krakau. In 1938 ben ik gaan werken als radiologe, ook in Krakau.'
'En waar was u tijdens de oorlog?'
'Ik heb me bij het verzet aangesloten. In november 1942 ben ik door de Duitsers gearresteerd en opgesloten als politieke gevangene. Ik werd geplaatst in het concentratiekamp Ravensbrück. Daar ben ik tot het eind van de oorlog gebleven.'
Hardy pakte van de aanklagerstafel een document dat uit verschillende pagina's bestond en toonde het aan de getuige.
'Dit is een waarheidsverklaring die door u voor dit college op 16 april 1946 is opgesteld. Herkent u het? Is dit uw handtekening?'

De vrouw nam de papieren aan en keek vluchtig naar het briefhoofd en de handtekening.
'Ja, dit is het document dat ik voor het college heb opgesteld.'
'Dank u wel. De verdediging is in het bezit van een kopie van uw verklaring, klopt dat?'
Verschillende advocaten van de verdediging bevestigden dat ze een kopie van het document hadden.
'Goed, mevrouw Mączka. We hebben u voor dit college laten verschijnen zodat u uw verklaringen kunt bevestigen, geheel of gedeeltelijk ontkennen of aanvullen. Hebt u wat dat betreft iets te zeggen?'
'Nee. Ik bevestig wat ik heb geschreven.'
Hardy knikte tevreden, liet alle partijen en de jury van de bevestiging kennisnemen en ging verder.
'Dan wil ik u alleen nog wat vragen stellen. Met uw antwoorden kunnen we de door u afgelegde verklaring beter begrijpen. Begrijpt u dat?'
'Ja.'
'In uw waarheidsverklaring stelt u dat binnen een afgebakende periode in kamp Ravensbrück medische experimenten werden uitgevoerd op gevangenen door middel van chirurgische ingrepen. Kunt u dat bevestigen?'
'Ja, de experimenten in het kampziekenhuis waar ik weet van heb vonden plaats tussen de zomer van 1942 en de zomer van 1943.'
'En welke artsen voerden die operaties uit?'
'Professor dokter Gebhardt had de leiding. Hij was directeur van het sanatorium in Hohenlychen. Gebhardt voerde de ingrepen uit en werd daarbij geassisteerd door dokter Fischer. Er was nog een andere assistent, maar daar weet ik de naam niet meer van.'
'Waren er nog andere artsen betrokken bij de voorbereiding van de ingrepen en het na afloop verzorgen en onderzoeken van de geopereerde personen?'

'Ja, ik herinner me de artsen Rolf Rosenthal, Schiedlausky en Herta Oberheuser.'

'Kunt u zich ook nog namen van het paramedisch personeel herinneren?'

'Ik herinner me alleen dat alle verpleegsters vrije Duitse burgervrouwen waren. Verder waren er twee Duitse gevangenen uit het kamp die vrijwillig assisteerden, Gerda Quernheim en Fina Pautz.'

'Herkent u tussen de beklaagden personen die u zojuist heeft genoemd?'

Zofia Mączka herkende feilloos Gebhardt, Fischer en Oberheuser tussen de beklaagden. Geen van de drie raakte van zijn stuk toen de vrouw ze letterlijk aanwees en de identificatie in de processtukken werd opgetekend.

'Mevrouw Mączka,' ging Hardy verder, 'kun u ons zeggen hoeveel gevangenen bij de experimenten waren betrokken en om wat voor soort mensen het ging?'

'Vierenzeventig Poolse politieke gevangenen, voornamelijk afkomstig uit Warschau en Lublin, werden als slachtoffers geselecteerd. Het waren allemaal jonge, stevige vrouwen in goede gezondheid. Sommigen zaten op de middelbare school of studeerden aan de universiteit. De jongste was zestien, de oudste achtenveertig.'

'Onder welke omstandigheden vonden de operaties plaats?'

'In mijn ogen waren de omstandigheden absoluut ongeschikt en werden de elementaire hygiënische normen niet gerespecteerd. De operatiezaal was bijvoorbeeld niet steriel. Na de operaties werden de patiënten aan hun lot overgelaten in een kamertje zonder enige medische assistentie of verpleegkundige hulp. De artsen voerden de behandelingen volledig geïmproviseerd uit met niet-gesteriliseerde instrumenten en slecht aangebrachte verbanden. Dokter Rosenthal, die het grootste deel van deze behandelingen uitvoerde, toonde op die manier overduidelijk aan dat hij met sadisme te werk ging.'

'Op welke lichaamsdelen en met welk doel werden deze operaties uitgevoerd?'

'Het waren beenoperaties, deels met het doel de patiënten te infecteren en deels om te experimenteren met het regenereren van botten, spieren en zenuwen. Bij de eerste soort ingrepen werd het zachte deel van de kuit opengesneden en werden de wonden met verschillende soorten bacteriën geïnfecteerd: tetanus, bacillen die gangreen veroorzaakten en nog wat andere.'

Stierven er patiënten als gevolg van deze operaties en de infecties die door de artsen waren aangebracht?'

'Weronika Kraska werd geïnfecteerd met tetanus en stierf na een dag of tien. Kazimiera Kurowska werd geïnfecteerd met gangreenbacillen, ook zij stierf na ongeveer tien dagen. In mijn verklaring heb ik minstens vier andere patiënten genoemd met ernstige vormen van oedeem; slechts één van hen overleefde het. De anderen stierven zeven tot tien dagen na de operaties.'

De spanning in de rechtszaal steeg. Hedy realiseerde zich dat de nauwkeurige en gezaghebbende woorden van de Poolse arts neerdaalden als bliksemflitsen, die afschuwelijke beelden van hevig lijden, wanhopig gekerm en vernederende lichamelijke verminkingen in het licht zetten.

Tom Hardy ging meteen verder met het verhoor.

'Kunt u met uw vakkennis verklaren dat u afwijkende medische praktijken hebt zien gebeuren?'

'Ja. Deze patiënten werden niet goed verzorgd. Ze kregen zelfs middelen toegediend om de koorts te doen stijgen. Vaak werden de geïnfecteerde wonden pas dichtgenaaid nadat de ergste infecties en ziektes zich hadden gemanifesteerd. Veel van de patiënten die het overleefden bleven maandenlang ziek, bijna niemand van hen kon nog normaal lopen. Bovendien weet ik zeker dat in veel gevallen op deze proefpersonen met nieuwe medicijnen werd geëxperimenteerd, en dat zonder enige voorzorgsmaatregel.'

'En wat kunt u ons vertellen over de experimentele operaties op botten, spieren en zenuwen? Dat waren toch de gevallen waar u aan mee moest werken?'

'Inderdaad. De effecten van de experimenten met botten werden geverifieerd met röntgenanalyse. Als afdelingsassistente moest ik de röntgenfoto's maken. Daarom weet ik heel goed wat er zoal gebeurde.'

Ze aarzelde even. De herinnering aan de rol die ze had moeten vervullen leek haar aan het twijfelen te brengen.

Ze is gedwongen om in ruil voor haar eigen leven haar vakkennis te gebruiken, dacht Hedy. Ze voelde enorm veel medelijden met die waardige vrouw, die ongetwijfeld trots was op haar kennis en nu voor eeuwig was getekend door de herinnering aan die gedwongen samenwerking.

Hardy had echter geen tijd voor aarzelingen.

'Wat gebeurde er met de personen die een botoperatie ondergingen?'

Zofia herstelde zich. Ze was hier om openhartig te bevestigen wat ze schriftelijk had verklaard. Ze was hier om haar plicht te doen en het achter zich te laten.

'In dit geval waren er drie soorten ingrepen: de botten werden gebroken, getransplanteerd of in andere botten geïmplanteerd.'

'Gebroken? Hoe dan?'

De afwachtende stilte in de rechtszaal was bijna voelbaar. Als Zofia zou fluisteren, zou iedereen haar alsnog uitstekend kunnen horen.

'De patiënten moesten op een operatietafel gaan liggen, waarna de botten van hun beide onderbenen op verschillende plaatsen met een hamer werden gebroken. Daarna werden de verschillende delen weer aan elkaar geplaatst met een chirurgische klem of soms alleen maar tegen elkaar aan geplaatst zonder klem, zoals bij gevangene Leonarda Bień. Vervolgens werden de benen in het gips gezet. Na een paar dagen werd het gips verwijderd en bleven de benen onbedekt totdat de wonden waren genezen.'

'En hoe ging het met die transplantaties?'
'Die werden veelal volgens dezelfde procedure uitgevoerd. De botten werden uit het been van een patiënte gehaald en in een ander been, waar het corresponderende deel eerst uit was verwijderd, getransplanteerd. Vaak zaagden de artsen eerst delen van het kuitbeen af, zodat het net zo lang was als het andere been. Eén van de slachtoffers van deze procedure was Krystyna Dąbska.'
'En de implantaties?'
'Dat was professor Gebhardts specialiteit. Bij een voorbereidende ingreep werden twee botsplinters in het scheenbeen van beide benen ingebracht. Na deze operatie volgde een tweede, waarbij de twee botsplinters samen met de beenderen waarin ze waren geplaatst werden verwijderd en naar Hohenlychen gestuurd. Dergelijke operaties werden ook uitgevoerd op twee vrouwelijke gevangenen met misvormde botten; ik weet niet of dat was aangeboren of toegebracht. Een was Duits, een Jehova's getuige, de andere was een Oekraïense gevangene met de naam Maria Hretschana. Professor Gebhardt wilde weten hoe deze patiënten op dergelijke operaties zouden reageren.'

De verdediging maakte aantekeningen. Hedy durfde te wedden dat ze dat alleen maar deden om zich een houding te geven. Gebhardt staarde strak voor zich uit. Oberheuser had zich volledig afgewend. Misschien had ze daar wel goede redenen voor. De getuigenverklaring van de Poolse vrouwelijke arts was weliswaar indrukwekkend nauwkeurig, maar los van het noemen van haar naam in het begin was er geen detail dat Oberheuser direct bij de zaak betrok.

'Vertelt u ons alstublieft ook iets over de operaties die werden uitgevoerd om de mogelijke regeneratie van spieren en zenuwen te onderzoeken.'
'Van die operaties ben ik niet volledig op de hoogte, want daar werden geen röntgenstralen bij gebruikt. De experimenten met

spieren bestonden uit verschillende soorten operaties, altijd op hetzelfde lichaamsdeel, dus het boven- of het onderbeen. Bij elke ingreep werden grotere of kleinere stukken spier weggenomen. Hetzelfde gebeurde bij delen van de zenuwen. Soms werd geprobeerd om kleine stukjes bot en spier samen bij een andere patiënt te transplanteren; dat is volgens mij gebeurd bij een gevangene die Bąbińska heette.'

'U vertelde dat de botsplinters naar de kliniek in Hohenlychen werden gestuurd. Gebeurde dat ook met de spier- en zenuwdeeltjes die in Ravensbrück waren weggehaald?'

'Ja, die werden daar ook heen gestuurd.'

'Weet u ook met welk doel? Wat gebeurde ermee in Hohenlychen?'

'Dat heb ik nooit begrepen. Ik weet niet wat ze in de kliniek deden met die lichaamsdelen die soms best groot waren. Ik heb me er nooit een voorstelling van durven maken…'

Zofia zweeg opnieuw geëmotioneerd. Hardy liet een flink lange stilte vallen zodat iedereen in de zaal zijn eigen ergste fantasie kon bedenken. Zofia ging zelf verder.

'Ik moet erbij zeggen dat er naast het aantal gevangenen dat ik noemde in die periode ook geesteszieke gevangenen voor de operatiekamer werden geselecteerd. Bij sommigen werd een been vanaf het heupgewricht geamputeerd, bij anderen een hele arm, inclusief schouderblad. Als de slachtoffers de operatie overleefden, werden ze met een letale injectie ter dood gebracht. Ook deze benen en armen werden voor de experimenten van professor Gebhardt naar Hohenlychen vervoerd.'

'Over hoeveel gevangenen hebben we het nu?'

'Ik zou zeggen tien.'

'Wat kunt u ons tot slot vertellen over het lot van de mensen die de operatie voor het onderzoek op het regenereren van botten, spieren en zenuwen ondergingen?'

'Bijna alle patiënten waren blijvend verminkt en leden ondraaglijk als gevolg van de ingrepen. Er was ook enorme psychologische schade: ze leefden allemaal in de overtuiging dat ze vroeg of laat sowieso vermoord zouden worden om de bewijzen van wat er met hen was gebeurd uit te wissen. De kampleiding, commandant Suhren en al zijn belangrijkste assistenten, brachten de slachtoffers voortdurend in herinnering dat hun terdoodveroordeling juist de reden was dat ze waren geselecteerd. Ik weet zeker dat zes van de overlevenden, die door de gevangenen *Kaninchen*, konijnen, werden genoemd omdat ze zo'n gek loopje hadden, na een lange periode van lijden zijn vermoord.'

Hardy's blik gleed over de jury, het publiek en de beklaagdenbank. Toen hij vluchtig naar de aanklagerstafel keek, zag Hedy dat zelfs die ervaren jurist geëmotioneerd was.

Zofia keek naar de grond, zichtbaar moe en vol gedachten die haar niet met rust lieten.

'Nog een laatste vraag. Wat is uw mening over het werkelijke nut van deze experimenten en die ontberingen?'

Ze keek de advocaat onzeker aan, zette haar gedachten op een rijtje en gaf kalm antwoord.

'Zoals ik al aangaf, heb ik die hele periode gewerkt als radiologe in het kampziekenhuis en in datzelfde kamp als algemeen medewerker. Zo heb ik het overleefd en nu ben ik hier om te getuigen. Al die jaren heb ik mezelf dezelfde vraag gesteld als u net deed. De verschillende gevallen waar ik van op de hoogte was zitten in mijn hoofd, met gevaar voor eigen leven heb ik informatie verzameld en na de oorlog heb ik de medische rapporten bestudeerd en me in de materie verdiept. Ik heb nooit, op wat voor manier dan ook, de ongelooflijke wreedheden kunnen rechtvaardigen die die mensen voor wetenschap lieten doorgaan. Het enige dat ik nu kan doen is de wereld de waarheid vertellen, in de hoop dat…'

Zofia viel weer stil, zoekend naar de juiste woorden.

'In de hoop dat?' moedigde Hardy haar aan.

'... dat het nooit meer zal gebeuren. Daar bid ik elke dag voor. Ook al weet ik dat bidden niet genoeg is. Daarom ben ik hier gekomen.'

## 24

'Ik wil terug naar Berlijn.'

Hedy glimlachte naar aanklager McHaney. Sinds de getuigenverklaring van Zofia Mączka was er pas één dag verstreken, maar ze wilde niet langer wachten.

'Ik weet waarnaar ik moet zoeken,' verklaarde ze. 'Ik wil geen tijd verliezen.'

De jurist knikte tevreden. 'Uw bezoek is niet voor niets geweest. Ik dank u nogmaals voor uw vastberadenheid en de snelheid waarmee u ons heeft geholpen het net rond deze misdadigers te sluiten. Nu bent u goed bekend met de stand van zaken van het proces tegen sommigen van hen. In het bijzonder tegen Oberheuser.'

'Zoals de zaken nu staan wordt ze vrijgesproken, toch? Of ze zou een hele milde straf krijgen.'

Hedy was er ook bij geweest toen Zofia Mączka de middag ervoor door de verdediging werd gehoord. Niemand was erin geslaagd om haar zichzelf te laten tegen spreken. Professor Gebhardts advocaat had geïnsinueerd dat het iets onwaardigs had om de ontberingen van een concentratiekamp te overleven door in datzelfde kamp werkzaamheden te verrichten en zonder in te grijpen te assisteren bij de medische praktijken waar ze over had gesproken. Maar met die strategie had de advocaat sensationeel in eigen doel geschoten: de bewering dat een gevangen arts, met de dood bedreigd, iets had kunnen doen voor de gevangenen die waren gedwongen die gewelddadigheden te ondergaan, was een aanzienlijke verzwaring van de positie van de vrije artsen met verantwoordelijkheid en macht binnen de structuur van het kamp. Dat realiseerde de advocaat zich toen ook, dus na Mączka's eerste antwoorden had hij snel zijn mond gehouden.

De advocaat van Oberheuser had zich veel gewiekster getoond. Toen hij gebruik mocht maken van zijn recht de getuige te ondervragen, had hij verklaard dat hij daar geen reden toe zag, aangezien uit geen enkele verklaring van de gevangen radiologe was gebleken dat zijn cliënte in het kamp een rol van belang had gespeeld. Zo had hij de verdedigingsstrategie van de enige vrouwelijke beklaagde sterker gemaakt en krachtig benadrukt dat haar aandeel in de toedracht van de experimenten al met al te verwaarlozen was.

McHaney was het met deze conclusie eens.

'Ja, ik denk ook dat het nog niet voldoende is. Jadwiga Dzido heeft Oberheuser in de rechtszaal geïdentificeerd en verklaard dat dit de vrouwelijke arts is die haar voor de operatie heeft bezocht en na de ingreep kort heeft verzorgd. Zofia Mączka heeft ons belangrijke details over de ingrepen verstrekt en de jury en het publiek met afschuw vervuld, maar ze heeft vooral de verantwoordelijkheid van Gebhardt en Fischer belicht. Nu hebben we iemand nodig die een nauwkeuriger profiel schetst van ons mooie, koele dokteresje. Of op zijn minst een document waar haar naam in voorkomt. Daarom zijn we nog steeds afhankelijk van die lastige, precieze en wellicht gehinderde onderzoeken in het archief...'

Ze schudden elkaar de hand en namen hartelijk afscheid. Hedy beloofde niets. Maar ze wilde dat ze nu al in Dahlem was, zelfs in het donker en de kou, zodat ze onophoudelijk door kon blijven wroeten.

## 25

Die dag was er licht in het ondergrondse documentatiecentrum van Dahlem. Het was er zo licht en warm dat de dikke truien uit konden. Buiten was het echter een witte, ijskoude februaridag. De laatste tijd waren het licht en de verwarming in de archiefruimte minder vaak uitgevallen, maar af en toe kwam het nog voor. De onderzoekers voelden zich er inmiddels op hun gemak, na drie maanden buffelen waren ze goed geworden in hun werk.

Eva trok haar trui uit en droeg alleen nog een blouse. Ze legde de uitgetrokken kleren op een van de stoelen en slaakte een zucht van verlichting. Weer een dag zonder Noordpoolexpeditiekleding en zonder kaarsen, dacht ze. Misschien is het nu echt achter de rug...

Toen ze opkeek, zag ze Hedy aan de andere kant van de ruimte op de grond zitten, dik ingepakt in haar jas, sjaal en zelfs wollen handschoenen. Ze zat doodstil, afgesloten van de wereld. De anderen kletsten, overlegden met elkaar, liepen druk doende om haar heen, maar zij was elders, alsof ze net was binnengekomen en verward en geschrokken in een hoekje was gaan zitten. Ze staarde naar een papier maar leek het niet te lezen, ze keek er alleen maar naar alsof het een afbeelding was in plaats van woorden.

Haar vriendin dacht dat ze zich niet goed voelde en liep snel naar haar toe.

'Wat heb je, Hedy?'

Hedy gaf niet meteen antwoord. Eva legde een hand op haar schouder en schudde haar zachtjes heen en weer. Het kleine meisje uit Kippenheim keek zwijgend op, haar tengere lijfje verpakt in die dikke lagen stof en haar ogen vol tranen.

'Wat is er aan de hand?' vroeg Eva ongerust. 'Wat staat daar?'

Hedy hield alleen maar het papier omhoog. Eva griste het uit haar hand en hield het op afstand, alsof het een vijand betrof die ze bij haar belaagde vriendin uit de buurt moest houden.

Met haar hand op de schouder van haar vriendin las ze het document door. Zonder het zelf te beseffen begon ze haar over haar hoofd te aaien, alsof ze een kind was.

Het was een lijst met de namen van dertig mannen. De brief was op 24 januari 1942 geschreven aan de staf van de Duitse bezettingsmacht in Frankrijk. De mannen op de lijst waren voorbestemd om naar het concentratiekamp Auschwitz te worden gedeporteerd.

Een van de namen was Hugo Wachenheimer. Eva las die naam steeds opnieuw, maar hij verdween niet van het papier, het kon geen vergissing zijn.

'Je vader?' fluisterde ze.

'Geef hier,' zei Hedy. Ze vouwde het papier eerst in tweeën, toen in vieren en stak het in haar jaszak.

'Hedy…'

'Niets zeggen!'

'Hedy… was dit je vader?'

'Ik weet het niet, houd alsjeblieft je mond!'

Hedy was vreselijk onrustig. Ze stond op en fatsoeneerde haar kapsel en kleding, alsof ze midden op straat was gevallen en zich nu een houding probeerde te geven.

'De laatste brief van je vader dateert toch uit die periode?' hield Eva aan.

'Welke brief? Ik weet niet waar je het over hebt!'

Hedy wilde niet praten, duwde Eva opzij en probeerde weg te

lopen. Maar Eva gaf niet op, ze pakte de arm van haar vriendin en probeerde haar recht in de wegdraaiende ogen te kijken.

'Je moet de waarheid onder ogen zien! Als de data overeenkomen, kan je vader inderdaad in 1942 in Auschwitz zijn aangekomen. Dat bekent dus dat je eindelijk iets weet over zijn lot, over hún lot!'

'Laat me...'

'Misschien... misschien zijn ze wel bevrijd door de Russen toen die Auschwitz binnenvielen in januari 1945... misschien houden ze Russen ze wel gevangen in een kamp of zo. Het kan, misschien hebben ze ze voor Duitsers aangezien...'

'Laat me met rust!'

Hedy begon harder te praten en rukte zich los. De collega's die het dichtst bij stonden draaiden zich om en keken naar ze.

Droevig en beschaamd bleef Eva staan. Ze keek toe hoe haar vriendin rechtstreeks op de lift af rende, gevolgd door de nieuwsgierige blikken van iedereen die haar dikke kleren en haar gedrag had opgemerkt. In de groep onderzoekers genoot Hedy een zekere bekendheid door de acties die ze ondernam en door haar verhalen over haar tijd in Neurenberg. Nu keken ze haar stomverbaasd na en dachten dat ze misschien iets heel bijzonders had ontdekt.

Een ontdekking die ze voor zichzelf zal houden, dacht Eva. Misschien maar beter ook...

Toen Hedy eenmaal buiten was, zoog ze haar longen zo vol lucht dat ze er duizelig van werd. Over haar hele lichaam liepen koude rillingen. Ze wist niet hoe lang ze daar beneden op de grond had gezeten, onbeweeglijk starend naar het papier in haar hand en zwetend omdat de verwarming het weer deed. Meteen na binnenkomst had ze de lijst al gevonden. Hij lag daar op haar te wachten, gewoon boven op de berg documenten die ze van plan was geweest die dag te verwerken.

Iemand heeft hem daar neergelegd, dacht ze. Ze wist niet wat ze ervan moest denken. Toen bedacht ze dat een van haar collega's die lijst misschien de vorige dag had gevonden, de naam van haar vader had gelezen maar het niet persoonlijk aan haar had willen laten zien.

Een vriend of een vriendin. Een beetje een laffe vriend... Of iemand die haar slecht gezind was en haar van haar stuk wilde brengen.

In de ban van die overpeinzingen bleef ze maar verder lopen. Met grote stappen liep ze naar huis, alsof ze had besloten dat ze elke angst en elke kwade gedachte kon uitbannen door zich daar op te sluiten.

Ze haalde het papier uit haar zak en vouwde het open.

Hugo Wachenheimer. Kamp Gurs. Dat stond er ook op. De laatste brief van haar vader dateerde van 9 augustus 1942, uit concentratiekamp Les Milles. Een tussenstop op weg naar Auschwitz?

Wat moest ze nu doen? Ze herinnerde zich het aanbod van McHaney in Neurenberg, om de Russen bij de zoektocht naar haar ouders te betrekken. De Russen, de bevrijders van Auschwitz. Die tijdens het eerste proces tegen de nazipartijfunctionarissen in Neurenberg bewijzen hadden geleverd voor de uitroeiing in kampen als Auschwitz, dat daardoor meteen berucht was geworden.

Diep in haar binnenste klonk een stemmetje.

Je moet er nu meteen naartoe... anders vergeef je het jezelf nooit...

Ze duwde het weg en ging nog sneller lopen. Ze merkte niet eens dat het verkeer haar over de zwarte straat met vuile sneeuwranden voorbijscheurde. Ze besefte dat ze erbij liep als een zwerver.

Auschwitz! Ze bleef staan. Ben ik nu een wees?

Ze gaf geen antwoord op haar eigen vraag. Ze kon er niet aan denken. Achter die vraagzin gaapte een donkere kloof die haar alleen maar enorm duizelig maakte. Vrachtwagens, militaire en burgervoertuigen reden voorbij en niemand lette op haar. Toen een motor door een plas natte sneeuw reed, kreeg ze een ijskoude golf water over zich heen.

Ben ik onzichtbaar?

Zo liep ze verder, zonder zich te kunnen beheersen, en reageerde met dat marstempo de woede en de angst af.

Uiteindelijk bereikte ze haar huis. Ze ging naar binnen, rende met twee treden tegelijk de trap op, rommelde met de sleutels en deed de deur open. Ze wilde zich met haar ogen dicht op bed gooien en in haar eentje gaan liggen huilen.

Midden in de kamer stond een verbaasde Blackie, met haar glanzende haren en een bezem in de hand.

'Hallo… voel je je niet goed?' stamelde ze.

Hedy kwam de verrassing snel te boven. Weer was ze vergeten dat het Duitse meisje in hun huis was. Het irriteerde haar.

'Wat denk je zelf? Zie ik eruit alsof ik me goed voel?'

Het meisje maakte zich zo klein mogelijk.

'Nee, niet echt…'

'Natuurlijk voel ik me niet goed! Ik voel me beroerd! Ik voel me beroerd omdat deze kwestie me gek maakt! Omdat deze waanzin nooit ophoudt, die zal mijn hele leven lang duren, begrijp je? Mijn hele leven!'

Blackie wist niet wat ze moest zeggen. Die voorzichtige nederige stilte maakte Hedy nog razender dan een bagatelliserend antwoord.

'Heb je nu je zin?'

'Ik begrijp niet wat je…'

'Kijk dan!'

Ze gaf haar de lijst die ze de hele wandeling lang in haar hand had gehouden.

Blackie las de namen. Ze begreep meteen waar het over ging.

'Weet je wie Hugo Wachenheimer was?'

'Nee…'

'Dat was mijn vader!'

Het meisje bleef stil, verward en bang.

'Hij was mijn vader, maar hier, op dit vel papier, is hij gewoon een naam op een lijst. Gewoon een nummer! Zo hebben jullie ze vermoord, jullie hebben nummers van ze gemaakt en daarom was het makkelijk voor de mensen om ze aan te geven en ze uit te leveren, weg te laten voeren, te elimineren!'

'Het spijt me...'

'Nee! Zeg dat niet! Het spijt je niet! En weet je waarom?'

'...'

'Omdat je geen flauw benul hebt wat deze hele tragedie inhoudt. Je doet je uiterste best om er zo min mogelijk van af te weten, zodat je het snel kunt vergeten en net kunt doen alsof het niet is gebeurd!'

Blackie verroerde zich niet en staarde naar de grond.

'En daarom haat ik je. Snap je dat? Ik haat je omdat ik je niet zie schreeuwen van verdriet nu je het weet, nu je terugkijkt op wat jullie hebben gedaan. Je zou ze moeten zien, die voormalige leiders van je, in Neurenberg. Ze kijken naar de aanklager, ze zitten de getuigen aan te horen alsof het over iemand anders gaat! En dan verdedigen ze zich, terwijl ze hun mond zouden moeten houden!'

Hedy begon door de ruimte te ijsberen. Ze had nog steeds haar jas aan en vond geen rust.

'Zeg nou eens iets!' schreeuwde ze naar het meisje dat nog steeds de bezem vasthad.

Blackie begon te praten. Eerst zachtjes en langzaam, alsof ze het tegen zichzelf had. Toen steeds doortastender.

'Ik heb niets verkeerd gedaan. Ik ben nu hier, ben net als jij twintig jaar, ik ben arm, ik werk en om hogerop te komen studeer ik. Ik... ik mag ook naar de toekomst kijken, toch?'

'Ga verder.'

Ik respecteer je verdriet en ik walg van de dingen die jullie ontdekken. Maar weet je? Wil je weten wat ik denk van jullie verdomde processen?'

Nu werd ze boos. Hedy keek naar haar, klaar om opnieuw aan te vallen, maar onderbrak haar niet.

'Door dit hele ingewikkelde apparaat dat jullie in werking hebben gesteld zal iedereen nog jarenlang moeten wachten tot er iets uit komt. Jullie hadden ze allemaal meteen op het plein moeten executeren, gewoon omdat ze toen ze werden opgepakt een ss-uniform droegen, of omdat ze voor het leger, het ministerie of de partij werkten. Dan zouden we nu allemaal bevrijd zijn!'

'Maar wat...'

'Denk er maar eens over na! Het is waar! Jullie met je gerechtigheid blijven maar graven en reconstrueren zodat iedereen erover blijft praten, om de dingen beetje bij beetje boven tafel te krijgen, als een druppel die een steen uitholt en je langzaam gek maakt. Een waterval die alles in één klap wegvaagt, die uitmoordt en reinigt, is veel beter. Dat hadden jullie moeten doen!'

Hedy wist niet wat ze moest zeggen. Ze allemaal meteen vermoorden...

'En dan nog wat!' Blackie stond op, zette de bezem woedend in een hoek en begon haar werkschort los te knopen. 'Ik zeg nog één ding en dan vertrek ik voorgoed. Want daarna zul je me niet meer willen zien.'

'Zeg het maar.'

'Als alles zo was gegaan als ik net zei, zou jij nu ook aan de toekomst denken! Je zou daadwerkelijk op zoek gaan naar je ouders en naar de waarheid. Een verschrikkelijk droevige waarheid, of misschien wel een onverwachte vreugde. In beide gevallen zou je dan eindelijk die halve waarheden, onvoltooide gerechtigheid en frustrerende wraakzucht achter je kunnen laten. Dan zou je eindelijk weer tot leven komen en dat is het belangrijkste. Leven is belangrijker dan gerechtigheid, snap je?'

Hedy ging zitten met haar handen in haar haar.

'Je praat zo omdat...'

'Omdat het de waarheid is! En dat weet je! We weten allemaal dat er nu moed nodig is om door te gaan! En dat de slechteriken moeten sterven! Maar laat het in godsnaam snel gebeuren!'

Het blonde meisje, beeldschoon en woedend, stond al bij de voordeur.

Hedy bleef zitten, met haar blik op het gebloemde tafelkleed waarvan ze de kleuren niet meer zag en een leeg hoofd, terwijl er vanbinnen een extreme moeheid in haar naar boven kwam zoals een ondoordringbare mist opstijgt uit het kalme water van een meer.

Blackie stond lang naar haar te kijken en voelde medelijden. Medelijden, maar ook nog woede.

'Ik ga', zei ze, nog steeds met vaste stem.

Geen antwoord.

'Dag,' zei ze zachtjes. 'Ik wens je het beste.'

# 26

In de weken daarna zei Eva niets meer tegen Hedy over de namenlijst van de gedeporteerden en over de zoektocht naar haar ouders. Ze deed alleen haar best om in haar buurt te zijn, want Hedy had het moeilijk. 's Nachts had ze nog steeds nachtmerries over haar moeder, overdag werkte ze zo hard ze kon aan het onderzoek. Ze las gretig en enorm geconcentreerd. Ze vond documenten die van belang waren voor andere processen, ze vond bewijsstukken die de positie van de beklaagden in het artsenproces waar ze al materiaal voor hadden zodanig zouden verzwaren dat ze ter dood konden worden veroordeeld. De meest vastberaden onderzoekers stelden haar als voorbeeld, hoewel haar mate van toewijding hen een beetje bang maakte. De mensen die moe waren of al tevreden met de behaalde resultaten bleven een beetje op afstand; ze voelden zich door haar geprovoceerd om harder te werken en om onvoorwaardelijk te geloven dat elk woord in die eindeloze zee van papier belangrijk was.

Naarmate de dagen voorbijgingen, deed de moeheid zich steeds meer voelen. Hun ogen brandden, de uren die ze af en toe zonder stroom moesten doorbrengen werden zwaarder. Als dat gebeurde gaven sommigen van hen het op en namen een ruime pauze die was gerechtvaardigd door de omstandigheden. Hedy niet. Als het licht uitviel haalde ze gewoon een elektrische zaklantaarn uit haar tas en richtte snel een werkhoekje in met kaarsen, een stoel, een tafel voor haar alleen of een stukje vloer waar geen ordners lagen naast een van haar eilandjes met documenten die ze met gekleurd lint had afgezet.

Haar methode werkte en bezorgde haar een nieuwe interessante ontdekking. Op een avond vond ze een lange notitie van Sturmbannführer Fritz Suhren, de commandant van kamp Ravensbrück, geschreven op 22 februari 1943. Suhren schreef aan de hoogte autoriteiten van de SS in Berlijn over enkele aanpassingen aan de leefomstandigheden in het kamp, het aantal geïnterneerde gevangenen (inmiddels rond registratienummer 19.000), werk in uitvoering (werkzaamheden op het land en actieve productie van militaire uniformen en schoenen voor de soldaten van de Wehrmacht en de SS) en de typologie van de aankomende gevangenen (82,5% politieke gevangenen, 11,5% asocialen, iets meer dan 3% gewone criminelen, 1,11% Jehova's getuigen en ongeveer 2% andere categorieën). Daarna volgden mededelingen over bepaalde personeelsleden in het kamp, waarbij werd verwezen naar twee bijlagen met 'kwesties van een interne orde'. Eén ervan was bij het hoofddocument gevoegd. Het ging over het opleiden van SS-Aufseherinnen, vrouwelijke hulpkrachten die de gevangenen moesten bewaken. De training functioneerde goed, binnenkort zou een contingent van ongeveer honderdvijftig vrouwelijke hulpkrachten naar Dachau vertrekken nadat ze hadden aangetoond te beschikken over 'een patriottistische instelling, toewijding aan de zaak en een uitmuntende daadkracht en strenge discipline'.

Hedy stelde zich voor hoe toegewijd aan de zaak die vrijwilligsters wel niet moesten zijn. Het scheen dat deze vrouwen uit alle hoeken van Duitsland naar Ravensbrück kwamen nadat in wervingsadvertenties in de kranten had gestaan dat dit werk goed verdiende en dat het veel voldoening gaf om iets voor je vaderland te doen. In de kampen veranderden de vrouwen vervolgens in perfecte machines van onderdrukking en gevangenschap, zo wreed en gevoelloos dat hun mannelijke collega's van de SS ervan zouden opkijken.

Ze liet het document met de bijlage aan Eva en Hermann zien.

'Het oude liedje,' zei de laatste. 'Deze nota over het aantal geïnterneerden in die periode is hoogstens nuttig voor het militaire archief.'

'Ja,' zei Eva ook. 'Jammer dat dit rapport geen enkele melding maakt van medische experimenten hoewel het geschreven is in februari 1943, dus de periode waarin het grootste deel van de experimenten plaatsvond.'

'De medische staf van het kamp, Gebhardt en de anderen, rapporteerden aan de staf van de gezondheidszorg van de ss en het Derde Rijk,' ging Hermann verder. 'Waarschijnlijk vond de kampcommandant het wel best om zich niet met de experimenten te bemoeien. Voor hem was de efficiëntie belangrijk: werken, en indien het aantal moest worden aangepast om de kwaliteit van het werk te handhaven, uitroeiing.'

Hedy was onthutst.

'En die ontbrekende bijlage dan?'

'Waarschijnlijk andere aantekeningen over het personeel en over de organisatie van het kamp,' antwoordde haar vriend. 'Een voorstel om een ondergeschikte te promoveren, of een straf voor iemand die niet gehoorzaamde. Niets relevants voor onze processen, denk ik.'

'Waarom ontbreekt hij dan?'

Even was het stil.

'Misschien omdat iemand de sporen van de naam van een bepaalde ss-officier wilde uitwissen,' zei Hermann. 'Inmiddels weten we dat van honderden mensen de identiteit nooit zal worden achterhaald. Er is weinig aan te doen. We kunnen moeilijk de rest van ons leven blijven jagen op elke individuele verantwoordelijke.'

Hedy wilde niet in discussie gaan.

'Ik ga verder zoeken,' zei ze, terwijl ze zich boog over de papieren die om haar heen lagen.

'Maar deze heb je allemaal al gelezen!' riep Eva uit. 'En jij leest alles zo aandachtig!'

Dat was waar. De documenten die Hedy al had gelezen lagen nu in de goede volgorde op hoge stapels.

'Ik ga ze nog eens bekijken,' zei Hedy. 'Misschien heb ik die bijlage van Suhren over het hoofd gezien.'

Eva en Hermann keken elkaar moedeloos aan. Ze wisten niet of ze moesten aandringen of hun vriendin gewoon laten doen wat ze in haar hoofd had.

'Gaan jullie maar,' zei Hedy zonder zich om te draaien. 'Het is al laat. Zorg dat jullie op tijd zijn voor dat jazzconcert in Berlijn. Ik werk nog een uurtje door, als het licht niet eerder uit gaat…'

# 27

Drie uur later zat Hedy bij kaarslicht in de grote verlaten bunker perplex maar tevreden met een stuk papier in haar handen. Ze had pijn in haar rug en ze had het koud. Hoe ze daar weg moest komen, wist ze niet. Ze was er bijna zeker van dat geen enkele soldaat van de wacht bij het documentatiecentrum, die elke dag uit minder mannen bestond, de moeite zou nemen om te controleren of er op dit tijdstip nog iemand in de ondergrondse ruimte was. De paar dienstdoende militairen vonden het waarschijnlijk voldoende om rondjes om het troosteloze gebouw te lopen; als ze om hulp zou roepen, zou niemand haar horen.

Maar dat kon haar niet schelen. Ze zou hier beneden de nacht kunnen doorbrengen op een bed van papieren en ordners. Misschien zou ze dan niet zo akelig dromen of midden in de nacht moeten overgeven bij de gedachte aan de gruwelen die uit die beerput naar boven bleven komen. De volgende ochtend zou ze Eva en de anderen doodmoe maar tevreden haar nieuwe ontdekking laten zien: bijlage nummer twee van het rapport van Sturmbannführer Fritz Suhren. De ss-officier en kampcommandant stuurde zijn meerderen met Germaanse nauwgezetheid de tekst van een aan hem gericht protest dat door verschillende gevangenen was opgesteld en ondertekend.

> Wij ondergetekenden, Poolse politieke gevangenen, vragen de commandant of hij op de hoogte is van het feit dat in het

kampziekenhuis vanaf het jaar 1942 experimentele chirurgische operaties worden uitgevoerd op gevangenen die bekendstaan onder de naam 'proefkonijnen'. De aanleiding voor en de zin van dergelijke operaties is ons op geen enkele wijze duidelijk gemaakt. Wij vragen ons af of degenen van ons die geopereerd zijn deze behandeling hebben ondergaan als gevolg van over ons uitgesproken vonnissen, aangezien het internationaal recht operaties op gevangenen, ook op politieke gevangenen, voor zover wij weten niet toestaat.

Vijftien gevangenen hadden het protest ondertekend. Hedy zag voor zich hoe de letters van die namen werden geschreven door weerloze vrouwen met trillende handen, vrouwen die al bij verschrikkelijke operaties betrokken waren geweest en die nu wanhopig waren omdat ze binnenkort opnieuw onder het mes zouden moeten. Helaas zat het originele stuk papier dat door een onbekend iemand bij de commandant was bezorgd er niet bij.

Hedy bekeek de lijst met namen. Het was mogelijk een lijst van ter dood veroordeelde gevangenen, aangezien ze hadden durven rebelleren en melding van machtsmisbruik hadden gemaakt.

De eerste gevangene die had getekend heette Karolewksa.

Karolewska… dacht ze. Je hebt als eerste getekend. Waarschijnlijk was het jouw initiatief. Je hebt de anderen van de noodzaak overtuigd om actie te ondernemen, dat jullie niet stil konden blijven. De anderen zullen bang zijn geweest, dat staat vast. De verwijzing naar het internationaal recht lijkt expres te zijn opgenomen zodat de nazi's zo snel mogelijk met jullie zouden afrekenen. Waren jullie zo wanhopig?

# 28

Diezelfde ochtend stuurde Hedy het complete rapport van Suhren naar McHaney. Ze vertrouwde het toe aan een vriend van Hermann, een militair die naar Neurenberg moest, en drukte hem op het hart om het document die avond nog persoonlijk bij het paleis van justitie af te geven.

Bij de integrale vertaling van het document die ze had gemaakt, voegde ze een persoonlijke boodschap voor McHaney:

> Geachte aanklager, als we deze gevangene Karolewska levend en in staat om te getuigen zouden vinden, weet ik zeker dat we een troefkaart in handen zouden hebben.
>
> Daarnaast zou ik willen voorstellen dat we ook op zoek gaan naar de andere gevangenen die dit moedige appèl hebben ondertekend.
>
> Niet minder dan twee maanden geleden hebt u me uw personele hulp aangeboden om de Russen in het door hun bezette gebied te laten onderzoeken wat er met mijn ouders is gebeurd.
>
> Welnu, als uw band met de Russen nog goed genoeg is om een dergelijk onderzoek uit te laten voeren, kunt u die invloed ook gebruiken om mevrouw Karolewska en haar medegevangenen, die zich als ze nog leven waarschijnlijk in Polen bevinden, te traceren.

We weten namelijk dat de Poolse politieke vrouwelijke gevangenen die aan de experimenten deelnamen voornamelijk afkomstig waren uit de gebieden rond Warschau en Lublin. Wellicht is ze teruggegaan, en de andere vrouwen ook. Maar we zijn vooral geïnteresseerd in Karolewska.

Ik voel dat dit de ontbrekende getuige is die een doorslaggevend beeld kan schetsen van alle beklaagden die in Ravensbrück waren.

Hedy

De volgende dag haalde McHaney haar terug naar Neurenberg.

# 29

'Ons verzoek is officieel overgedragen aan de Sovjetautoriteiten. Maar dat betekent niet automatisch dat ze zich enthousiast op het onderzoek zullen werpen dat wij ze vragen uit te voeren.'

Dat was de mening van Tom Hardy. McHaney knikte, hij was goed op de hoogte van de moeilijkheden die door zijn collega werden aangekaart. Alleen Hedy was verbaasd.

'Waarom zouden ze dat niet doen? Ze willen er toch niet van worden beschuldigd dat ze nazimisdadigers in bescherming nemen!'

De mannen wisselden een snelle blik van verstandhouding.

'Zo simpel is het niet meer,' legde McHaney uit. 'We hebben nu overtuigende bewijzen dat de Russen de relatie met de Duitsers die onder hun toezicht leven niet nog meer willen verstoren…'

'Laten we zeggen dat ze al wraak hebben genomen, met plunderingen en andere… onbeleefdheden,' voegde Hardy toe. 'Maar ze zijn nu van plan om lange tijd in Oost-Duitsland te blijven en overeenkomsten te sluiten met nieuwe Duitse leiders om van het land een brave satellietstaat te maken. Hulp bieden bij het uitvoeren van onze processen past niet echt in hun plan, en doorslaggevende hulp al helemaal niet.'

Hedy keek haar leidinggevenden aan. In hun ogen was het geen haalbaar doel.

'Vertelt u me nu dat we ons overgeven?'

Hardy zuchtte.

'Kijk, we kunnen niet zelf naar Warschau of Lublin gaan om informatie over die Karolewska of haar medegevangenen in te winnen. Daarom zijn we afhankelijk van onze bondgenoten, die ons er nu al van beschuldigen dat we Duitsland in gijzeling houden met onze processen en onze beroemde denazificatie.'

'Ze doen net alsof zij degenen zijn die zich om de toekomst van Duitsland bekommeren en dat wij het land op zijn verleden blijven afrekenen.'

Hedy dacht na. McHaney keek haar vriendelijk aan.

'We hebben er alles aan gedaan, Hedy. We hebben bewijzen en getuigen om ze allemaal te veroordelen. Ook de minder belangrijke beklaagden zullen een straf krijgen, puur omdat bewezen is dat ze zonder protest aan de experimenten hebben meegewerkt. Wellicht een milde straf, maar het is toch zeker een schandvlek...'

Hedy knikte afwezig. Plotseling brak een glimlach door op haar gezicht.

'Ik heb het!'

De twee juristen keken haar verbaasd aan.

'Polen tegen Duitsland,' ging ze verder. 'Het is een eenvoudig plan, maar juist daarom werkt het misschien wel...'

'Verklaart u zich nader.'

Hedy keek naar de kaart van Europa die achter het bureau hing.

'De Russen willen de Duitsers paaien,' legde ze uit, 'zelfs als dat betekent dat ze een paar leden van de nazipartij en de ss moeten begunstigen. Prima. Maar daarbij kunnen ze niet het risico lopen de Polen te beledigen. Ze zitten toch nog steeds in Polen?'

'Ja.'

'En ze hebben vast geen haast om Polen te verlaten.'

'Nou, dat is nog onduidelijk. Ze hebben wel een motief om Duitsland langer te bezetten: voorkomen dat de Duitsers snel weer een vijandige macht worden. Wat Polen betreft is hun poli-

tiek nog niet duidelijk, het land moet nog stabiele en onafhankelijke besturen krijgen, hoewel dat moeilijk te realiseren zal zijn…'
'Kom nou!' protesteerde Hedy. 'Jullie proberen de Russen op elke mogelijke manier in een kwaad daglicht te stellen maar jullie weten nog niet zeker of ze met alle landen die ze bezetten slechte bedoelingen hebben?'
'Laten we zeggen dat we dit argument nu nog niet tegen ze kunnen gebruiken. Ze hebben nog geen beslissende stappen gezet.'
'Nou, laten we dan kijken welk spel ze willen spelen!' riep Hedy opgewonden. 'Laten we ze dwingen hun kaarten op tafel te leggen!'
'Hoe dan?'
'We hebben een lijst met Poolse politieke vrouwelijke gevangenen van wie we willen weten wat er met ze gebeurd is. Het zijn slachtoffers, maar ook heldinnen; vaderlandslievenden die hebben geleden omdat ze deel uitmaakten van een onderdrukt volk. We vertellen de pers dat ze zo moedig waren om in opstand te komen en dat wij naar ze op zoek zijn omdat we ze graag in het openbaar de eer willen doen toekomen die ze verdienen.'
Hardy begon het te begrijpen.
'Interessant…'
Hedy was blij met de bijval.
'We gebruiken de pers, de radio, alles wat we hebben voor de zoektocht naar de fantastische vrouwen van het Poolse verzet die niet zijn gezwicht voor de wreedheden van het concentratiekamp. We publiceren het protest van Karolewska en haar medegevangenen, daarna zeggen we dat sommige van deze moedige vrouwen mogelijk nog in leven zijn. De Russen willen ons misschien niet helpen, maar de Polen wel.'
McHaney keek naar zijn collega.
'Heeft het zin?'
Hardy gaf geen antwoord. Hij keek naar Hedy met iets van bewondering en zij keek terug, haar ogen straalden van enthousiasme en verlangen naar actie. De advocaat vond het meisje op dat

moment, zoals ze volledig door haar idee in beslag werd genomen, heel erg mooi.

'We kunnen het in ieder geval proberen,' besloot McHaney. 'We zullen zien of iemand bij de leiding of zelfs in Washington er oren naar heeft om de Russen in verlegenheid te brengen...'

# 30

McHaney trok de aandacht van de aanwezigen in de rechtszaal door aan te kondigen dat een bepaald persoon, over wie velen van hen in de afgelopen dagen hadden horen praten, in de getuigenbank zou plaatsnemen.

De vrouw kwam rustig naar voren, alsof ze alle tijd van de wereld had. Hedy zag haar eenvoudige schoonheid. Ze wist hoe oud ze was, zevenendertig, maar de waardigheid van die vrouw trof haar diep. Haar levenservaring was met geen enkele kalender te meten.

Zodra de getuige had plaatsgenomen, ging de aanklager van start.

'Wat is uw naam?'
'Władysława Karolewska.'
'Bent u geboren in Żuromin op 15 maart 1909?'
'Ja.'
'Hebt u de Poolse nationaliteit?'
'Ja.'
'Bent u uit vrije wil hierheen gekomen om te getuigen?'
'Ja, ik ben hier als getuige uit vrije wil.'
'Wat is uw woonplaats?'
'Ik woon in Warschau, Inżynierska 9.'
'Bent u getrouwd?'
'Nee.'

'Leven uw ouders nog?'
'Nee, ze zijn overleden.'
'Wat voor opleiding hebt u gehad?'
'In 1928 heb ik mijn lerarendiploma behaald.'
'En wat hebt u gedaan tussen 1928 en het begin van de oorlog in 1939?'
'Ik werkte als juffrouw op een basisschool in Grudziądz.'
'Onder welke omstandigheden bent u met die werkzaamheden gestopt?'
'In juni 1939 heb ik het schooljaar tot de zomervakantie afgemaakt.'
'En bent u na de zomer weer gaan lesgeven?'
'Nee, ik kon niet terug naar school omdat alle activiteiten door het uitbreken van de oorlog waren gestaakt. Ik ben in Lublin gebleven.'
'En wat deed u in Lublin?'
'Ik woonde bij mijn zus en kon niet werken.'
'Meldde u zich toen in Lublin bij het Poolse verzet?'
'Ja.'
'Welke rol vervulde u in het verzet?'
'Ik was koerierster.'
'En bent u gearresteerd vanwege uw activiteiten in de verzetsbeweging?'
'Op 13 februari 1941 ben ik door de Gestapo gearresteerd.'
'Werd uw zuster tegelijk met u gearresteerd?'
'Mijn beide zusters en mijn twee zwagers werden allemaal op dezelfde dag tegelijk met mij gearresteerd.'

Hier liet McHaney een korte stilte vallen. Iedereen zat aandachtig te luisteren en voelde zich vanaf de eerste woorden betrokken bij Karolewska's verhaal, dat ze ogenschijnlijk zonder emotie vertelde.

'Wat gebeurde er nadat u was gearresteerd?'
'Ik werd door de Gestapo vastgehouden.'

'En hoe werd u door hen behandeld?'

'Op de eerste dag werden mijn gegevens genoteerd en werd ik naar de gevangenis van Lublin gebracht.'

'En toen? Vertelt u zo volledig mogelijk wat de Gestapo met u heeft gedaan en waar ze u naartoe brachten.'

'Ik bleef twee weken lang in de gevangenis van Lublin, daarna werd ik opnieuw meegenomen door de Gestapo. Ik werd ondervraagd, ze wilden me dwingen te vertellen waar het verzet mee bezig was. Ze wilden ook dat ik de namen van de personen met wie ik had samengewerkt prijsgaf. Dat deed ik niet en toen begonnen ze me te slaan. Eén man van de Gestapo sloeg me een hele lange tijd, met korte tussenpozen. Toen werd ik weer in de cel gezet. Twee dagen later, midden in de nacht, werd ik opnieuw door de Gestapo opgehaald om ondervraagd en geslagen te worden. Ik bleef een week lang op het bureau van de Gestapo en werd de hele tijd zo behandeld. Toen stuurden ze me terug naar Lublin. Daar bleef ik in de gevangenis tot 21 september 1941. Op die dag werd ik samen met andere gevangenen overgeplaatst naar concentratiekamp Ravensbrück, waar ik op 23 september 1941 aankwam.'

'Voor u verdergaat: bent u ooit voor een tribunaal ervan beschuldigd lid te zijn van het Poolse verzet?'

'Nee, ik ben alleen door de Gestapo verhoord. Het vonnis dat op mij betrekking had, als het al bestaat, is in mijn afwezigheid uitgesproken, want niemand heeft me ooit op de hoogte gebracht van een beschikking tegen mij.'

'Dank u. Wilt u nu het college vertellen wat er met u in Ravensbrück gebeurde?'

'In Ravensbrück moesten we gevangeniskleding aantrekken. Ik werd in een barak ondergebracht en bleef drie weken in quarantaine. Na deze periode werden we aan het werk gezet. Het was erg zwaar. In de lente kreeg ik ander werk en werd ik overgeplaatst naar een kleermakerij. We werkten urenlang, in ploegendienst. De ene week werkte ik de hele dag en in de week erna de hele nacht.

In de loop van de lente werden de omstandigheden in het kamp slechter. Omdat de voedselrantsoenen steeds magerder werden, heerste er honger. We waren ondervoed, uitgeput en niet sterk genoeg om te kunnen werken. Toen het zomer werd, werden onze schoenen en sokken ons afgenomen en moesten we op blote voeten lopen. We haalden onze voeten open aan het grind van het kamp. Het zwaarst waren de zogeheten 'appels', dan moesten we urenlang staan, soms wel vier uur achter elkaar. Als een gevangene werd betrapt als ze ter bescherming een stuk karton onder haar voeten probeerde te leggen, werd ze geslagen en inhumaan behandeld. Het hele appel lang moesten we onbeweeglijk dicht op elkaar blijven staan. We konden onze lippen niet eens bewegen, want dan zouden we beschuldigd kunnen worden van bidden. Bidden was niet toegestaan...'

Ze begon overstuur te raken. Hedy voelde enorm veel medelijden. De herinnering aan die momenten bracht haar weer terug naar die plek.

'Wilt u een beetje water drinken?' vroeg McHaney vriendelijk.

Karolewska nam het aan. De aanklager wachtte tot ze weer was hersteld.

'Juffrouw, nu wil ik graag vragen stellen die rechtstreeks betrekking hebben op het onderwerp van dit proces. Hebt u in Ravensbrück een chirurgische operatie ondergaan?'

'Ja, ik ben geopereerd.'

'Wanneer was dat?'

'Op 22 juli 1942 werden vijfenzeventig gevangenen, allemaal uit Lublin, door de kampcommandant bijeengeroepen. We stelden ons op voor de kampkantoren. Daar waren Kogel, Mandel en een man die ik later heb leren kennen als dokter Fischer. Ze onderzochten ons kort en stuurden ons terug naar ons blok met de boodschap dat we verdere instructies moesten afwachten. Op 25 juli werden alle vrouwen van het Lublin-transport opgeroepen door Mandel, die vertelde dat het vanaf dat moment verboden was om buiten het kamp te werken. Vijf andere vrouwen, die uit Warschau kwamen, werden samen met ons opgeroepen. De volgende dag bleven we dus in het kamp. We werden alle vijfenzeventig opnieuw opgeroepen en moesten ons opstellen voor het kampziekenhuis. Daar waren Schiedlausky, Oberheuser, Rosenthal, Kogel en Fischer aanwezig.'

McHaney liep naar de getuige toe.

'Juffrouw, mag ik u nu vragen of u mevrouw Oberheuser in de beklaagdenbank kunt aanwijzen?'

Karolewska vroeg of ze naar de bank toe mocht lopen. Toen ze daar toestemming voor kreeg, stond ze rustig op en wees zonder een spier te vertrekken dokter Oberheuser aan.

Hedy wist dat McHaney graag wilde dat Oberheuser als eerste werd geïdentificeerd, ondanks dat de getuige ook een andere beklaagde had genoemd. Hij wilde dat deze getuigenis vooral belastend zou zijn voor de vrouwelijke arts.

'Dank u. Herkent u Fischer ook?'

Ze wees Fischer aan.

'Ik verzoek dat in de processtukken wordt opgenomen dat de getuige zonder twijfel beklaagden Oberheuser en Fischer heeft geïdentificeerd,' besloot de aanklager.

Rechter Beals ging akkoord.

Nu kon McHaney verdergaan.

'Juffrouw Karolewska, u hebt zojuist verklaard dat in juli 1942 ongeveer vijfenzeventig jonge Poolse vrouwen, net als u afkomstig uit Lublin, werden opgeroepen en aan de artsen van kamp Ravensbrück ter beschikking werden gesteld. Werden sommige van deze meisjes geselecteerd voor een operatie?'

'Die dag wisten we niet wat de reden was dat we waren uitgekozen. Ongeveer tien van ons moesten naar het ziekenhuis, maar we wisten niet waarom. Na een paar uur keerden vier van ons terug, maar de andere zes bleven in het ziekenhuis. Zij kwamen later die dag terug naar het blok; ze hadden een injectie gehad maar we wisten niet om wat voor soort injectie het ging. Op 1 augustus moesten deze zes meisjes opnieuw naar het ziekenhuis komen en werden ze opgenomen. We kregen geen contact met ze om te vragen waarom ze in het ziekenhuis moesten blijven. Tien dagen later slaagde een vriendin van mij erin om in de buurt van het ziekenhuis te komen en hoorde ze van een personeelslid dat alle meisjes in bed lagen en dat hun benen in het gips zaten.'

'Baarde deze ontdekking jullie zorgen?'

'We waren bang. Dit was iets nieuws. Maar in het kamp waren we altijd bang. We wisten dat ons van alles kon overkomen…'

'En wat gebeurde er toen?'

'Op 14 augustus werd ik opgeroepen om naar het ziekenhuis te komen. Het was verschrikkelijk, want het was op het tijdstip waarop normaal de executies plaatsvonden en ik dacht dat ze me misschien wilden terechtstellen, ook omdat ze een paar dagen eerder al een paar gevangenen hadden gedood. Ik meldde me toch maar bij de artsen en ze schreven mijn naam op een lijst, nog steeds zonder me te vertellen waarom. Na mij werden nog acht vrouwen opgeroepen. We moesten allemaal in bed gaan liggen. De afdeling waar we moesten verblijven werd met een sleutel afgesloten. Ze zeiden niets tegen ons, legden niet uit wat er gebeurde. Een van mijn vriendinnen vroeg een vrouwelijke hulpkracht van de ss om opheldering, maar kreeg alleen een ironische glimlach als antwoord. Vlak daarna kwam een Duitse verpleegster binnen die me een injectie in mijn been gaf. Na die injectie voelde ik me niet goed, ik moest overgeven en was zo zwak dat ik op bed bleef liggen. Ze kwamen bij me, legden me op een brancard en brachten me naar de operatiezaal. Daar waren dokter Schiedlausky en dokter Rosenthal aanwezig. Ik kreeg nog een injectie, in een ader van mijn arm. Ik was zo verzwakt dat ik bijna verlamd was. Ik herinner me dat ik dokter Fischer langs zag komen. Hij verliet de operatiezaal en trok operatiehandschoenen aan. Ik wilde gillen en wegrennen, maar dat was onmogelijk…'

Op dit moment kreeg Hedy een paniekaanval. De vrouw beschreef een van haar terugkerende nachtmerries. Ze gaf haar de boodschap dat het allemaal echt was. Hedy voelde de neiging om weg te lopen en probeerde op te staan, maar plotseling werd ze heel duizelig. Ze bleef met haar ogen dicht op haar plaats zitten terwijl een kil gevoel zich over haar hele lichaam verspreidde. Ze veegde het zweet van haar voorhoofd. Ze besefte dat Władysława Karolewska was opgehouden met praten en dat niemand haar durfde aan te sporen om verder te gaan. Iedereen wachtte in stilte tot ze weer verder kon.

'Toen… verloor ik het bewustzijn, en toen ik bijkwam lag ik op een ziekenkamer. Mijn rechterbeen deed zo veel pijn dat ik opnieuw flauwviel. Toen ik de volgende ochtend wakker werd zat mijn been van mijn enkel tot mijn knie in het gips. Het deed nog steeds heel veel pijn en ik had hoge koorts. Mijn been was van mijn tenen tot aan mijn lies opgezwollen. De pijn werd erger en ik had het gevoel dat de koorts erger werd. De volgende dag schrok ik omdat ik zag dat er een soort… vloeistof uit mijn been liep. Niemand vroeg hoe het met me ging en ik kon niemand om hulp vragen. De mensen die voor me zorgden zwegen in alle talen, alsof ik een ding was. Op de derde dag legden ze me weer op een brancard en werd ik naar een behandelkamer gebracht. Daar zag ik dokter Fischer weer. Hij droeg chirurgenkleding en rubber handschoenen. Ze legden een doek over mijn ogen en daar lag ik dan in het donker. Ik weet niet wat ze met mijn been deden, maar het deed vreselijk pijn. Ik had het gevoel dat ze een deel van mij aan het wegsnijden waren, dat ze…'

Stilte.

Hedy was bijgekomen, maar haar hart bonsde nog steeds hevig. Niet mijn moeder, dacht ze. Niet mama…

'Het gips was verwijderd. Ik hoorde ze met elkaar praten en opmerkingen maken. Schiedlausky, Rosenthal en Oberheuser waren erbij. Ik heb ze allemaal gezien toen mijn verband werd verschoond. Het was de eerste keer dat ze dat deden sinds de operatie. Toen mocht ik weer terug naar de afdeling. Na drie dagen lag ik weer in dezelfde behandelkamer en werd mijn verband verwisseld door dokter Fischer en de anderen.'

'Alle anderen die u hebt genoemd?'

'Ja, allemaal.'

'Dus uw gezondheidstoestand begon te verbeteren…'

'Ja, maar het was zinloos.'

'Waarom?'

'Omdat we twee weken later allemaal opnieuw op de operatietafels werden gelegd. Toen het verband werd verwijderd, zag ik mijn been voor het eerst weer. Tot dat moment was ik altijd geblinddoekt als ze de zwachtels verwisselden.'

'En hoe zag uw been eruit?'

'Er was een lange open wond.'

'Open?'

'Ja, zo diep dat ik het bot kon zien.'

Hedy was verbijsterd. Hoe kon ze zo praten? Hoe kon dit waar zijn? De onwezenlijkheid van het hele verhaal was zo onverdraaglijk, nog erger dan de misselijkheid die haar vlak daarvoor had overvallen. Maar de getuige was nog niet klaar en Hedy besefte dat ze gewoon de waarheid sprak en dat die waarheid elke mogelijke fantasie oversteeg.

'Was de wond zo open dat hij niet meer bloedde?' vroeg McHaney.

'Er kwam geen bloed uit, ik weet niet waarom. Ze hielden verbandgaas tegen de droge wond en stopten er een spulletje in…'

'En wat gebeurde er toen?'

'We kregen te horen dat een arts uit Hohenlychen, dokter Gebhardt, ons zou komen onderzoeken. We lagen drie uur lang op die tafels op zijn komst te wachten. Toen werden we geblinddoekt. Toen de doek van mijn ogen gleed, ving ik een glimp van hem op. Daarna verliep de behandeling normaal. Op 8 september mocht ik terug naar mijn blok. Mijn been was weer opgezwollen en er kwam ook weer pus uit. Daardoor kon ik niet lopen. Ik bleef een week in mijn bed, tot ik weer door het ziekenhuis werd opgeroepen. Als mijn vriendinnen me niet hadden ondersteund had ik er niet eens kunnen komen. In het ziekenhuis trof ik een paar vriendinnen die ook al eerder waren geopereerd.'

'Bespraken jullie wat er zou gaan gebeuren?'

'Nee. Ik was totaal in paniek. Op weg naar het ziekenhuis realiseerde ik me dat ik misschien nooit meer zou kunnen lopen. Ik kon alleen maar denken dat ze me spoedig zouden vermoorden. Voor het ziekenhuis stond namelijk een ambulance die door de Duitsers vaak werd gebruikt om gevangenen weg te brengen die geëxecuteerd zouden worden.'

'Wat gebeurde er in plaats daarvan?'

'In de behandelkamer inspecteerden dokter Oberheuser en dokter Schiedlausky zonder een woord met ons te wisselen onze benen. Diezelfde middag werd ik weer op een brancard naar de operatiekamer gebracht en voor de tweede keer geopereerd. Alles verliep precies als bij de eerste operatie, ze brachten me met een injectie in slaap en toen ik wakker werd, had ik koorts en hevige pijn.'

'Wie voerde de tweede operatie uit?'

'Ik zag dokter Fischer, de anderen herinner ik me niet meer.'

'Ging het daarna beter met u?'

'Nee. Ik had dezelfde symptomen: mijn been zwol op en er kwam ook weer pus uit. Na deze operatie kreeg ik elke drie dagen door dokter Fischer medicatie toegediend. Na tien dagen werd ik samen met anderen in dezelfde toestand naar de behandelkamer gebracht, waar we wachtten tot dokter Gebhardt opnieuw onze benen nauwkeurig kwam inspecteren. Dit keer waren er verschillende personen bij hem die naar zijn beknopte commentaar luisterden. Ik kende die mensen niet en heb nooit geweten wie ze waren. Toen werden we weer naar de afdeling gebracht. In die tweede herstelperiode ben ik wreed behandeld door dokter Oberheuser.'

Na deze woorden ging McHaney wat dichter bij Karolewska staan. Ook Hedy ging weer wat meer rechtop zitten.

'Wat bedoelt u?'

'Op een dag deed ik op mijn kamer hardop mijn beklag tegen vriendinnen. Ik was kwaad en wilde dat het ophield. Ik zei dat we onder verschrikkelijke omstandigheden waren geopereerd, dat we in die kamers gewoon aan ons lot waren overgelaten, dat ze ons het grootste deel van de tijd in ons eentje lieten lijden en dat er geen enkele hoop op genezing was. Op de gang stond een Duitse verpleegster. Waarschijnlijk had ze alles gehoord wat ik zei, want de deur van de kamer stond open. De verpleegster kwam de kamer binnen en beval ons om op te staan en ons aan te kleden. We antwoordden dat we haar bevelen niet konden opvolgen omdat onze benen zo veel pijn deden dat we niet konden staan. De verpleegster ging weg en kwam even later terug met dokter Oberheuser. Ook Oberheuser zei dat we ons moesten aankleden en haar naar de operatiekamer moesten volgen. Onder haar ogen werden we gedwongen om uit bed te komen. We kleedden ons aan en hinkten op ons gezonde been achter haar aan naar de operatiekamer. Door de afschuwelijke pijn aan mijn geopereerde been moest ik na elke keer hinken even stilstaan om op adem te komen. Oberheuser stond niet toe dat we elkaar hielpen. In tranen en volledig uitgeput bereikten we de operatiekamer. De arts was vooruitgelopen en wachtte ons binnen op. Ze bekeek ons allemaal zonder te vragen hoe we ons voelden en zei doodkalm dat we nu weer terug mochten, omdat er vandaag geen behandelingen zouden plaatsvinden. Ik weet nog dat ik zodra ze de kamer uit was in elkaar zakte en terug naar mijn bed werd geholpen door een gevangene van wie ik de naam niet meer weet, die daarmee een groot risico liep om gestraft te worden.'

Na deze woorden liet McHaney een stilte vallen. Alle ogen in de rechtszaal waren op Oberheuser gericht. Ook Hedy keek naar haar, maar door haar tranen kon ze de vrouw niet duidelijk onderscheiden tussen de anderen. Ze droogde haar tranen met een zakdoekje en zag toen dat de vrouw nog steeds vijandig en bevreemd in de verte zat te staren. Alsof ze niet aanwezig was, alsof men het over een ander persoon had wiens lot haar volkomen koud liet.

Dat deel van haar is al gestorven, dacht Hedy. Dit is haar zelfverdediging. Zo zal ze door kunnen leven, als ze tenminste niet ter dood wordt veroordeeld...

McHaney ging verder met het verhoor.

'U hebt verklaard dat u op 16 september 1942 voor de tweede keer bent geopereerd. Kunt u die datum bevestigen?'

'Ja.'

'Op welke dag verliet u het ziekenhuis na de tweede operatie?'

'Op 6 oktober.'

'Was uw been genezen?'

'Nee. Het was allemaal net als de eerste keer: mijn been was opgezwollen, ik had er dag en nacht veel pijn aan en uit de wond kwam de hele tijd pus.'

'Waren jullie in staat om te werken?'

'Nee, we konden niet eens staan of lopen. Ik bleef in bed, dat was het enige waar ik toe in staat was.'

'Kunt u zich nog herinneren wanneer u weer kon opstaan en lopen?'

'Na een paar weken in bed heb ik het voor het eerst weer geprobeerd.'

'Na hoeveel tijd was uw been genezen?'

'Tot juni 1943 kwam er pus uit, daarna genas de wond pas.'

'Maar u hebt nog een operatie ondergaan, klopt dat?'

'Ja, in de bunker ben ik nog een keer geopereerd.'

'Kunt u het college vertellen hoe het tot deze derde operatie kwam?'

Karolewska keek in het rond. Hedy besefte dat de aanklager

haar onder druk zette om vaart te maken, alsof hij tevreden was met alles wat tot nu toe aan het licht was gekomen en hij nu de jury en het publiek niet wilde vermoeien omdat ze al zo onder de indruk waren van het verhaal over Oberheuser. Na de lange aaneenschakeling van martelingen en pijn was het nu tijd voor een ander verhaal. Hedy vond het niet terecht om juist die periode over te slaan die ertoe had geleid dat de getuige was ontdekt en opgespoord.

Zo dacht Karolewska er duidelijk ook over.

'Mag ik eerst vertellen over iets dat voorviel tussen februari en maart 1943?' vroeg ze.

'Natuurlijk.'

'Eind februari 1943 kwam dokter Oberheuser bij mij en andere geopereerde gevangenen en zei, terwijl ze wees naar een groepje vrouwen die het ziekenhuis naderden: "Daar zijn onze nieuwe proefkonijnen." Wij stonden ondertussen in het hele kamp bekend onder die naam. Zo kwamen we te weten dat een nieuwe selectie vrouwelijke gevangenen binnenkort zou worden geopereerd. Daarom besloten we te protesteren tegen het uitvoeren van nutteloze operaties op kerngezonde mensen.'

'Hoe deden jullie dat?'

'We stelden een geschreven protest op, brachten het zelf naar het kantoor van de commandant en vroegen of hij ons wilde ontvangen.'

McHaney liep naar de aanklagerstafel en haalde uit een ordner de tweede bijlage van het rapport van de kampcommandant. Terwijl hij dat deed, glimlachte hij vluchtig naar Hedy.

'Herkent u hierin de tekst die u hebt geschreven?'

Karolewska nam het papier aan, las het en knikte.

'Zou u het door jullie opgestelde en ondertekende document dat door onze kranige assistent-onderzoekers in het documentatiecentrum van Dahlem, Berlijn is teruggevonden willen voorlezen?'

Hier stemde het volledige publiek tevreden mee in. Iedereen kende die woorden natuurlijk al, maar op dat moment wilden ze ze graag nog eens horen.

Met een van emotie gebroken stem las de vrouw de tekst voor.

'Wij ondergetekenden, Poolse politieke gevangenen, vragen de commandant of hij op de hoogte is van het feit dat in het kampziekenhuis vanaf het jaar 1942 experimentele chirurgische operaties worden uitgevoerd op gevangenen die bekendstaan onder de naam 'proefkonijnen'. De aanleiding voor en de zin van dergelijke operaties is ons op geen enkele wijze duidelijk gemaakt. Wij vragen ons af of degenen van ons die geopereerd zijn deze behandeling hebben ondergaan als gevolg van over ons uitgesproken vonnissen, aangezien het internationaal recht operaties op gevangenen, ook op politieke gevangenen, voor zover wij weten niet toestaat.'

'Wat gebeurde er toen?'

'We kwamen met een heleboel vrouwen bij elkaar. Niet alleen de vrouwen die al geopereerd waren, zoals ik, maar ook meisjes die net waren opgeroepen om zich bij het ziekenhuis te melden. Andere vrouwen, die korter geleden waren geopereerd, kwamen op krukken naar het kantoor van de leiding, zonder dat iemand ze hielp...'

Ze begon te huilen. Dat was tot nu toe nog niet gebeurd. Hedy huilde met haar mee. Het beeld van die weerloze, veroordeelde vrouwen die, na gemarteld te zijn of erger, zwijgend voor het kantoor van hun tirannen bijeenkwamen, was te heftig. Met hun protest, waarmee ze het risico liepen te worden vermoord of opnieuw te worden mishandeld, hadden ze de grens gesteld aan hoeveel een bang mens kon verdragen.

'Wat was het resultaat van jullie protest?'

'We kregen geen enkel antwoord en de commandant kregen we niet te spreken. Alles ging gewoon door net als eerst. Op 15 augustus 1943 kwam een van de vrouwelijke hulpkrachten van de SS bij ons en las de namen van tien gevangenen op, onder wie ik. Ze zei dat we haar moesten volgen naar het ziekenhuis. Wij weigerden omdat we dachten dat er een nieuwe operatie zou plaatsvinden. De hulpkracht zei dat we buiten het kamp aan het werk zouden worden gezet. We geloofden haar niet, want het was zondag en het kantoor dat het werk coördineerde was gesloten. Ze antwoordde dat we voordat we aan het werk zouden gaan door een arts moesten worden onderzocht. We weigerden nog steeds om met haar mee te gaan. We hadden er geen vertrouwen in, we waren er zeker van dat de Duitsers nieuwe operaties wilden uitvoeren.'

'En wat deed de kampleiding om jullie over te halen?'

'Alle gevangenen in het kamp moesten in hun blokken blijven. De vrouwen van mijn blok moesten zich op een bepaald tijdstip opstellen voor blok 10. Toen kwam inspecteur Binz en noemde dezelfde tien namen als die ochtend. We stapten één voor één uit de groep en stelden ons naast elkaar op. Binz vroeg: 'Waarom gaan jullie zo op een rijtje staan alsof we jullie gaan fusilleren?'

Ik antwoordde dat de operaties voor ons erger waren dan gefusilleerd worden, en dat we liever geëxecuteerd werden dan teruggestuurd naar het ziekenhuis. Binz zei dat ze ons wilde laten werken, dat er van operaties geen sprake meer was en dat ze had besloten om ons buiten het kamp aan het werk te zetten. We herinnerden haar eraan dat het veroordeelde politieke gevangenen zoals wij absoluut niet was toegestaan om het kamp te verlaten. Toen zei ze dat we met haar mee moesten lopen naar haar kantoor, waar ze ons een document zou laten zien waarin stond dat we nu wel het kamp mochten verlaten om in een fabriek te werken. We volgden haar en stelden ons op voor haar kantoor. Na een tijdje binnen te zijn geweest, kwam ze naar buiten en liep naar de mensa van de officieren waar de commandant zich bevond. Waarschijnlijk overlegde ze met haar meerderen over wat ze moest doen. We bleven anderhalf uur lang voor haar kantoor in de houding op haar staan wachten. Op een gegeven moment kwam een gevangene die in de mensa werkte naar ons toe en vertelde dat ze had gehoord dat Binz de ss om hulp had gevraagd om ons met geweld naar het ziekenhuis te kunnen brengen. We bleven waar we waren en zagen Binz even later samen met de kampcommandant de mensa uit komen en overleggen. Ze liepen weg en lieten ons staan. Langzaam begon het tot ons door te dringen dat de ss ons daadwerkelijk naar het ziekenhuis zou komen brengen als we daar bleven staan. Dus besloten we terug te gaan naar onze barak en te proberen ons daar onder de andere gevangenen te mengen...'

'En lukte dat?'

'Helaas niet. Bins kwam met een heleboel ss'ers. Ze grepen ons één voor één met geweld beet en trokken ons weg tussen alle andere gevangenen. Ze zei dat we als straf voor het niet opvolgen van de bevelen in de bunker zouden worden opgesloten. In de bunker werden we met zijn vijven in een cel gestopt, hoewel elke cel bedoeld was voor één persoon. We zaten daar binnen in het donker. Ze lieten ons daar de hele nacht en de hele volgende dag zitten. We sliepen op de grond, tegen elkaar aan, want er was maar één veldbed. We kregen de hele dag maar één maaltijd die bestond uit een kopje slappe koffie en een stuk roggebrood. De bewakers liepen de hele tijd heen en weer door de gang van de bunker. 's Avonds kregen we te horen wat ons te wachten stond. Een vrouwelijke bewaker opende onze cel en trok mij naar buiten. Ik dacht dat ik zou worden verhoord, of geslagen. Ze duwde me de gang door, ze was erg sterk. Ze deed een deur open en daar stond dokter Trommel, van de ss. Hij zei dat ik hem moest volgen naar de bovenverdieping. Ik liep achter hem aan en zag dat daar ook cellen waren, met veldbedden en matrassen. Hij duwde me een van die cellen in. Toen vroeg hij of ik toestemming had gegeven om opnieuw te worden geopereerd. Volgens hem ging het dit keer om een hele lichte ingreep. Ik antwoordde dat ik daar niet mee akkoord kon gaan, aangezien ik al twee keer was geopereerd en heel veel had geleden. Hij bleef maar zeggen dat dit een kleine operatie was en dat ik er geen enkele schade van zou ondervinden. Hij zei ook nog dat ik al had bewezen kerngezond te zijn en dat ik zwaardere ingrepen aankon. Ik antwoordde dat ik een politieke gevangene was en dat het niet was toegestaan om chirurgische ingrepen uit te voeren op een gevangene zonder zijn of haar toestemming. Hij beval me op het bed te gaan liggen en ik weigerde. Hij herhaalde het bevel, maar ik verroerde geen vin. Toen haalde hij me uit de cel en dwong me hem te volgen. We liepen haastig de trap af, tot aan een nieuwe deur. Toen hij die opendeed stonden we in een gang voor een grotere ruimte. Daar zag ik mannen in operatietenue en een Duitse verpleegster die klaarstond met een injectiespuit. Er was ook een brancard. Ik realiseerde me dat het ze opnieuw was gelukt om me in een operatiekamer te krijgen en besloot om me tot het einde toe zo goed ik kon te verdedigen. Ik begon te gillen, maar niemand hoorde me. Trommel liet twee ss'ers komen die me beetgrepen en met geweld op de brancard dwongen. Trommel pakte mijn linkerarm en boog hem achter mijn rug. Met zijn andere hand probeerde hij me te knevelen en een doek in mijn mond te krijgen, omdat ik zo schreeuwde. Een van de ss'ers pakte mijn rechterhand en probeerde me stil te laten liggen. De ander pakte me bij mijn voeten. Ik kon me niet meer bewegen en voelde dat iemand me een injectie gaf. Ik begon weer te gillen, ik kronkelde, maar ik voelde dat ik steeds zwakker werd. Ik was bij bewustzijn, ik wist precies wat er zou gaan gebeuren, maar mijn lichaam liet me in de steek. Uiteindelijk begon de injectie te werken en viel ik in slaap. Voordat ik het bewustzijn volledig verloor, hoorde ik Trommel zeggen: 'Ziezo.' Ik weet niet na hoeveel tijd ik weer bijkwam. Een Duitse verpleegster was met mijn verband bezig. Ik viel weer in slaap en toen ik wakker werd, was het ochtend. Dit keer waren allebei mijn benen gespalkt en van mijn tenen tot aan mijn liezen omzwachteld.

    Mijn voeten deden pijn en ik had koorts. 's Middags kwam een andere Duitse verpleegster die me ondanks mijn protesten een injectie gaf. Ze stak de naald in mijn dijbeen en zei dat dit nodig

was voor mijn genezing. Vier dagen later kreeg ik van een arts uit Hohenlychen die me kwam onderzoeken weer een injectie, waarvan ik in slaap viel. Ik protesteerde weer, maar ze zeiden dat het beter was als ik zou slapen als ze mijn verbanden verwisselden. De pijn en koorts hielden dagenlang aan, zoals altijd...'
Karolewska leek moe. Het leek Hedy beter om te stoppen. De toeschouwers waren ontdaan. Naar haar luisteren was niet moeilijk, maar het gevoel van onmacht dat bij iedereen heerste was dat wel. Deze dingen waren gebeurd en konden door geen enkele natuurkundige wet ongedaan worden gemaakt. Wij waren daar niet met jou, dacht Hedy. Ik was in mijn eentje in Engeland, met mijn gedachten bij mijn leven en mijn ouders die steeds verder weg waren. Ze hebben jou je gezondheid en je eigenwaarde afgepakt en mij mijn gevoelens. We missen allebei een vitaal deel.

McHaney naderde zijn afsluiting.

'Hoe vaak hebt u dokter Gebhardt ontmoet?'

'Twee keer.'

'Ik verzoek u om naar de beklaagdenbank te komen en aan te geven of u dokter Gebhardt tussen de beklaagden herkent.'

De vrouw liep naar de beklaagdenbank en wees Gebhardt aan. De arts staarde haar aan alsof hij probeerde haar bang te maken, maar dat was tevergeefs. De identificatie werd in de notulen opgenomen.

'Ik heb geen verdere vragen voor de getuige,' verkondigde McHaney.

Rechter Beals knikte en sprak tegen de verdediging.

'Wenst iemand van de verdediging de getuige te ondervragen?'

Advocaat Seidl stond op. Hedy wist nog precies wie hij was, hij verdedigde zowel Gebhardt als Fischer en Oberheuser. Een moeilijke taak, aanzien die drie de grootste verantwoordelijkheden voor de door hen uitgevoerde experimenten op elkaar probeerden af te schuiven.

'We willen deze getuige niet ondervragen,' antwoordde de advocaat. 'Maar dat betekent niet dat mijn cliënten toegeven dat alles wat zij in deze rechtszaal heeft verklaard correct is.'

Hedy voelde minachting. Zo'n doorslaggevende getuige niet aanvechten en je simpelweg van haar verklaringen distantiëren was een verdomd magere verdedigingsstrategie.

Het is gelukt, dacht ze. Te oordelen aan de gezichtsuitdrukking van McHaney, die nu naast haar zat, had ze alle reden om dat te denken.

# 31

In de daaropvolgende weken keerde Hedy terug naar Berlijn en hervatte ze ijverig haar werkzaamheden. Ze zocht niet langer naar bewijzen tegen de beklaagden in het artsenproces. McHaney was bij hun laatste ontmoeting duidelijk geweest. 'Het plaatje is compleet. Niet alleen wat betreft de experimenten met sulfonamiden en regeneratie van botten, spieren en zenuwen die in Ravensbrück en Hohenlychen zijn uitgevoerd, maar ook de andere experimenten. Taylor is al bezig met de voorbereiding van het slotpleidooi. Het wordt lang en doortimmerd met heel veel getuigenverklaringen, details en objectieve bevestigingen. We hebben gedaan wat we konden en gaan zeker resultaat zien. Nu kunnen we gaan denken aan de processen tegen de industriëlen, de rechters, de ministers...'

Hedy had al begrepen dat de machine der gerechtigheid voorlopig niet tot stilstand zou komen. Ze was moe maar tevreden en had besloten om nog even helpen.

Haar vrienden in Dahlem waren blij dat ze weer terug was, maar Eva was bang dat Hedy's hardnekkige inspanning consequenties zou hebben. De nachtmerries hielden niet op, ze waren normaal geworden. Over de zoektocht naar haar ouders mocht absoluut niet worden gesproken.

'Laat het gaan,' kapte Hedy het af. 'Ik heb besloten dat ik mezelf aan het lot toevertrouw. Als mijn ouders nog leven, zullen ze mij wel vinden. Maar ik wil niet in die hel stappen die hen heeft opgezogen om met mijn eigen ogen te zien waar en hoe ze misschien de dood hebben gevonden. Ik ben er niet klaar voor, zo simpel is het, ik kan niet verdragen hoe ik me zou voelen nadat ik dat heb gezien, nadat ik het allerergste heb moeten accepteren.'

Eva gaf toe aan deze argumenten. Op een dag vroegen een paar collega's of de twee vriendinnen met hen mee wilden om het concentratiekamp Ravensbrück te bezoeken.

'Hedy, jij hebt bijgedragen aan het achterhalen van de waarheid over dit kamp. Wil je het niet zien?'

Het meisje uit Kippenheim weigerde de uitnodiging beleefd. Eva ging ook niet mee en daar was Hedy haar dankbaar voor.

Eindelijk werd het lente. Het werk ging door, maar Hedy kreeg last van flinke rugpijn waardoor ze minder efficiënt kon werken. Ze weet het aan moeheid. Ze probeerde meer te slapen, slikte pijnstillers, begon regelmatig gymnastiekoefeningen te doen en maakte lange wandelingen door de bossen. Een tijdje had ze het gevoel dat het beter ging, maar begin juli kon ze niet meer ontkennen dat het erger werd.

Ze liet zich onderzoeken.

'Er zit een cyste vlak bij uw wervelkolom,' vertelde een knappe medisch officier van het leger. 'Die moet behandeld worden om de ontsteking tegen te gaan en daarna verwijderd.'

'Met een chirurgische ingreep?' schrok ze.

'Inderdaad. Maar maakt u zich geen zorgen, het betreft een eenvoudige operatie onder volledige verdoving. We verzorgen u zo goed mogelijk en binnen een paar weken kunt u uw normale leven weer oppakken, maar dan zonder pijn.'

Hedy aarzelde. Het idee om geopereerd te worden, en dan vooral de narcose die eraan voorafging, maakte haar doodsbang.

'Is er iets?'

'Nee, het is alleen dat...'

'Hebt u geen vertrouwen in ons?'

Ze zei niets. Haar rug deed ook nu veel pijn. Zittend op een stoel kon ze met moeite een natuurlijke positie aannemen en ook als ze rechtop stond was de verlichting van korte duur.

'Ik vertrouw u, dokter. Ik laat me opereren.'

'U kunt volgende week zelfs al worden opgenomen,' stelde de arts voor. 'Hoe sneller hoe beter, het is duidelijk te zien dat u pijn heeft. En ik weet waardoor het komt.'

'Volgende week?'

'Ja, bent u verhinderd? Ik kan u een verklaring geven waarmee u van elke dienst wordt ontheven...'

'Nee, ik bedoel... zei u dat ik een paar weken nodig heb om te herstellen?'

'Ja, het is belangrijk dat u het na de operatie heel kalmpjes aan doet.'

'Maar ben ik half augustus dan weer de oude?'

Ze klonk zo bezorgd dat de arts moest lachen.

'Wat is er half augustus, gaat u trouwen?'

'Nee. Dan moet ik absoluut in Neurenberg zijn, voor het artsenproces.'

# 32

Op 20 augustus 1947 zaten aanklager Taylor, zijn assistenten McHaney en Hardy en het volledige college van aanklagers bij elkaar aan de voor hen gereserveerde tafel. Hedy en Eva hadden een plekje in het publiek bemachtigd. Een waar wonder, gezien de interesse voor de afsluiting van het proces dat gestaag de aandacht van de wereldwijde publieke opinie had gewekt.

Alle beklaagden waren aanwezig. Bijna allemaal zaten ze star en met stalen gezichten in hun uniform zonder emblemen of in burgerkleren, die zo goed en zo kwaad als het ging waren vermaakt zodat de beklaagden, die door de spanning van het maandenlange proces waren vermagerd, ze nog pasten. Slechts een paar zagen er gespannen uit. De uitzondering was Rudolf Brandt. Hij leed inmiddels aan hevige achtervolgingswaanzin en was broodmager, wankel en niet in staat om rustig op zijn plaats te blijven zitten. Een totaal andere houding dan die van Karl Brandt, Fritz Fischer of Karl Gebhardt.

Of Herta Oberheuser.

Die leek opnieuw afstand te nemen van alles wat er om haar heen gebeurde.

'Moet je haar zien,' zei Hedy tegen Eva, wijzend op de beklaagde vrouw. 'Ze is zo kil en beheerst. Maar ik denk dat dat een tactiek is. Ze heeft de jury nooit met geringschattend of vertrouwelijk gedrag tegen de haren in willen strijken. Ondanks alles gaat ze er nog steeds van uit dat ze zich hieruit gaat redden...'

Eva kende de situatie van elke beklaagde. In de voorafgaande weken had Hedy alle beschikbare informatie verzameld. Tijdens Taylors eindproces lag ze in het ziekenhuis, maar het was haar gelukt om een kopie van het proces-verbaal toegestuurd te krijgen en ze had het helemaal gelezen omdat ze geen genoegen nam met de verslagen in de kranten. Vooral niet de Duitse kranten. In die dagen had ze weer geen goed woord over voor haar landgenoten.

'Ze bagatelliseren!' protesteerde ze. 'Ze hopen daadwerkelijk dat de verschrikkelijke misdaden die ze niet hebben durven verhinderen en waartegen ze nooit hebben geprotesteerd steeds minder zwaar zullen worden!'

Nu waren ze eindelijk hier, samen. Eva hoopte met heel haar hart dat het vonnis, het einde van het proces, haar vriendin van haar obsessie zou bevrijden en dat ze zich zou oriënteren op de toekomst.

Het college was in aantocht. Het gegons in de zaal stierf weg en de rechters kwamen op een rijtje binnen. Aan de afwachtende stilte kon je horen dat hier geschiedenis geschreven ging worden.

Rechter Beals schraapte zijn keel en begon het vonnis voor te lezen.

'In het geding tegen Karl Brandt en anderen heeft het college, gezien de processtukken...'

Hedy luisterde gretig naar elk woord. Toen Beals het moment van veroordelen of vrijspreken naderde, werd de spanning ondraaglijk.

Wat als Oberheuser wordt vrijgesproken? vroeg ze zich af terwijl ze naar de vrouw staarde en niet langer luisterde. Nee, dat zou ik niet kunnen verdragen! Dan ga ik gillen!

Instinctief greep ze de hand van haar vriendin en kneep er hard in.

Eindelijk begon de rechter de lijst met vonnissen voor te lezen.

'Dokter Hermann Becker-Freyseng, schuldig aan aanklachten 2 en 3.'

Hedy wist heel goed wat dat betekende. Kapitein Becker-Freyseng van de medische dienst van de Luftwaffe was volgens de door rechter Beals genoemde aanklachten schuldig aan het plegen van oorlogsmisdaden, in het bijzonder aan het uitvoeren van medische experimenten op oorlogs- en burgergevangenen in de bezette gebieden zonder toestemming van de patiënt, en aan het meewerken aan de massa-uitroeiing in de concentratiekampen. Hij had doden, beestachtige wreedheden, martelingen, gruwelen en inhumane handelingen op zijn geweten.

'Dokter Wilhem Beiglböck, schuldig aan aanklachten 2 en 3... Dokter Kurt Blome, onschuldig.'

Bij het woord 'onschuldig' maakten Hedy en alle anderen een verraste beweging. Beklaagde Blome, vicesecretaris van de staat voor Gezondheidszorg bij het ministerie van Binnenlandse Zaken, glimlachte een beetje en boog zijn hoofd, om de blikken van de hele rechtszaal niet te hoeven ontmoeten.

Onschuldig, dacht Hedy. Zou het? Het stemde haar treurig dat ze van een man met zo'n prominente functie maar zo weinig wist. Haar overpeinzingen werden onderbroken door de rechter die zonder al te veel pauzes verder las.

'Viktor Brack, schuldig aan aanklachten 2, 3 en 4.'

De kolonel van de ss, administratief hoofd van de kanselarij van Hitler, werd ook schuldig bevonden omdat hij lid was geweest van een organisatie die door het Internationaal Militair Tribunaal, dus het college dat het eerste grote proces in Neurenberg had geleid, misdadig was verklaard.

'Dokter Karl Brandt, schuldig aan aanklachten 2, 3 en 4...'

Hoogmoedige blik van de veroordeelde. Hij had het college en de pers doorlopend geprovoceerd en nu groeide zijn uitdagende houding als grote Duitse patriot tegenover de hele wereld eindelijk uit tot de door hem gewenste tragische dimensies. Hedy zag de journalisten koortsachtig aantekeningen maken terwijl ze gluurden naar de reactie van elke beklaagde op zijn vonnis.

Zal iemand aan het publiek durven suggereren dat Karl Brandt zich tot het eind als een held heeft gedragen? vroeg ze zich af. Ze achtte die heren ertoe in staat; sommigen van hen zagen er echt uit alsof ze terugverlangden naar de grootheid die zojuist ten onder was gegaan.

'Dokter Rudolf Brandt, schuldig aan aanklachten 2, 3 en 4.'

Rudolf Brandt stortte nu definitief in. Verdwaasd keek hij om zich heen, zette zijn bril recht zodat die niet van zijn neus zou vallen en boog toen voorover, alsof hij moest overgeven.

Een militaire bewaker, die speciaal voor dit soort reacties was aangesteld, kwam naar voren en ondersteunde hem om te voorkomen dat hij in het openbaar zou flauwvallen. Toen kwam een tweede bewaker naar voren. Ze pakten hem bij zijn armen en droegen de man die niet zwaarder dan vijftig kilo leek weg. Er klonk gekerm en hulpgeroep. Het was de beklaagde, maar zijn zwakke stem ging al snel verloren in het afkeurende en minachtende gegons van de menigte.

Beals las verder.

'Dokter Franz Fischer, schuldig aan aanklachten 2, 3 en 4.'

Hedy jubelde. Eén van de beulen van Ravensbrück was voor altijd en ten overstaan van iedereen verantwoordelijk gesteld voor zijn wandaden. Volgens het alfabet was nu zijn baas aan de beurt.

'Dokter Karl Gebhardt, schuldig aan aanklachten 2, 3 en 4.'

Gebhardt draaide zich om naar Fischer, waarna de twee mannen elkaar even toeknikten. In de afgelopen maanden hadden ze vast veel overleg gepleegd. Ze waren verenigd in het kwaad en zouden dat nu ook zijn in het lijden en misschien in de dood, als dat de door het college opgelegde straf zou worden – wat aannemelijk was.

'Alle schuldigen die ook lid zijn geweest van de ss zullen zeker worden opgehangen,' had McHaney haar de vorige dag verzekerd toen ze langs was gekomen om hallo te zeggen, in de hoop dat ze zou worden ontvangen ondanks dat het razend drukke tijden waren waarin een hoop moest gebeuren.

'Dokter Karl Genzken, schuldig aan aanklachten 2, 3 en 4... Dokter Siegfried Handloser, schuldig aan aanklachten 2 en 3... Dokter Waldemar Hoven, schuldig aan aanklachten 2, 3 en 4.'

De man die zonder te aarzelen tientallen onwetende gevangenen in Buchenwald met ernstige ziektes injecteerde en meteen daarna een vrolijk deuntje floot, zou binnenkort niet meer fluiten. Het leek eindelijk tot hem door te dringen.

'Dokter Joachim Mrugowsky, schuldig aan aanklachten 2, 3 en 4.'

Hedy wist niets over Mrugowsky. Op het puntje van haar stoel wachtte ze met bonzend hart tot de rechter de naam zou uitspreken die haar elke nacht kwelde.

'Dokter Herta Oberheuser...'

Een korte pauze. Beals' blik zocht de vrouw in de achterste rij beklaagden. De enige vrouw, leek hij te willen benadrukken.

'... schuldig aan aanklachten 2 en 3.'

Eva keek naar Hedy. Die zat onbeweeglijk, met haar ogen dicht. Ze wilde niets tegen haar zeggen, ze kneep alleen maar zacht in haar hand. Hedy voelde het contact en het deed haar goed. Maar ze reageerde niet op haar vriendin. Ze bleef zo in het donker zitten, liet zich meevoeren door de sensatie dat ze een eindstreep had behaald maar werd verrast door de wetenschap dat die overwinning niet voldoende voor haar was. Hier bleef ze lang over nadenken.

Rechter Beals ging door met zijn werk. Hij sprak nog tien vonnissen uit: zesmaal vrijspraak en vier schuldigverklaringen. Maar kleine Hedy, de dochter van Hugo en Ella Wachenheimer, het nichtje van Oskar en Kathe Wachenheimer, luisterde niet meer. Ze was bij hen, in de warmte van haar kinderjaren, in al die verloren liefde die haar door deze mensen was nagelaten.

In de stilte van de slachtoffers.

In het donker waarin de woorden van de rechter doordrongen als wit, koud licht, maar niet op de manier waarop zij altijd had gehoopt dat het zou gebeuren.

# Epiloog

'Binnenkort ben je Amerikaanse. Ik zie het al helemaal voor me! Je wordt een echte yankee, je gaat roken, op de grond spugen en paardrijden…'
Eva probeerde het moment van afscheid wat luchtiger te maken. Ze bleef doorpraten, maar kon haar emotie niet verbergen. Ze schikte de kraag van de mooie nieuwe jurk van haar vriendin, gemaakt van een felgekleurde stof met grote rode bloemen. Haar nieuwe definitieve stijl, nu ze het legeruniform voor altijd had afgelegd.
Het station van München om hen heen was vol bedrijvigheid. Het was maart 1948. Binnenkort was de oorlog drie jaar voorbij en de spoorwegen begonnen eindelijk goed te werken. Hele gezinnen die nog bezig waren met het zoeken naar onderdak, nog ronddwalend na een onzeker bestaan, maar ook mensen van aanzien die voor zaken of voor hun plezier op reis waren, zaten geduldig op bankjes te wachten of zochten koortsachtig naar hun trein.
'Koop in Volendam een tulpenbol en zet hem dan in een vaas. Neem hem mee terug naar Engeland en daarna naar Amerika als herinnering aan mijn vriendschap…'
Eva begon ongegeneerd zachtjes te huilen. Hedy wist niet wat ze moest zeggen. Ze vond dat ze die opwelling van genegenheid niet verdiende. Er waren al bijna tien jaar verstreken sinds ze haar familie vaarwel had gezegd; ze was gewend geraakt aan het alleen zijn, aan het alleen maar kunnen rekenen op haar slimheid

en vastberadenheid. Ook de beslissing om Manfred en Max, haar ooms van moederskant die al heel lang in New York woonden, om hulp te vragen bij het verkrijgen van een verblijfsvergunning had haar meer rationeel bezig gehouden dan emotioneel. Dat was in de voorgaande zomer tijdens de lange herstelweken in het ziekenhuis gebeurd. Toen was haar duidelijk geworden dat niets haar na het proces meer verbond met Duitsland, het gebied van haar voorvaderen. Een stiefmoederland.

Ze ging nu eerst met de trein naar Amsterdam. Daarna zou ze een tochtje naar Volendam maken. Hoofdkapjes, schaatsen en tulpen als laatste toeristische groet aan Europa.

In de herfst was een droom uitgekomen: ze was in Italië geweest. In de Vaticaanse Musea stond ze ineens voor de marmeren Laocoöngroep, waar een herinnering kwam bovendrijven die haar terugwierp naar het verleden. Zij was een knappe leerlinge aan het gymnasium van Ettenheim en leerde over de Griekse kunst. Haar vader had haar toen ergens vandaan een ansichtkaart gestuurd met dat standbeeld erop. Midden in die toeristische massa was het net geweest alsof haar vader bij haar was en alsof hij haar opnieuw het verhaal van Laocoön vertelde, de priester van Apollo die de Trojanen voor de Grieken waarschuwde, en daarna het verhaal van het paard van Troje...

'Waar denk je aan?'

Eva riep haar terug naar het heden. Ze had gezien dat haar vriendin met haar gedachten mijlenver weg was.

Innig omhelsden ze elkaar. Eva wilde door haar tranen heen nog iets zeggen dat ze waarschijnlijk de avond ervoor of tijdens hun laatste nacht in het hotel in München had voorbereid.

'Denk er alsjeblieft niet meer aan, Hedy,' fluisterde ze haar toe. 'Ze zijn dood en degenen die niet ter dood zijn veroordeeld zullen heel lang in de gevangenis blijven. Als ze vrijkomen zal niemand iets met ze te maken willen hebben. Kijk naar de toekomst. Je wordt gelukkig, hoor je me? Je wordt gelukkig!'

Lieve, allerliefste vriendin.

Hedy wilde haar niet tegenspreken. Ze begreep haar zorg: Eva had gezien dat ze te lang in de greep van een verslindende obsessie had geleefd. De gedachte aan de moordenaars van haar familie en van haar leven verdween naar de achtergrond waardoor nu een nieuwe energie vrijkwam. Ze kon niet wachten tot ze zich weer op een nieuwe uitdaging kon storten.

De vonnissen dood door ophanging van de veroordeelden waren allemaal bevestigd en in de gevangenis in het Beierse Landsberg voltrokken. Herta Oberheuser was veroordeeld tot twintig jaar gevangenisstraf.

Als ze in Duitsland zou blijven, zou ze haar ouders moeten opsporen, Auschwitz bezoeken, overlevenden ondervragen of archieven doorzoeken, wat zij inmiddels beter kon dan wie ook.

Nee. Het was beter om weg te gaan. Het was nog geen tijd om de waarheid onder ogen te zien.

'Begrepen?' zei Eva en drukte haar voor het laatst tegen zich aan.

Ze gingen nu hun eigen weg. Eva zou in Berlijn naar Hermann gaan. Ze hadden besloten om in Duitsland te blijven wonen, maar in Oost-Duitsland. Hermann vestigde, net als veel andere Joden die aan de nazi's waren ontsnapt, zijn hoop op het communisme, op het opbouwen van een meer rechtvaardige samenleving.

'Begrepen,' antwoordde Hedy met een stralende, dankbare glimlach.

De vorige avond had ze bij het inpakken het stukje van de Thora weer gezien dat haar vader haar op een trieste, angstige dag had gegeven. Het stukje papier was een beetje verbrand en er waren maar een paar woorden leesbaar. Het belangrijkste woord was *shalom*.

Vrede.

Het voelde alsof haar vader en een volledig volk haar dat toewensten.

Die nacht had ze heerlijk geslapen.

# Historische noot

Hedy Epstein werd op 15 augustus 1924 geboren in het Duitse Freiburg, als dochter van Hugo en Ella Wachenheimer, en groeide op in het dorp Kippenheim. Zowel haar familie van vaderskant als die van moederskant was oorspronkelijk afkomstig uit Spanje maar woonde al generaties lang in Duitsland. Hedy's moeder was huisvrouw en haar vader werkte in de stoffenzaak die zijn overgrootvader Heinrich in 1858 had geopend. Hedy had geen broers of zussen.

Ze was pas acht jaar toen Hitler in januari 1933 aan de macht kwam. Later zou ze zich nog goed kunnen herinneren dat ze haar ouders vaak over het nazisme had horen praten en dat ze hoopten dat de Duitsers spoedig van de Führer bevrijd zouden worden. Dat gebeurde niet. Integendeel, het nazisme sleurde de Duitsers mee in een krankzinnige rit naar de ramp die zou uitgroeien tot de Tweede Wereldoorlog.

Lang voor het uitbreken van de oorlog merkten Hedy en haar ouders al hoe wreed het nazisme was. Het begon allemaal met de boycot van Joodse winkels. Toen het antisemitisme op scholen. Vervolgens werd alle Joden de Duitse nationaliteit ontnomen. Tijdens de Kristallnacht in november 1938 werden Joodse huizen, winkels en synagogen verwoest en de eerste mensen naar concentratiekampen afgevoerd. Dit waren de afschuwelijke voorboden van de Holocaust, de vernietiging van zes miljoen Joden die zich in de jaren van de wereldoorlog voltrok.

Hugo en Ella Wachenheimer voorzagen het ergste en brachten hun enige dochter in veiligheid. Op 18 mei 1939 stapte Hedy in de trein die haar samen met vele andere Joodse kinderen naar Londen zou brengen, waar ze tijdens de cruciale periode van het gevecht tussen Duitsland en het Westen veilig zou zijn.

Ze zou haar ouders nooit meer zien. Haar vader, moeder en de rest van haar familie werden in oktober 1940 afgevoerd naar een gevangenkamp in Frankrijk, dat door de Duitsers was bezet. Mannen en vrouwen werden door prikkeldraad van elkaar gescheiden en de levensomstandigheden waren erbarmelijk. Heel af en toe konden ze familieleden schrijven: de brieven die vanuit het kamp werden verstuurd, waren in die jaren de enige vorm van communicatie tussen Hedy en haar ouders. In de zomer van 1942 werden al haar familieleden naar Auschwitz overgeplaatst en hoorde niemand meer iets van hen. Pas vele jaren later kreeg Hedy van de overheid een officiële bevestiging dat ze in het Poolse kamp waren vermoord.

Ver weg van haar familie werd Hedy heen en weer geslingerd tussen het verdriet over haar geleden verlies en de voor de jeugd zo kenmerkende levenslust. Tijdens de oorlogsjaren woonde ze bij verschillende gezinnen, ze studeerde en werkte in een fabriek van de Engelse oorlogsindustrie.

Na de overwinning van de geallieerden probeerde ze uit alle macht terug te keren naar Duitsland. Ze wilde te weten komen of haar ouders nog in leven waren. Ze kreeg werk bij de censuurdienst van het Amerikaanse leger en daarna bij het militaire tribunaal dat processen aanspande tegen de nazipartijfunctionarissen die aan het eind van de oorlog gevangen waren genomen. Als archiefonderzoeker werkte ze mee aan het proces in Neurenberg tegen de artsen van de concentratiekampen, een ervaring die een stempel op haar leven drukte en waarop dit boek is gebaseerd.

Alle hoop op het weerzien met haar ouders was verloren. Toen ze erachter kwam dat zij de oorlog niet hadden overleefd, brak Hedy definitief met haar wortels. In mei 1948 verhuisde ze naar de Verenigde Staten, dat zo haar tweede vaderland werd. Hier is ze tot haar dood in 2016 blijven wonen.

Hedy was ervan overtuigd dat de wereld behoefte heeft aan meer gerechtigheid en streed jarenlang voor de rechten van de mens in elke vorm. Ze heeft actie gevoerd voor het recht op huisvesting, vrouwenrechten, tegen de oorlog en voor de rechten van verschillende onderdrukte volken. Daarvoor reisde ze door Amerika, Afrika en Azië, van Guatemala tot Cambodja.

Ze is altijd over haar eigen ervaringen blijven vertellen, vooral aan jongeren. Spreken over de Holocaust en de Neurenbergse processen hielp het immense verdriet uit haar jeugd te accepteren en stelde haar tegelijkertijd in staat een belangrijke bijdrage aan de wereldvrede te leveren.

Herta Oberheuser werd in Neurenberg veroordeeld tot twintig jaar gevangenisstraf. In april 1952 werd ze vrijgelaten wegens goed gedrag en ging ze in een Duits provinciestadje stilletjes weer aan de slag als kinderarts. Maar door haar verleden kwam ze opnieuw in de bekendheid; nadat overlevenden uit Ravensbrück hadden geprotesteerd, trok de overheid in 1958 haar medische vergunning in. Na bezwaar te hebben aangetekend kreeg Oberheuser haar vergunning terug, maar het is haar niet meer gelukt om haar medische beroep uit te oefenen. Ze heeft nooit berouw getoond voor haar daden tijdens de oorlogsjaren en overleed in een bejaardenhuis in 1978.

Telford Taylor keerde na de Neurenbergse processen terug naar de Verenigde Staten en werkte nog lang als advocaat in New York en als docent rechtsgeleerdheid aan Columbia University. Hij schreef verschillende boeken en zette zich lange tijd in tegen de Vietnamoorlog en voor de mensenrechten. Hij overleed in 1998.

Ook James McHaney keerde na de Neurenbergse processen terug naar de Verenigde Staten. Hij werkte de rest van zijn leven als advocaat in Little Rock, Arkansas, waar hij in 1995 overleed.

# Dankwoord

We hadden dit boek nooit kunnen schrijven zonder de hulp van drie fantastische, sympathieke, hardwerkende vrouwen.

Luisa Rizzi heeft Hedy Epstein ontdekt en ons met haar bijzondere lotgevallen kennis laten maken.

Clara Horak heeft ons met Hedy in contact gebracht en de levendige uitwisseling van vragen, informatie, verhalen en ideeën, waarop ons verhaal is gebaseerd, mogelijk gemaakt.

Alessandra Panunzio heeft de autobiografie van onze hoofdpersoon uit het Duits vertaald. Vervolgens is ze als tolk met ons meegereisd naar Duitsland: naar Kippenheim, waar we Hedy op 9 april 2014 hebben ontmoet en waar het eerste deel van ons verhaal zich afspeelt.

De auteurs

# Fotoverantwoording

1-3, 5, 6, 11: www.hedyepstein.com
4: Museum of Jewish Heritage
7-8: Rechthebbende onbekend
9: Karl H. Paulmann © 2014. Foto Scala, Firenze/BPK, Bildagentur für Kunst, Kultur und Geschichte, Berlin
10: Leo Baeck Institute
12, 15, 18, 22-27, 29: United States Holocaust Memorial Museum (USHMM), Hedwig Wachenheimer Epstein
13, 17, 19, 20, 31: USHMM, National Archives and Records Administration, College Park
14: USHMM, Robert Kempner
16: HEART (Holocaust Education & Archive Research Team) © Carmelo Lisciotto
21: USHMM, John W. Mosenthal
28: USHMM
30: Jewish Virtual Library
32: USHMM, Günther Schwarberg
33: USHMM, Richard Bishop
34-35: Met vriendelijke toestemming van de auteurs

Met dank aan www.hedyepstein.com